江正发　著

中国城镇职工基本养老保险
精算评估研究报告
（2018-2093年）

Zhongguo Chengzhen Zhigong Jiben Yanglao Baoxian
Jingsuan Pinggu Yanjiu Baogao

中国财经出版传媒集团

经济科学出版社
Economic Science Press

图书在版编目（CIP）数据

中国城镇职工基本养老保险精算评估研究报告．2018－2093 年/江正发著．－－北京：经济科学出版社，2021.8

ISBN 978－7－5218－2821－4

Ⅰ．①中…　Ⅱ．①江…　Ⅲ．①城镇-职工-养老保险-保险精算-研究报告-中国-2018－2093　Ⅳ.①F842.67

中国版本图书馆 CIP 数据核字（2021）第 175013 号

责任编辑：杜　鹏　刘　悦
责任校对：隗立娜　齐　杰
责任印制：邱　天

中国城镇职工基本养老保险精算评估研究报告（2018～2093 年）

江正发　著

经济科学出版社出版、发行　新华书店经销
社址：北京市海淀区阜成路甲 28 号　邮编：100142
编辑部电话：010-88191411　发行部电话：010-88191522
网址：www. esp. com. cn
电子邮箱：esp_bj@ 163. com
天猫网店：经济科学出版社旗舰店
网址：http：//jjkxcbs. tmall. com
固安华明印业有限公司印装
710×1000　16 开　21.75 印张　350 000 字
2021 年 9 月第 1 版　2021 年 9 月第 1 次印刷
ISBN 978－7－5218－2821－4　定价：118.00 元
（图书出现印装问题，本社负责调换。电话：010－88191510）
（版权所有　侵权必究　打击盗版　举报热线：010－88191661
QQ：2242791300　营销中心电话：010－88191537
电子邮箱：dbts@ esp. com. cn）

序　言

城镇职工基本养老保险（以下简称"城职保"）是我国社会保障体系中最重要的险种，自新的城职保制度建立以来，为上亿名参保退休职工提供了较高水平的退休养老金，并实现了养老金十七连增，有力地保障了参保退休职工幸福的晚年生活，取得的成绩举世瞩目。但随着我国人口老龄化程度的快速加深，我国城职保基金收支快速增加，虽然从全国来看基金仍有结余，但也有部分省份出现当年收不抵支的情况，经媒体报道后，引发了社会公众对城职保制度可持续性的担忧和疑问。

社会保险精算作为风险管理的重要手段，在各国社会保险制度的建设和发展中发挥着极其重要的作用，成为社会保险制度长期可持续发展的重要技术保障手段。党的十八届三中全会通过的《中共中央关于全面深化改革若干重大问题的决定》第 45 条"建立更加公平可持续的社会保障制度"中，首次提出社会保障要"坚持精算平衡原则"。社会保险精算平衡是指社会保险在未来较长时期的收入与支出或者资产与负债的精算现值大致相等，社会保险精算平衡是社会保险制度持续稳定运行的前提条件。精算平衡的基本内涵包括什么是精算平衡、要达到什么样的精算平衡、如何实现精算平衡等。

城职保是我国社会保障体系中最重要的险种，城职保精算也是我国社会保险精算体系中最复杂的部分，其复杂性是由我国城职保制度本身的独特性所决定的。运用精算技术对我国城职保基金未来的收支状况进行准确预测，对城职保基金未来收支平衡状况进行科学评估，分析城职保精算平衡的条件，寻找实现精算平衡的途径，是我国城职保制度持续平稳运行的前提，是关系到数亿名参保职工和退休人员未来生活的重大问题，是城职保制度设计和改革的重要依据。

　　为深入研究以上问题，笔者根据社会养老保险精算的基本原理，借鉴国际经验，结合我国城职保的具体内容，设计开发出专门用于城镇职工基本养老保险基金长期收支测算及精算评估的、内容科学完整的"城镇职工基本养老保险精算评估系统"（以下简称"系统"）计算机软件，利用该系统对城职保未来 75 年基金收支及平衡状况进行模拟运算，测算各个因素对基金收支的影响，寻求实现基金长期精算平衡的途径，最终为城职保制度改革和管理决策提供可靠依据。本书是在应用系统模拟测算的基础上撰写的，以期能够较好地回应社会公众的疑虑，并为我国城职保制度改革和管理决策提供有价值的参考意见。本书的名称为《中国城镇职工基本养老保险精算评估研究报告（2018～2093年）》，之所以称为"研究报告"，是因为本书主要是从学术研究的角度以学术研究的形式撰写，以区别于由政府部门发布的正式"评估报告"。

　　本书以我国城职保为研究对象，以 2018 年末为评估时间点，对我国城职保未来 75 年的基金收支及平衡情况进行精算评估，内容分为四编八章。第一编，绪论。第一章，研究意义与评估标准。阐述本书研究意义与目的、研究对象与内容、研究方法与手段，并总结归纳城职保精算平衡的四个判断标准。第二章，评估方法。根据研究需要，设计未来人口、参保人数、缴费工资、保险基金收支预测方法以及精算平衡的评估方法和敏感性分析方法。第二编，基于现状的精算评估。第三章，基于现状的精算假设。假设社会经济政策和城职保制度不进行重大调整，保持现状。根据研究需要，区分不同情境，按照符合实际和逻辑一致的原则，对各类精算评估模型参数未来的取值设置精算假设。第四章，基于现状的评估过程与结果分析。根据上述精算评估方法和基于现状的精算假设，对未来 75 年基金运行情况进行模拟测算和分析，得出能否实现精算平衡的结论。第三编，满意状态的精算评估。第五章，满意状态的精算假设。按照符合实际、逻辑一致、合理预期、积极稳妥的原则，充分考虑城职保的制度和政策目标，确定各类参数经过努力能够达到的目标值，设置各类精算假设。第六章，满意状态的评估过程与结果分析。根据上述精算评估方法和满意状态的精算假设，在符合实际和满意状态下，即经过努力可以达到的状态，对未来 75 年基金运行情况进行模拟测算和分析，得出能否实现精算平衡的结论。第四编，精算平衡的条件与实现途径。第七章，精算平衡的条件分析。通过人口年龄结构、人口期望寿命、延迟退休年龄、制度转轨的隐性债务、社保双降政策、政府公共财政责任、制度模式效率、生育政策调整等对基金收支的影响分析，找出影响精算平衡的主要变量，分析精算平衡的约束条件。第八章，精算平衡的实现途径。根据精算平衡的条件分析结果，找出精算平衡的共性和"硬"约束条件，分析实现精算平衡的有效途径，提出相应的制度改革的政策建议。

我国城职保制度不同于任何现有的公共养老金制度，我国城职保精算评估方法设计必须结合我国城职保制度的实际情况，应该借鉴但不能照搬别国或国际组织提供的精算评估方法。本书在研究方法上的特点是根据我国城职保制度内容，将精算的技术逻辑和城职保的制度逻辑有机结合，设计出具有自身特色的城职保精算评估方法和计算机软件。具体研究方法：一是定性研究与定量研究相结合，在深入分析我国城职保制度内涵的基础上，结合精算评估的技术要求，对精算模型的参数进行规范定义，以保证精算模型与制度内容保持一致。二是规范分析与实证分析相结合，在严谨设计、严格论证城职保精算评估方法的基础上，收集实际数据，进行实证分析。三是实地调研与虚拟仿真相结合，反映历史和现状的信息，采用真实数据；预测未来采用虚拟仿真实验的方法进行，以保证预测结果保持逻辑一致。

我国城职保精算评估看起来是一个技术问题，实际上是一个关系到我国城职保制度设计和选择的理论与方法论问题。目前我国城职保制度改革面临着参数式改革与结构式改革、公有化与私有化、发达国家模式与新兴国家模式的争议。本书在坚持统账结合的城职保基本制度的前提下，为建立和完善更加公平、可持续和有效率的城职保制度建言献策。本书的学术创新主要表现在两个方面：一是尝试建立一个科学的城职保精算评估分析框架，提供研究同类问题的通用方法和范式，以解决目前存在的定性研究与定量研究脱节、定量研究因方法口径不同导致的研究结果无法比较等问题，有利于对该类问题的深入研究。二是通过实证分析，揭示制度运行的过程和结果，厘清政府、企业（单位）、个人的权利责任，展现精算平衡约束条件，探索出实现精算平衡的具体而有效的途径，真正为城职保管理决策和制度改革提供可靠依据。

本书经过精算评估分析，提出了实现我国城职保精算平衡具体而明确的政策或改革建议。例如，坚持我国城职保基本制度，走参数式改革之路；加强制度优越性宣传，提高职工参保积极性；坚持制度承诺不动摇，坚定参保职工信心；实行延迟退休年龄政策，支撑制度持续稳定运行；改革基础养老金计发办法，更好地兼顾激励与公平原则；延长个人账户养老金计发年限，减少对个人账户的政府补贴；改革个人账户养老金计发办法，保持与统筹养老金同步增长；合理确定个人账户记账利率，减轻政府补贴负担；改革养老金待遇调整办法，锚定养老金替代率；加强城职保监管与服务，提高制度覆盖率、遵缴率和缴费工资率；政府履行应有责任，保障城职保制度持续稳定运行，重点做好人口生育率调控和平均每年提供当年国内生产总值（GDP）的 2% 用于补贴城职保制度等。

本书研究和撰写过程中遇到的主要困难在于，城职保精算评估周期长，影响因素众多而未来又具有不确定性；不同主体利益关系复杂，既要考虑当代人缴费与受益的权责对称，又要考虑代与代之间的负担均衡；既要考虑预测结果的准确性，又要考虑数据资料的可获得性；既要反映制度运行的过程，又要能够分析各个因素的影响。在综合考虑以上因素的基础上，还要注意各因素之间的逻辑关系和数量变动关系。对未来人口、经济、城职保制度变化所做的精算假设固然难以做到完全符合实际，但要尽量保证预测结果反映制度运行的长期趋势、数量关系和数量变动的规律性。此外，由于受数据来源的限制，有的精算假设还未能做到真实准确，例如参保职工分性别年龄段人均工资指数、评估时间点"老人"分性别年龄人数、"中人"分性别年龄参保职工和退休领取人数等，如果能够使用真实数据测算，预测结果会更加准确，这些问题还需要在未来的研究中加以改进。因此，本书的研究结论需要在未来的实践中检验，并根据未来情况的变化定期进行精算评估，修正研究结论。

本书从精算评估方法设计到实证分析，参考和借鉴了相关专家学者的研究成果；本书的研究工作，得到了广东金融学院领导的大力支持；本书精算评估所依托的系统软件开发和调试，得到了深圳智盛信息技术有限公司提供的技术支持和服务；本书的出版发行，得到了经济科学出版社的帮助。在此向为本书的研究和出版给予支持和帮助的同仁表示衷心的感谢！

　　本书的内容和观点来源于笔者本人的学术研究过程和结果，是笔者的个人看法。笔者希望本书的出版能够起到抛砖引玉的作用，以此推动对本领域问题更加深入系统地研究。由于笔者水平有限，书中的疏漏在所难免，恳请读者同仁批评指正，不吝赐教。

江正发

2021 年 8 月于广州

目　录

第一编　绪　论

第二编　基于现状的精算评估

第三编　满意状态的精算评估

第四编　精算平衡的条件与实现途径

第一编

绪　论

第一章　研究意义与评估标准

第一节　研究意义与目的

一、研究意义

城镇职工基本养老保险（以下简称"城职保"）是我国社会保障体系中最重要的险种，自新的城职保制度建立以来，为上亿名参保退休职工提供了较高水平的退休养老金，并实现了养老金十七连增，有力地保障了参保退休职工幸福的晚年生活，取得的成绩举世瞩目。

但随着我国人口老龄化程度的快速加深，我国城职保基金收支快速上升，虽然从全国来看基金仍有结余，但也有部分省份出现当年收不抵支的情况，经媒体报道后，引发了社会公众对城职保制度可持续性的担忧和疑问。为缓解各地区养老保险负担不均的问题，国务院印发了《关于建立企业职工基本养老保险基金中央调剂制度的通知》，决定建立养老保险基金中央调剂制度，自2018年7月1日起实施。为减轻企业负担，国务院办公厅发布了《关于印发降低社会保险费率综合方案的通知》，要求自2019年5月1日起，降低城镇职工基本养老保险（包括企业和机关事业单位基本养老保险）单位缴费比例至16%；目前低于16%的，要研究提出过渡办法。改革政策不断推出，每项政策的影响和效果如何，需要进行定量测算和分析，做到心中有数，才能做好当前的工作，规划未来的发展。

社会保险精算作为风险管理的重要手段，在各国社会保险制度的建设和发展中发挥着极其重要的作用，成为社会保险制度长期可持续发展的重要技术保障手段。英国于1911年颁布《国家保险法案》，1912年国家健康保险联合委员会任命了第一任首席精算师——阿尔弗雷德·沃森（Alfred Watson），1917年沃森被任命为政府精算师，1919年在财政部成立了政府精算署，专门负责社会保障和公共养老金的精算评估。美国于1935年颁布《社会保障法案》，1939年在社会保障署设立精算部，专门负责社会保障精算工作。日本于1942年建立雇员养老保险制度的同时引入了精算制度。社会保险精算通过模拟社会保险制度在未来长期运行的财务状况，为制度的建立、改革以及定期修订提供数量分析依据。

党的十八届三中全会通过的《中共中央关于全面深化改革若干重大问题的决定》第45条"建立更加公平可持续的社会保障制度"中，首次提出社会保障要"坚持精算平衡原则"，同时提出要"健全社会保障财政投入制度"。为贯彻落实党的十八届三中全会精神，2013年人力资源和社会保障部印发了《关于加强社会保险精算工作的意见》，明确了社会保险精算的指导思想、基本原则和主要内容，提出夯实基础工作、建立报告制度、加强成果应用等主要任务，我国社会保险精算制度建设正式拉开序幕。

社会保险精算平衡是指社会保险在未来较长时期的收入与支出或者资产与负债的精算现值大致相等，社会保险精算平衡是社会保险制度持续稳定运行的前提条件。城职保是我国社会保障体系中最重要的险种，城职保精算也是我国社会保险精算体系中最复杂的部分，其复杂性是由我国城职保制度本身的独特性所决定。运用精算技术对我国城职保基金未来的收支状况进行准确预测，对城职保基金未来收支平衡状况进行科学评估，分析城职保精算平衡的条件，寻找实现精算平衡的途径，是我国城职保制度持续平稳运行的前提，也是关系到数亿名参保职工和退休人员未来生活的重大问题，更是城职保制度设计和改革的重要依据。因此，对上述问题的研究具有重要的现实意义。

为深入研究以上问题，我们根据社会养老保险精算的基本原理，借鉴国际经验，结合我国城职保的具体内容，设计开发出专门用于城镇职工基本养老保险基金长期收支测算及精算评估的内容科学完整的"城镇职工基本养老保险精算评估系统"（以下简称"系统"）计算机软件，利用该系统可以对城职保未来75年基金收支及平衡状况进行模拟运算，测算各个因素对基金收支的影响，寻求实现基金长期精算平衡的途径，最终为城职保制度改革和管理决策提供可靠依据。

本书是在应用系统模拟测算的基础上撰写的，以期能够较好地回应社会公众的疑虑，并为我国城职保制度改革和管理决策提供有价值的参考意见。

二、研究目的

从公共养老保险与精算评估的关系来看，世界主要国家在建立公共养老保险制度之后，均相继建立起比较完善的精算评估制度。20 世纪 80 年代以来，由于人口老龄化的冲击，引发了国际性的养老金制度改革浪潮。国外学者和机构对公共养老保险制度可持续性和精算评估问题做了较多的研究。世界银行（World Bank，1994）研究了人口老龄化趋势及其对养老金收支的影响，并开发出养老金预测模型（pension reform options simulation toolkit，PROST）。在世界银行的报告（Holzmann，2005）中提出，社会养老保险制度改革的首要政策目标是充足性、可负担性、可持续性和稳健性。欧盟委员会（2001）指出，待遇充足性、财务可持续性和对变化的适应性是保证养老金体系长期可持续的三大原则。在欧盟委员会（2010）中提出了为实现养老金系统长期可持续发展所必须实施的改革。

20 世纪 90 年代以来，国内开始对城职保精算评估问题进行研究，主要集中在制度转轨的隐性债务和未来基金收支缺口测算两个方面。何平（1998）采用匡算和精算方法测算城职保隐性债务分别为 57 204 亿元和 28 753 亿元。王燕等（2001）借助可计算一般均衡（CGE）模型，估计 2000 年养老金隐性债务为 63 280 亿元。柏满迎、雷黎（2008）建立双随机模型，在开放系统条件下，预测出 2001～2050 年中国养老保险隐性债务规模为 3.5 万亿元。彭浩然、申曙光、宋世斌（2009）采用代际核算方法，测算出封闭系统 2000～2075 年债务规模为 8.6 万亿元；开放系统 2000～2030 年债务规模为 90.9 万亿元。梁君林、蔡慧、宋言奇（2010）应用系统动态模型，测算了 1998～2059 年显性化债务为 6.3 万亿元。王晓军、米海杰（2013）应用精算评估方法，测算出 2011～2085 年社会统筹账户总支付缺口为 53.5 万亿元。刘学良（2014）建立精算评估模型，测算出 2010～2050 年城职保收支缺口为 52.3 万亿元。杨再贵、石晨曦（2016）基于平行四边形框架建立精算模型，测算出 2015 年初企业职工统筹账户养老金财政负担约为 73.2 万亿元，个人账户养老金财政负担为 8.16 万亿元。曾益、刘倩、虞斌（2015）通过建立精算模型对机关事业单位养老保险制度 2015～2090 年的财务运行状况进行动态模拟，结果显示，如果财政负担 45.76% 的转制成本，制度可以持续运行。王晓军、任文东（2013）通过建立精算评估模型，测算出 2010～2060 年城镇基本养老保险赤字现值为 35.3 万亿元。

从现有的研究文献来看，对我国城职保精算评估与精算平衡问题还缺乏系统性研究，对制度持续运行的条件未进行完整归纳，在制度转轨的隐性债务和未来基金收支缺口的测算方面，由于计算口径和精算平衡的判断标准不统一，采用的方法有世界银行的 PROST、CGE 模型、代际核算方法、双随机模型、精算模型、系统动力学、平行四边形方法等，这些方法用于研究我国独特的城职保制度模式时，或多或少地存在不匹配、不系统和不准确的问题，研究结果也不具有可比性，无法为城职保管理决策和制度改革提供可靠依据。

由于缺乏科学的精算评估，对城职保基金长期运行情况心中无数，难以厘清制度改革的长期思路，难以做出完善的顶层设计，只能被动应付。过去的一些改革政策，例如，从 2001 年开始的做实个人账户试点已难以为继，2016 年开始的阶段性降低企业缴费率、2019 年正式将企事业单位缴费率降至 16% 等也是临时性应急措施。在人口快速老龄化，城职保基金支付压力日益增大的国情下，我国城职保制度改革走到了参数式改革还是结构式改革的十字路口，如果不解决"心中无数"的问题，有可能导致改革路径选择的偏差，影响制度的生命力和运行效率。

本书研究的主要目的有两个方面。一是尝试建立一个科学的城职保精算评估分析框架，提供研究同类问题的通用方法和范式。本书根据社会养老保险精算的基本原理，借鉴国际经验，结合我国城职保制度的具体内容，建立精算模型，设计完整的精算评估方法和精算平衡评价标准，为研究同类问题提供通用方法和统一研究框架，以解决目前存在的定性研究与定量研究脱节、定量研究因方法口径不同导致的研究结果无法比较等问题，有利于对该类问题的深入研究。二是通过实证分析，揭示制度运行的过程和结果，真正为城职保管理决策和制度改革提供可靠依据。本书采用符合实际和逻辑一致的精算假设，以2018年末为评估时间点，以退休待遇制度承诺兑现为目标，对我国城职保未来75年（与英、美等主要国家养老金长期精算评估周期一致）基金收支及平衡状况进行模拟运算，分析各个因素对基金收支的影响，厘清政府、企业、个人的权利责任，测出精算平衡的主要约束条件，寻求实现精算平衡的有效途径，论证各种改革方案的得失，真正为城职保管理决策和制度改革提供可靠依据。

第二节　研究对象与内容

一、研究对象

1997年7月国务院发布的《国务院关于建立统一的企业职工基本养老保险制度的决定》指出，"到本世纪末，要基本建立起适应社会主义市场经济体制要求，适用城镇各类企业职工和个体劳动者，资金来源多渠道、保障方式多层次、社会统筹与个人账户相结合、权利与义务相对应、管理服务社会化的养老保险体系"，标志着我国城镇职工基本养老保险制度正式建立，制度覆盖的人群包括城镇各类企业职工和个体劳动者，此外，实行企业化管理的事业单位，原则上按照企业养老保险制度执行。1999年开始统计机关事业单位参保人数和基金收支。2005年10月国务院发布的《国务院关于完善企业职工基本养保险制度的决定》指出，"扩大基本养老保险覆盖范围。城镇各类企业职工、个体工商户和灵活就业人员都要参加企业职工基本养老保险。当前及今后一个时期，要以非公有制企业、城镇个体工商户和灵活就业人员参保工作为重点，扩大基本养老保险覆盖范围"。2006年开始统计参保农民工人数。2015年1月国务院发布的《国务院关于机关事业单位工作人员养老保险制度改革的决定》，"改革现行机关事业单位工作人员退休保障制度，逐步建立独立于机关事业单位之外、资金来源多渠道、保障方式多层次、管理服务社会化的养老保险体系"。本次改革的范围"适用于按照公务员法管理的单位、参照公务员法管理的机关（单位）、事业单位及其编制内的工作人员"。将机关事业单位工作人员养老保险制度与原有的城职保制度进行并轨。至此，我国城职保制度实现了对城镇各类企业职工、个体工商户和灵活就业人员、机关事业单位职工的全覆盖，形成完整的城镇职工基本养老保险体系。由于缴费比例、待遇计发和基金管理要求的差异，目前我国城职保体系仍然分为企业养老保险和机关事业单位养老保险，我国城职保各类参保人数演变情况如表 1－1 所示。由表 1－1 可知，城职保制度建立的 1997～2018 年，我国城职保总参保人数由 1.12 亿人增加到 4.19 亿人，年平均增长速度为 6.48%，其中，参保职工人数由 0.86 亿人增加到 3.01 亿人，参保离退休人数由 0.25 亿人增加到 1.18 亿人。2018 年末，机关事业单位养老保险和企业养老保险参保人数占城职保参保总人数的比例分别为 12.93% 和 87.07%；参保职工人数占比分别为 11.96% 和 88.04%；参保离退休人数占比分别为 15.40% 和 84.60%；2017 年末，参保农民工人数占城职保总参保人数的 21.19%。目前我国已经建立起世界上覆盖人数最多的城职保体系，并且覆盖人数仍在持续增加，取得的成绩举世瞩目。

表 1－1　　　　　　　　我国城职保历年各类参保人数　　　　　　　　单位：万人

年份	城镇职工基本养老保险		机关事业单位养老保险		企业养老保险		参保农民工人数
	职工人数	离退休人数	职工人数	离退休人数	职工人数	离退休人数	
1997	8 670.9	2 533.0			8 670.9	2 533.0	
1998	8 475.8	2 727.3			8 475.8	2 727.3	
1999	9 501.8	2 983.6	642.6	119.9	8 859.2	2 863.7	
2000	10 447.5	3 169.9	977.6	153.4	9 469.9	3 016.5	
2001	10 801.9	3 380.6	1 068.9	209.3	9 733.0	3 171.3	
2002	11 128.8	3 607.8	1 199.4	258.6	9 929.4	3 349.2	
2003	11 646.5	3 860.2	1 322.0	303.3	10 324.5	3 556.9	
2004	12 250.3	4 102.6	1 346.4	327.6	10 903.9	3 775.0	
2005	13 120.4	4 367.5	1 409.8	362.3	11 710.6	4 005.2	
2006	14 130.9	4 635.4	1 512.9	396.8	12 618.0	4 238.6	1 417
2007	15 183.2	4 953.7	1 492.6	409.7	13 690.6	4 544.0	1 846
2008	16 587.5	5 303.6	1 504.1	435.6	15 083.4	4 868.0	2 416
2009	17 743.0	5 806.9	1 524.0	459.0	16 219.0	5 348.0	2 647
2010	19 402.3	6 305.0	1 579.6	493.3	17 822.7	5 811.6	3 284

续表

年份	城镇职工基本养老保险		机关事业单位养老保险		企业养老保险		参保农民工人数
	职工人数	离退休人数	职工人数	离退休人数	职工人数	离退休人数	
2011	21 565.0	6 826.2	1 595.0	513.0	19 970.0	6 314.0	4 140
2012	22 981.1	7 445.7	1 620.2	534.7	21 360.9	6 910.9	4 543
2013	24 177.3	8 041.0	1 612.6	556.2	22 564.7	7 484.8	4 895
2014	25 531.0	8 593.4	1 598.7	579.8	23 932.3	8 013.6	5 472
2015	26 219.2	9 141.9	1 632.5	605.5	24 586.8	8 536.4	5 585
2016	27 826.3	10 103.4	2 586.7	1 079.5	25 239.6	9 023.9	5 940
2017	29 267.6	11 025.7	3 411.3	1 565.3	25 856.3	9 460.4	6 202
2018	30 104.0	11 797.7	3 601.4	1 817.2	26 502.6	9 980.5	

资料来源：《中国劳动统计年鉴（2019）》；2006～2019 年《人力资源和社会保障事业发展统计公报》。

本书的研究对象为我国城职保体系，空间范围包括全国各省份，时间跨度为从评估时间点起未来 75 年的评估周期。

二、研究内容

在我国城职保体系建设过程中，经过探索和总结，建设目标和原则逐步明确。1997 年发布的《国务院关于建立统一的企业职工基本养老保险制度的决定》中，将建设目标和原则概括为"到本世纪末，要基本建立起适应社会主义市场经济体制要求，适用城镇各类企业职工和个体劳动者，资金来源多渠道、保障方式多层次、社会统筹与个人账户相结合、权利与义务相对应、管理服务社会化的养老保险体系。企业职工养老保险要贯彻社会互济与自我保障相结合、公平与效率相结合、行政管理与基金管理分开等原则，保障水平要与我国社会生产力发展水平及各方面的承受能力相适应"。2005 年发布的《国务院关于完善企业职工基本养老保险制度的决定》中进一步表述为"按照落实科学发展观和构建社会主义和谐社会的要求，统筹考虑当前和长远的关系，坚持覆盖广泛、水平适当、结构合理、基金平衡的原则，完善政策，健全机制，加强管理，建立起适合我国国情，实现可持续发展的基本养老保险制度"。2010 年通过的《中华人民共和国社会保险法》（以下简称《社会保险法》）指出，

"社会保险制度坚持广覆盖、保基本、多层次、可持续的方针，社会保险水平应当与经济社会发展水平相适应"。在建立城职保制度基本框架的基础上，不断完善制度内容，提出逐步实现省级统筹和全国统筹的制度目标。2013年11月，党的十八届三中全会通过的《中共中央关于全面深化改革若干重大问题的决定》第45条"建立更加公平可持续的社会保障制度"中，首次提出社会保障要"坚持精算平衡原则"。2017年发布的《人力资源社会保障部、财政部关于进一步完善企业职工基本养老保险省级统筹制度的通知》指出，"各地要在基本养老保险制度、缴费政策、待遇政策、基金使用、基金预算和经办管理实现'六统一'的基础上，积极创造条件实现全省基本养老保险基金统收统支"。2020年5月发布的《中共中央、国务院关于新时代加快完善社会主义市场经济体制的意见》指出，"健全统筹城乡、可持续的基本养老保险制度、基本医疗保险制度，稳步提高保障水平。实施企业职工基本养老保险基金中央调剂制度，尽快实现养老保险全国统筹，促进基本养老保险基金长期平衡，全面开展中央和地方划转部分国有资本充实社保基金工作。大力发展企业年金、职业年金、个人储蓄性养老保险和商业养老保险"。由此可见，我国城职保发展目标是实现以"六统一"为基本内容的全国统筹，促进城职保基金长期平衡。城职保制度的统一为开展城职保长期精算评估奠定了基础，具备了可行性，而促进城职保基金长期平衡的要求使开展城职保长期精算评估具备了必要性和紧迫性。

本书是根据社会养老保险精算的基本原理，结合我国城职保制度的具体内容和政策目标，归纳精算平衡的判断标准，设计精算评估模型，构建精算评估方法，设置基本精算假设，模拟制度运行过程，测算制度运行结果，分析影响制度运行的主要因素，寻找精算平衡的条件，探索实现精算平衡的途径。并以2018年末为评估时间点，对我国城职保未来75年的基金收支及平衡情况进行精算评估，内容分为四编八章。本书的名称为《中国城镇职工基本养老保险精算评估研究报告》，之所以称为"研究报告"，是因为本书主要是从学术研究的角度、以学术研究的形式撰写，以区别于应由政府部门发布的正式"评估报告"。

本书的具体结构安排如下。

第一编，绪论。

第一章，研究意义与评估标准。阐述本书的研究意义与目的、研究对象与内容、研究方法与手段，并总结归纳城职保精算平衡的判断标准。

第二章，评估方法。根据研究需要，设计未来人口、参保人数、缴费工资、保险基金收支预测方法以及精算平衡的评估方法和敏感性分析方法。

第二编，基于现状的精算评估。

第三章，基于现状的精算假设。假设社会经济政策和城职保制度不进行重大调整，保持现状。根据研究需要，区分不同情境，按照符合实际和逻辑一致的原则，对各类精算评估模型参数未来的取值设置精算假设。

第四章，基于现状的评估过程与结果分析。根据上述精算评估方法和基于现状的精算假设，对未来 75 年基金运行情况进行模拟测算和分析，得出能否实现精算平衡的结论。

第三编，满意状态的精算评估。

第五章，满意状态的精算假设。按照符合实际、逻辑一致、合理预期、积极稳妥的原则，充分考虑城职保的制度和政策目标，确定各类参数经过努力能够达到的目标值，设置各类精算假设。

第六章，满意状态的评估过程与结果分析。根据上述精算评估方法和满意状态的精算假设，在符合实际和满意状态下，即经过努力可以达到的状态，对未来 75 年基金运行情况进行模拟测算和分析，得出能否实现精算平衡的结论。

第四编，精算平衡的条件与实现途径。

第七章，精算平衡的条件分析。通过人口年龄结构、人口期望寿命、延迟退休年龄、制度转轨的隐性债务、社保双降政策、政府公共财政责任、制度模式效率、生育政策调整等对基金收支的影响分析，找出影响精算平衡的主要变量，分析精算平衡的约束条件。

第八章，精算平衡的实现途径。根据精算平衡的条件分析结果，找出精算平衡的共性和"硬"约束条件，分析实现精算平衡的有效途径，提出相应的制度改革的政策建议。

本书的内容和观点来源于笔者对本问题研究的过程和结果，文责自负。

第三节　研究方法与手段

一、研究方法

我国城职保精算评估看起来是一个技术问题，实际上是一个关系到我国城职保制度设计和选择的方法论问题。目前，我国城职保制度改革正面临着参数式改革与结构式改革、公有制与私有化、发达国家模式与新兴国家模式的争议，本书坚持为完善与中国特色社会主义制度相适应的我国城职保制度服务的研究宗旨，在坚持社会统筹和个人账户相结合的基本养老保险制度的前提下，为建立更加公平、可持续和有效率的城职保制度建言献策。

我国城职保制度不同于任何现有的公共养老金制度，我国城职保精算评估方法设计必须结合我国城职保制度的实际情况，应该借鉴但不能照搬别国或国际组织提供的精算评估方法。本书拟根据我国国情和我国城职保制度内容，将精算的技术逻辑和城职保的制度逻辑有机结合，设计出具有自身特色的城职保精算评估方法。具体而言，本书主要采用以下研究方法。

（一）定性研究与定量研究相结合

在深入分析我国城职保制度内涵的基础上，结合精算评估的技术要求，对精算模型的参数进行规范定义，以保证精算模型与制度内容保持一致。例如，未来人口预测方法、参保职工人数和退休领取人数预测方法设计；"老人""中人""新人"的划分及其养老金缴费、领取情况的差异计量方法设计；养老保险制度覆盖率、遵缴率、缴费工资率、养老金替代率等重要参数的定义和计算方法设计；统筹基金、个人账户基金的来源及支出范围界定、计算方法设计等，都要与我国城职保制度内容保持一致。

（二）规范分析与实证分析相结合

在严谨设计、严格论证城职保精算评估方法的基础上，搜集实际数据，进行实证分析。由于城职保精算评估周期长，影响因素众多而未来又具有不确定性；不同主体利益关系复杂，既要考虑当代人缴费与受益的权责对称，又要考虑代与代之间的负担均衡；既要考虑预测结果的准确性，又要考虑数据资料的可获得性；既要反映制度运行的过程，又要能够分析各个因素的影响。在综合考虑以上因素的基础上，还要注意各因素之间的逻辑关系、数量变动关系。对未来人口、经济、城职保制度变化所作的精算假设固然难以做到完全符合实际，但要保证预测结果反映制度运行的长期趋势、数量关系和数量变动的规律性。

（三）实地调研与虚拟仿真相结合

反映历史和现状的信息，尽量采用真实数据；预测未来人口、经济、城职保制度的精算假设，参照相关领域规划要求和对未来发展趋势的科学判断；无法直接获得的数据，采用虚拟实验的方法进行测算，以保证精算假设逻辑一致。例如，参保职工分性别、年龄段、人均工资指数的测算，需要进行专项调查；评估时间点"老人"分性别、年龄、人数、"中人"分性别、年龄、参保职工和退休领取人数，需要根据实际的总量数据进行分类数据的近似测算；对于未来人口、参保职工人数、退休领取人数、基金收支等重要预测结果均要进行回溯分析验证修正，以保证各项预测结果的准确性。

二、研究手段

城职保精算评估是在对未来人口、参保人数、缴费工资、基金收支进行长期预测的基础上进行的，具有数据计算量大、计算方法复杂、不确定性较强的特点，需要充分利用现代计算技术、采用模拟实验的方法进行研究。为此，笔者在对城职保精算评估方法进行反复论证设计的基础上，与软件公司协同开发了"城镇职工基本养老保险精算评估软件"，2016年8月获得国家版权局颁发的计算机软件著作权登记证书。该软件具备城职保精算评估的各项功能，实现了城职保精算评估的程序化、规范化、快速化操作，搭建起城职保精算评估的实验平台，做到了可重复、可验证，以利于研究同行对同类课题的深入研究。

在软件开发过程中，第一步是按照各部分的算法设计编程，然后针对同一案例将程序运算结果与人工计算的结果进行对照检查，确保计算结果正确；第二步是根据城职保精算评估的需要扩充完善各部分的内容和功能；第三步是将各个部分内容汇总，检查、验证是否衔接一致，最终形成一个完整的精算评估系统。本书数据处理主要是在"城镇职工基本养老保险精算评估软件"上完成的。

第四节　城镇职工基本养老保险精算平衡的判断标准

城职保"坚持精算平衡原则"，包括要实现什么样的精算平衡和如何实现精算平衡两个方面的含义。回答前一个问题就要明确精算平衡的判断标准，即针对城职保制度持续运行过程中的重要影响因素提出质和量相统一的规定性，精算平衡的判断标准决定了要实现什么样的精算平衡，如果精算平衡的判断标准不明确，讨论精算平衡也就不具有理论和现实意义。关于城职保精算平衡的判断标准，目前还缺乏专门的系统性的研究，具有借鉴意义的是罗伯特·霍尔茨曼、理查德·欣茨（Robert Holzman，Richard Hinz，2006）提出的社会养老保险制度改革的四个首要政策目标以及促进经济发展的附属目标。一是"充足性"，指提供的待遇应足以防止所有老年人陷入绝对贫困；二是"可负担性"，指制度成本没有超出个人和社会的经济支付能力，不会产生难以承受的财政后果；三是"可持续性"，指制度财务状况良好，在各种假设条件下都能持续运行下去；四是"稳健性"，指制度能承受冲击，包括承受来自经济的、人口的和政治方面的冲击。国内现有的研究城职保财务可持续性的文献中，由于精算平衡的判断标准不同，论证的过程和结果缺乏可比性，影响了对该问题的深入研究和形成共识。

根据社会养老保险精算的基本原理，借鉴国际经验，结合我国城职保制度的具体内容，提出我国城职保精算平衡应坚持以下四个判断标准。

一、长期整体平衡标准

社会养老保险制度产生的原因在于个人在生命周期中，劳动收入与生活支出在时间上的非均衡分布，现代社会发展导致传统的家庭养老模式瓦解，个人以储蓄方式积累养老金又因为经济波动和通货膨胀的影响而面临贬值风险。社会养老保险的实质是平滑个人劳动收入在时间上的分布，保障参保人员退休后能过上体面的生活，在和平环境下面临的最大风险是人口风险。

　　我国城职保采用统筹基金与个人账户相结合的部分积累制的制度模式，统筹基金采用现收现付的财务模式，个人账户采用完全积累的财务模式。就参保职工个人而言，制度覆盖了从参保到死亡的生命周期，精算平衡的评估周期应从参加保险开始缴费，到退休领取养老金直至死亡最终退出；就参保群体而言，制度包含了代际转移支付的机制，精算平衡是指从代与代之间保持缴费负担和退休待遇相对稳定的角度实现保险基金的长期收支平衡，其评估周期会超过一代人的生命周期。根据国际通行的做法，社会养老保险长期精算评估的周期为75年，例如，美国和英国等均采用75年的评估周期。由于我国城职保采用的是代际转移支付的运行机制，精算评估的周期选择75年比较合适。此外，过去40余年我国实行"计划生育"的国策，有效控制了人口过快增长，但随着生育高峰期出生人口陆续进入老年时期，我国人口老龄化程度快速加深，城职保制度抚养比不断降低，城职保基金支付压力越来越大。但随着我国全面生育二孩、三孩政策的实施，可以逐步缓解人口老龄化的程度，经过一段较长的时期后，我国人口年龄结构会逐步趋于合理。在人口年龄结构变化过程的不同阶段，城职保基金面临的支付压力是不同的，根据江正发（2017）测算，我国目前65岁及以上人口占总人口的比例为11%，2038年前后会上升到25%，相当于目前世界上老龄化程度最高的日本的水平，直至2090年，我国的老龄化程度均保持在25%以上的水平。其中，2058年前后达到峰值32%，2090年之后的50年，仍将保持在23%以上的水平。由此判断，2038～2090年是我国养老负担沉重的时期，2090年以后养老压力才会逐步缓解。因此，考察城职保精算平衡问题，评估周期甚至要超过75年，从而在能够覆盖我国人口年龄结构变化完整过程的百年周期内，才能做出全面合理的评价。

　　我国地区之间经济发展水平差异较大，劳动力流动频繁，各地城职保基金收支状况不均，根据人社部发布的《中国社会保险发展年度报告2016》，2016年城镇企业职工养老保险基金当年收不抵支的省份由2014年的3个增加到7个，有9个省份制度抚养比跌破2，引起了社会各界对城职保制度可持续性的疑虑。针对上述问题，郑秉文和孙永勇（2012）、林毓铭（2013）、褚福灵（2013）、赵应文（2013）等均认为，提高统筹层次、尽快实现全国统筹是解决问题的根本办法。为解决各省份城职保基金收支状况不均的问题，2018年5

月国务院发布了《国务院关于建立企业职工基本养老保险基金中央调剂制度的通知》，指出为实现基本养老保险制度可持续发展，国务院决定建立养老保险基金中央调剂制度，自2018年7月1日起实施；中央调剂基金上解比例从3%起步，逐步提高；同时提出要最终实现养老保险各项政策全国统一。2019年4月发布的《国务院办公厅关于印发降低社会保险费率综合方案的通知》指出2019年基金中央调剂比例提高至3.5%，并要求2020年底前实现企业职工基本养老保险基金省级统收统支。考察城职保精算平衡，应把全国作为一个整体来看，只要整体上平衡，地区之间的差异可以通过制度设计进行调节。从统一政策和规范制度的角度来说，提高统筹层次是必要的，对实现城职保精算平衡也是有利的，但是否全国统筹并不是城职保精算平衡的决定性因素。提高统筹层次的改革进程缓慢，原因在于利益关系没有理顺，单纯依靠行政手段行不通，应更多地考虑运用经济手段。

二、权利责任对称标准

我国城职保制度是20世纪90年代末在原来退休金制度基础上转轨形成的，根据转轨时的人员状况，将参保人员分为"老人""中人""新人"三种类别，不同类别参保人员的缴费情况和退休养老金待遇计算方法各不相同；不同性别、不同身份的参保人员退休年龄规定也不相同，而这些因素的计量都很复杂。坚持权利责任对称标准，就是要对城职保基金长期收支进行科学准确的精算评估，厘清政府、企业（机关事业单位）以及个人在城职保制度中的权利、义务和责任，各负其责、各享其利，共同维护城职保制度的持续稳定运行。

政府或公共财政的主要责任，在《社会保险法》第十三条有明确规定，"国有企业、事业单位职工参加基本养老保险前，视同缴费年限期间应当缴纳的基本养老保险费由政府承担。基本养老保险基金出现支付不足时，政府给予补贴"。因此，政府责任包括三个方面的内容，一是逐步偿还城职保制度转轨形成的隐性债务，包括因视同缴费支付的"老人"养老金和"中人"过渡性养老金。二是分担由于实行计划生育政策导致的人口年龄结构快速老化所造成的基金支付压力，人口老龄化是社会经济发展的趋势性特征，但我国的人口老龄化有自身的显著特征，就是由于实行计划生育政策导致的快速老龄化和未富先老，使城职保未来的支付压力异常沉重，需要动员全社会的力量应对，政府应分担由于实行计划生育政策而额外增加的城职保基金支出。三是信守制度承诺，保障由参保职工履行缴费义务所获得的领取退休养老金的权益，《社会保险法》第十八条规定，"国家建立基本养老金正常调整机制。根据职工平均工资增长、物价上涨情况，适时提高基本养老保险待遇水平"；《国务院关于完善企业职工基本养老保险制度的决定》第六条规定，"退休时的基础养老金月标准以当地上年度在岗职工月平均工资和本人指数化月平均缴费工资的平均值为基数，缴费每满一年发给1%"。政府应提供兑现上述承诺所必需的财政补贴。

企业要认真履行《社会保险法》及相关法规规定的缴费责任，按时足额缴纳基本养老保险费。《社会保险法》第十条规定，"职工应当参加基本养老保险，由用人单位和职工共同缴纳基本养老保险费"；第十二条规定，"用人单位应当按照国家规定的本单位职工工资总额的比例缴纳基本养老保险费，记入基本养老保险统筹基金"。

参保职工在工作期间，要认真履行缴纳养老保险费的责任，并有权监督本单位为其缴费情况；退休后按照多缴多得、长缴多得的原则，领取退休养老金。《社会保险法》第四条规定，个人"有权监督本单位为其缴费情况"；第十六条规定，"参加基本养老保险的个人，达到法定退休年龄时累计缴费满十五年的，按月领取基本养老金"。

我国《社会保险法》对政府、企业、个人在城职保制度中的权利责任规定是比较明确的，各主体也基本履行了自己的责任。政府对城职保的补贴、企业和个人缴费逐年快速增长，但对《社会保险法》的认识和执行还没有真正到位。在政策层面还存在中央政府和地方政府责任不明晰、财政补贴计算标准和增长机制不明确等问题；在实践中还存在各地区缴费比例不统一、部分地区擅自降低缴费率、部分企业故意降低缴费工资基数、部分个人无故中断缴费等问题。只有政府、企业和个人各负其责，共同努力，才能实现真正的城职保精算平衡。

三、待遇缴费合理标准

城职保制度通过参保职工在职时缴纳养老保险费、退休时领取退休养老金而持续运行，完全积累制的制度运行模式主要是将职工工资在工作期间和退休之后进行再分配，我国实行的部分积累制还发挥了代际转移支付的功能。这就需要在制定缴费标准和养老金计发标准时，充分考虑职工工作期间的缴费能力与退休之后的生活需要，充分考虑代与代之间缴费负担与养老待遇的合理均衡和相对稳定，不能忽高忽低、畸轻畸重，否则都会影响城职保制度的稳定运行。缴费水平与待遇水平是城职保精算平衡天平的两端，从时间顺序上来看是先缴纳养老保险费、后领取退休养老金，缴费水平决定待遇水平。但从城职保制度的功能来看，制度提供的待遇应足以保证所有参保的老年人过上有尊严的退休生活，防止陷入老年贫困，说明退休待遇不能被动地由缴费水平决定。因此，从制度设计的逻辑来看，一般是先根据退休职工维持正常生活需要出发，确定出待遇水平的期望值，继而测算与之相对应的缴费水平，再与职工缴费能力相比较，寻找两者的平衡点，并保持相对稳定。

考虑到我国城职保制度的主要功能是为退休职工提供基本生活保障，加上我国今后相当长的时期都将处于深度老龄化的阶段，城职保基金将长期处于支付压力巨大的状态，因此，职工退休养老金平均水平不宜也不可能过高，锚定在上年度城镇居民人均可支配收入中位数与众数之间的水平上是比较合理的。2015 年和 2018 年我国城职保企业参保退休职工的人均养老金分别为 27 012 元和 31 632 元；2014 年和 2017 年我国城镇居民人均可支配收入为 28 844 元和 36 396 元，中位数为 26 635 元和 33 834 元，众数估计值为 22 217 元和 28 710 元，人均养老金占上年城镇居民人均可支配收入的比例由 2015 年的 93.6% 下降到 86.9%，2018 年人均养老金仍处在上年城镇居民人均可支配收入的众数与中位数之间，据此判断，我国目前的城职保养老金水平还是合理的。在社会养老保险和精算的话语体系中，养老金待遇水平一般用养老金替代率来衡量，而养老金替代率又有多种不同的含义。王晓军、米海杰（2013）认为，养老金替代率按计算口径不同分为个人替代率、平均替代率和中位替代率。个人替代率是指个人退休后领取的养老金占退休前工资收入的百分比，国际劳工组织在 1952 年、1967 年公约中提出的最低替代率分别为 40%、45%，均指个人替代率而言。平均替代率是指平均养老金占平均工资的百分比，用于衡量全社会养老金替代率的平均水平，我国平均替代率因受到养老金调整幅度低于工资增长率、人口结构老化和较低的个人账户记账利率的影响而下降，因而用平均替代率衡量替代率的平均水平存在偏差，从而指出用中位替代率更能客观、真实地反映大多数领取者替代率的平均水平，而欧盟统计局用来衡量养老金充足性的综合替代率就是中位替代率。笔者认为，三种替代率各有利弊，应结合使用，个人替代率是静态替代率，反映退休时的养老金替代率水平，按照我国目前的养老金待遇计发规定，参保人每缴费一年大约可获得 1% 的统筹养老金替代率，如果缴费满 30 年，可获得大约 30% 的统筹养老金替代率，加上个人账户可获得的 12% 左右的替代率，可以达到 42% 的个人替代率，基本能够达到国际劳工组织提出的最低替代率标准。平均替代率和中位替代率是动态替代率，反映退休以后的养老金替代率水平，由于目前无法获得中位替代率计算所需数据，可以用平均替代率反映，2014 年和 2017 年我国城镇非私营单位就业人员平均工资分别为 56 339 元和 74 318 元，参保退休职工的平均养老金替代率分别为 47.9% 和 42.5%，相当于分别缴费满 35 年和 30 年的个人替代率水平。因为目前领取养老金的退休职工基本都是"老人"和"中人"，"老人"养老金是由以前的退休工资转化而来，"中人"的领取权益大部分是与工龄一致的视同缴费年限，因此，平均缴费年限 30～35 年是符合实际的。平均养老金替代率能够保持目前的水平，主要是由我国养老金实现十七连增，基本保持与在职职工工资同步增长所决定。如果按养老金下限即上年城镇居民人均可支配收入众数 22 217 元和 28 710 元计算，养老金替代率约为 40% 和 38.6%。由此判断，我国目前的养老金水平是合理的，但 2015～2018 年出现了替代率明显下降的趋势。从长期精算平衡的角度来看，目前的退休养老金计发办法是合适的，但养老金待遇调整机制还未定型，无论如何调整，应保证养老金平均替代率保持在 40% 以上的水平。

　　锚定了退休职工养老金待遇水平，就可以通过科学测算确定企业和职工个人缴费水平。我国城职保基金收入来源于参保职工缴费收入、政府补贴和结余基金利息收入，从保持精算平衡的角度来看，结余基金利息收入数额较小，主要是前两项收入，两者是此消彼长的关系。据江正发（2019）测算，按照郑秉文（2015）提出的延迟退休方案和前述政府责任范围，在目前养老金替代率条件下，未来75年政府对城职保的责任金额相当于每年要拿出当年国内生产总值（GDP）的1%，而在目前的缴费率条件下，如果政府每年提供当年GDP 1%的补贴，经过努力可以保持城职保精算平衡。从这个意义上说，目前的缴费率是适当的。由于近年来经济下行压力较大，降低城职保企业缴费率的呼声有所增加，路锦非（2016）经过对2012～2050年测算，提出了城职保缴费率可以尝试降低到20%，其中企业15%，个人5%；景鹏、胡秋明（2016）运用一般均衡模型对2016～2050年进行测算，得到退休年龄为60岁和65岁时的最优社会统筹缴费率分别为19.18%～19.63%和10.77%～11.64%。如前所述，我国养老压力最大的时间是2058年前后，只测算到2050年显然是不完整的。2016年4月20日发布的《人力资源和社会保障部、财政部关于阶段性降低社会保险费率的通知》，有条件地将用人单位缴费比例由20%下调到19%，期限暂按2年执行；《国务院办公厅关于印发降低社会保险费率综合方案的通知》规定，自2019年5月1日起，各省份养老保险单位缴费比例高于16%的，可降至16%；目前低于16%的，要研究提出过渡办法；调整就业人员平均工资计算口径，各省份应以本省全口径城镇单位就业人员平均工资核定社保个人缴费基数上下限，合理降低部分参保人员和企业的社保缴费基数。上述规定将从两个方面显著影响城职保精算平衡：一是降低单位缴费比例，将使养老金替代率水平下降；二是调整缴费基数，虽然对替代率的影响可能是中性的，但会使养老金待遇水平下降。根据长期精算平衡的原则，以及缴费收入与政府补贴可以相互替代的关系，降低企业缴费率，必须以增加政府补贴为条件。根据江正发（2019）测算，未来75年政府补贴占当年GDP的1%时，政府补贴的现值占统筹基金支出现值的16.8%，也就是说，每降低企业缴费率1个百分点，每年需在现有基础上增加政府补贴0.43倍，如果能够按此比例增加政府补贴，企业缴费率是可以下调的。

四、公平效率兼顾标准

城职保制度的公平性主要表现在职工参保机会公平、缴费公平和待遇领取公平等方面。关于参保机会公平，《社会保险法》第三条规定，"社会保险制度坚持广覆盖、保基本、多层次、可持续的方针"；第十条规定，"职工应当参加基本养老保险""无雇工的个体工商户、未在用人单位参加基本养老保险的非全日制从业人员以及其他灵活就业人员可以参加基本养老保险"。这表明我国所有的就业并有劳动收入的人员均有资格参加城职保制度，就业地点不限于城镇，就业形式不限于有单位的职工，职工参保机会公平是有法律保障的。但从城职保制度覆盖率来看，一个好的社会养老保险制度其覆盖率应达到80%以上，目前发达国家公共养老金制度覆盖率一般在90%左右。从这个意义上看，我国城职保制度覆盖率还有很大的提升空间，近年来推进扩面工作使制度覆盖率快速提高，2010年末按全体劳动年龄就业人员口径测算的制度覆盖率为28.15%，2018年末已经提高到43.67%，未来制度覆盖率的目标值应达到63%左右，即70%的城镇化率和90%的参保率。在参保机会公平的问题上，还存在一些认识上的误区，例如，《中国养老金发展报告2015》中指出，遵缴率过低，意味着"扩面过度，把一些不该加入城镇职工基本养老保险的人员也勉强纳入该制度"，这种说法不符合参保机会公平的原则。应当保证每个就业人员享有平等的参与城职保制度的权利，并且鼓励每个人参与其中，多一个人参与，就多一个人获得养老保障，未来社会就减少一个人的养老负担。当然，我国还建立了城乡居民养老保险制度，2018年末参保人数达到5.2亿人，但人均养老金只有153元/月，起不到保障基本生活的作用，只能说聊胜于无。最终还是要通过做大城职保规模，解决大部分职工的养老问题。

关于缴费公平，主要体现在缴费工资基数、比例和缴费率方面。缴费工资基数由各省份根据上年职工平均工资水平确定后统一执行，个人缴费工资按缴费工资基数60%~300%的比例计算，用人单位按职工缴费工资的20%（目前调整为16%）、个人按本人缴费工资的8%缴纳养老保险费；个体工商户和灵活就业人员按缴费工资的20%缴纳养老保险费，其中，12%计入统筹基金，8%计入个人账户。以上规定是明确和基本公平合理的。但在执行中存在部分企业故意压低职工缴费工资、部分地区擅自调低企业缴费率等侵犯职工权益的问题。前者减少了企业和职工个人缴费，职工个人看起来节省了部分缴费，但退休后领取退休金的权益损失更大；后者看起来职工当前没有损失，也不影响退休后领取的待遇，但从长期精算平衡的角度来看，降低当前企业缴费率必然意味着未来企业缴费负担的增加，同样违反缴费公平原则。

关于待遇领取公平，主要体现在待遇领取资格条件和待遇计算方法上。《社会保险法》第十六条规定，"参加基本养老保险的个人，达到法定退休年龄时累计缴费满十五年的，按月领取基本养老金"，累计缴费未满十五年的可以补足十五年按月领取基本养老金或者转入城乡居民社会养老保险。缴费满十五年才能享受养老金待遇的规定，是基于权利与义务对称和鼓励多缴费多受益的考虑。目前的待遇计算方法，也体现了激励与结果公平相结合的原则，相对于缴费水平而言，高工资人群的养老金替代率有所下降，而低工资人群的养老金替代率有所上升，可以缩小两类人群的养老金待遇差距。因为城职保制度整体上享受了政府补贴，在制度有效率的条件下，在一定程度上调整养老金待遇结构不会损害高工资人群的权益，当然其中蕴含的道德风险需要通过完善制度加以防范。

城职保制度效率，主要体现在特定的缴费和政府补贴条件下，实现最大化养老金待遇水平，效率应作为衡量各种城职保制度改革方案的重要标准。我国城职保实行统筹基金与个人账户相结合的制度模式，综合了完全积累制与现收现付制的优点。统筹基金实行现收现付的待遇确定型财务模式，使代际转移支付机制发挥作用，政府做出了保障统筹养老待遇的承诺，有利于抵抗通货膨胀和积累基金投资收益率低于工资增长率对养老金待遇的不利影响，同时体现参保职工分享经济发展成果的政策导向，保障参保职工享受合理的养老金待遇；个人账户实行完全积累的缴费确定型财务模式，发挥了多缴多得的激励机制，并体现个人缴费归个人享有的按劳分配政策及公平性，有利于鼓励参保职工积极缴费。实证分析证明，我国统账结合的部分积累制的城职保制度模式与完全积累制相比更有效率。例如，假定男性职工赵某 1980 年 24 岁参加城职保，缴费年限 36 年，其在职时的工资水平、实际工资增长率与全国职工平均工资及增长率相同，养老保险缴费率为 28%，保险基金投资收益率与 5 年期银行存款利率相同，采用 2010 年男性国民生命表，其他精算假设，2015 年以前采用实际统计数据，2015 年以后实际工资增长率按起点值 6.5%，每 10 年下降 0.5 个百分点。赵某于 2016 年年满 60 岁退休。在完全积累制条件下，赵某退休后未来各年平均养老金替代率计算结果为 8.84%，远低于目前实际养老金平均替代率水平和制度承诺的未来养老金替代率水平。

目前，在城职保制度模式的公平、效率与精算平衡问题上还存在不同的观点，主要体现在统筹基金与个人账户缴费比例上。郑秉文（2015）认为，"账户比例越大，其可持续性就越好"，进而提出"财政补贴提供5%的统筹养老金替代率+企业和个人缴费全部计入个人账户计算的账户替代率"的"名义账户制"改革方案。笔者认为，"名义账户制"其实是财政补贴支持下的完全积累制制度模式，会削弱城职保的养老保障功能，将参保退休职工置于不可知的养老风险之中。孔铮（2013）研究指出，1994年世界银行提出养老保险"三支柱"改革模式以来，全球养老模式基本上是遵循着两个方向展开：一是以新兴国家为代表的以养老金私有化为主要特征的结构性改革模式，以拉丁美洲12国和中东欧14个转轨国家为代表；二是以发达国家为代表的参数式改革模式，是在保留传统的现收现付养老金制度的同时，通过对体制内的参数调整改善公共养老金计划的财务状况，主要代表是法国、德国、日本等发达国家。从改革结果来看，贺瑛、华容晖（2012）研究指出，2008年以来的金融危机，导致进行了养老金体系私有化改革的拉丁美洲地区成为危机的"重灾区"，各国纷纷出台养老金的保护和调整措施，呈现出明显的"逆私有化"特征。反观参数式改革的发达国家，虽然公共养老金制度也面临人口老龄化的挑战，但制度仍在平稳运行。因此，从正、反两个方面的经验来看，我国城职保制度改革应采用参数式改革模式，防止落入结构式改革模式的陷阱。

第二章　评估方法

城职保未来基金收支精算评估方法，是根据社会养老保险精算的基本原理，借鉴国际经验，结合我国城职保制度的具体内容，设计城镇职工基本养老保险基金长期收支测算及精算评估模型，构建各级统筹单位城职保未来75年保险基金收支及平衡状况的模拟运算平台，测算各个因素对保险基金收支的影响，寻求实现保险基金精算平衡的途径，为城职保制度改革和管理决策提供可靠依据。城职保基金收支精算评估方法主要包括以下内容。

第一节　未来人口预测方法

未来人口状况是影响城职保精算平衡最重要的因素，进行城职保精算评估，首要是准确预测未来的人口状况。

根据全国人口普查数据，编制普查年度分性别国民生命表，并根据未来可能的变化调整未来年度国民生命表；依据普查年度、未来年度国民生命表和普查年度本地区人口数据，采用人口年龄移算方法，预测本地区未来85年已出生人口分性别、年龄人口数量；依据普查年度和未来各年育龄妇女一般生育率、总和生育率和出生人口性别比例，预测未来各年分性别新出生人口数量；预测未来85年分性别、年龄人口数，以及60岁和65岁及以上老龄化率、80岁及以上高龄化率、人口平均年龄及人口年龄中位数。

一、国民生命表编制

国民生命表编制流程如图2-1所示。

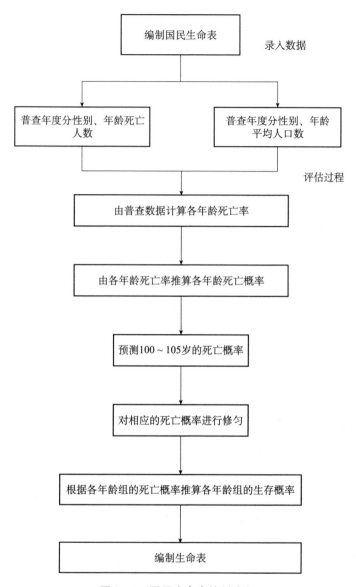

图 2 -1　国民生命表编制流程

二、未来 85 年人口预测

未来 85 年人口预测流程如图 2 - 2 所示。

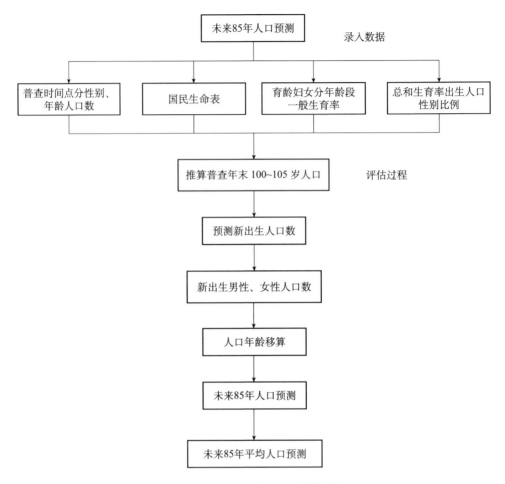

图 2-2　未来 85 年人口预测流程

第二节　参保人数预测方法

未来各年城职保参保缴费和退休领取人数直接影响未来各年城职保基金收入和支出。

一、参保缴费人数预测

根据人口普查数据和劳动年龄标准，测算本地区普查年度劳动年龄人口分性别、年龄的劳动参与率与失业率，并根据未来劳动年龄标准、劳动参与率、失业率假设，预测本地区未来85年分性别、年龄、劳动年龄人口、就业人口数量；根据普查年度城职保制度覆盖率和未来变化情况，普查年度参保人员遵缴率及变化情况，预测未来85年本地区分性别、年龄参保职工和缴费职工人数。

未来85年参保缴费人数预测流程如图2-3所示。

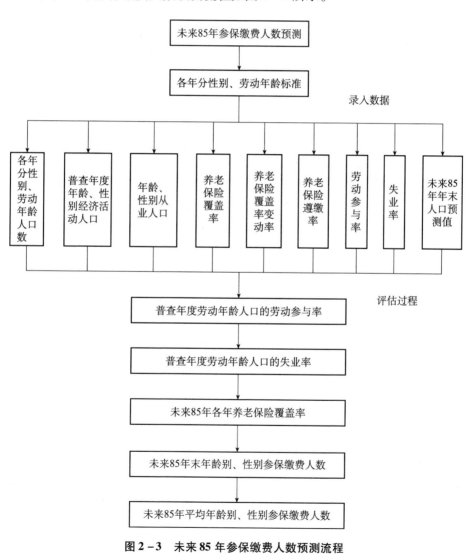

图2-3 未来85年参保缴费人数预测流程

二、退休领取人数预测

根据本地区未来参保职工人数预测数据、劳动年龄标准和未来国民生命表假设数据，预测未来各年当年分性别退休领取人数。根据本地区各年度实际分性别、年龄退休领取人数和未来国民生命表假设数据，预测未来各年本地区分性别、年龄已退休领取人数。以上两项合并，预测未来75年分性别、年龄退休领取人数，城职保制度总人数和制度抚养比。

未来75年退休领取人数预测流程如图2-4所示。

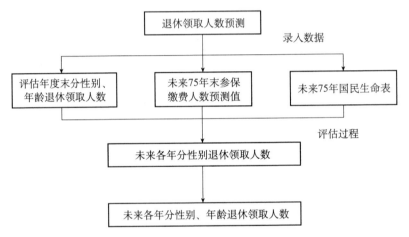

图2-4　未来75年退休领取人数预测流程

第三节　缴费工资预测方法

未来各年城职保参保人员的缴费工资水平是直接影响未来各年城职保基金收入和支出的又一重要因素。

根据评估年本地区（省份）人均工资水平，未来各年实际工资增长率、通货膨胀率假设，预测未来75年人均缴费工资水平；根据评估年分性别、年龄段人均工资指数及未来变化，评估年缴费工资率及未来变化，预测未来各年分性别、年龄段人均缴费工资；根据未来参保缴费人数预测数据，预测未来各年分性别、年龄缴费工资总额（见图2-5）。

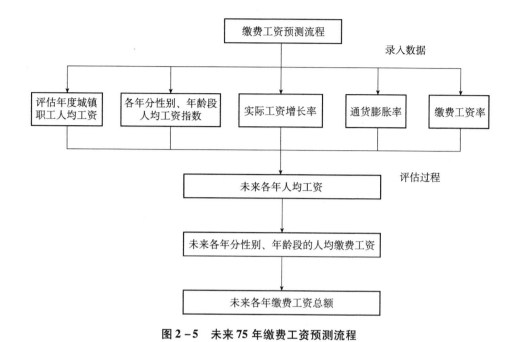

图 2-5 未来 75 年缴费工资预测流程

第四节 城镇职工基本养老保险基金收支预测方法

一、城镇职工基本养老保险基金缴费收入预测

城职保基金收入主要来源于参保职工缴费收入、政府补贴和基金结余投资利息收入。

根据评估年政府补贴和未来变化,预测未来各年政府补贴数量;根据企事业单位职工、个体户与灵活就业人员统筹基金缴费率及未来变化,个体户与灵活就业人员占参保缴费人数比例及未来变化,缴费工资、参保缴费人数预测数据,预测未来各年分性别、年龄统筹基金缴费收入;根据个人账户缴费率及未来变化,个体户与灵活就业人员占参保缴费人数比例及未来变化,缴费工资、参保缴费人数预测数据,预测未来各年分性别、年龄个人账户基金缴费收入。以上两项之和为未来各年养老保险基金缴费收入(见图 2-6)。

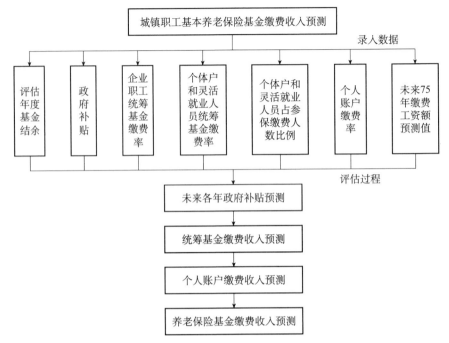

图 2-6 未来 75 年城职保基金缴费收入预测流程

二、城镇职工基本养老保险基金支出预测

根据评估年度"老人"养老金替代率、统筹养老金替代率、个人账户养老金替代率以及未来的变化，预测未来各年"老人"养老金替代率、统筹养老金替代率、个人账户养老金替代率；根据评估年度"老人"退休领取人数，国民生命表数据，预测未来各年分性别、年龄"老人"退休领取人数；根据评估年度"中人"退休领取人数，未来劳动年龄标准和国民生命表数据，预测未来各年分性别、年龄"中人"退休领取人数。

1. 统筹基金支出预测

（1）"老人"统筹养老金支出。根据未来各年"老人"退休领取人数、"老人"养老金替代率、人均工资预测数据，预测未来各年分性别、年龄"老人"养老金支出。

（2）"中人"统筹养老金支出。根据未来各年"中人"退休领取人数、统筹养老金替代率、人均工资预测数据，预测未来各年分性别、年龄"中人"

统筹养老金支出。

（3）"新人"和扩面人员统筹养老金支出。根据未来各年"新人"和扩面人员退休领取人数、统筹养老金替代率、人均工资预测数据，预测未来各年分性别、年龄"新人"和扩面人员养统筹老金支出。

（4）"中人"个人账户过渡性养老金支出。根据未来各年"中人"退休领取人数、个人账户养老金替代率、人均工资预测数据、"中人"视同缴费比例，预测未来各年分性别、年龄"中人"个人账户过渡性养老金支出。

（5）"中人"和"新人"个人账户计发年限截止后养老金支出。根据未来各年"中人"和"新人"退休领取人数、个人账户养老金替代率、人均工资预测数据、个人账户计发年限假设，预测未来各年分性别、年龄"中人"和"新人"个人账户计发年限截止后养老金支出。

以上五项相加，为未来各年统筹基金总支出。

2. 个人账户基金支出预测

（1）"中人"个人账户基金支出。根据未来各年"中人"退休领取人数、个人账户养老金替代率、人均工资、"中人"个人账户过渡性养老金支出预测数据、个人账户计发年限假设，预测未来各年分性别、年龄"中人"个人账户基金支出。

（2）"新人"个人账户基金支出。根据未来各年"新人"退休领取人数、个人账户养老金替代率、人均工资预测数据、个人账户计发年限假设，预测未来各年分性别、年龄"新人"个人账户基金支出。

以上两项相加，为未来各年个人账户基金总支出。

3. 城镇职工基本养老保险基金总收入预测

（1）统筹基金总收入。根据未来各年政府补贴，统筹基金缴费收入、统筹基金总支出预测数据，统筹基金投资收益率假设，预测未来各年统筹基金总收入。

（2）个人账户基金总收入。根据未来各年个人账户基金缴费收入、个人账户基金总支出预测数据、个人账户记账利率假设，预测未来各年个人账户基金总收入。

以上两项相加，为城镇职工基本养老保险基金总收入。

4. 城镇职工基本养老保险基金收入、支出、结余预测

（1）未来各年统筹基金总收入、总支出、当年结余与累计结余预测。

（2）未来各年个人账户基金总收入、总支出、当年结余与累计结余预测。

（3）未来各年城镇职工基本养老保险基金总收入、总支出、当年结余与累计结余预测。

未来75年城职保基金支出预测流程如图2-7所示。

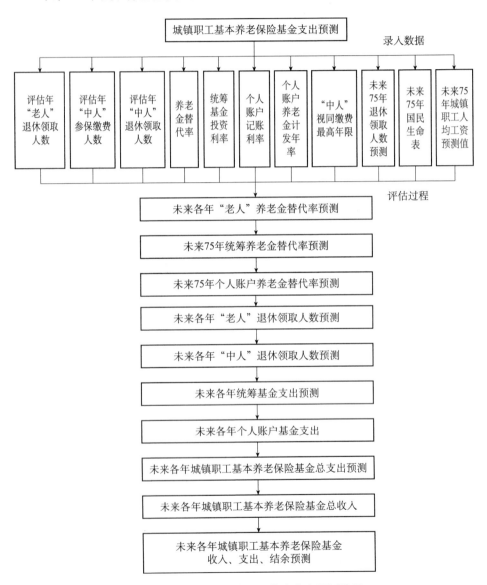

图2-7 未来75年城职保基金支出预测流程

第五节　城镇职工基本养老保险基金收支精算评估方法

一、城镇职工基本养老保险基金收支精算评估

在前四节内容的基础上，综合预测未来各年"城职保"基金总收入、总支出、当年结余、累计结余的终值与现值，展示城职保基金收支的变动趋势和平衡状况。同时，对影响"城职保"基金收支的各个因素，例如，人口死亡率、总和生育率、劳动年龄标准、人均工资实际增长率、通货膨胀率、制度覆盖率、缴费工资率、遵缴率、统筹基金和个人账户基金缴费率、政府补贴变动率、统筹基金投资收益率、个人账户基金记账利率、统筹和个人账户养老金替代率、个人账户计发年限、贴现率、人口年龄结构等进行敏感性分析，计算各个因素的变化对城职保基金收支的影响，测试城职保基金收支实现精算平衡的条件，为城职保制度改革和管理决策提供可靠依据。

未来 75 年城职保基金精算评估流程如图 2 – 8 所示。

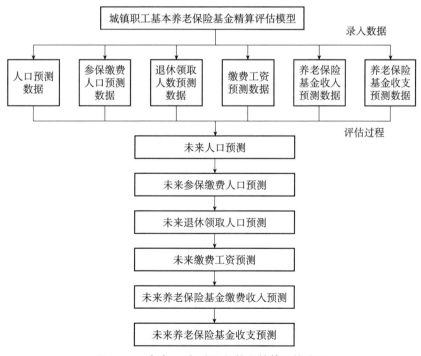

图 2 – 8　未来 75 年城职保基金精算评估流程

二、固定年龄结构的城镇职工基本养老保险基金收支精算评估

我国目前已进入快速老龄化阶段，人口老龄化将持续一个比较长的时期，为测算人口年龄结构变化对城职保基金收支的影响，本部分内容以评估年度人口年龄结构为基础，假定在人口年龄结构固定不变的条件下，预测未来各年城职保基金收支情况，将其与人口年龄结构变化情况下的测算结果进行比较，即可反映人口年龄结构变化对城职保基金收支的影响。

未来75年固定年龄结构的城职保基金精算评估流程如图2-9所示。

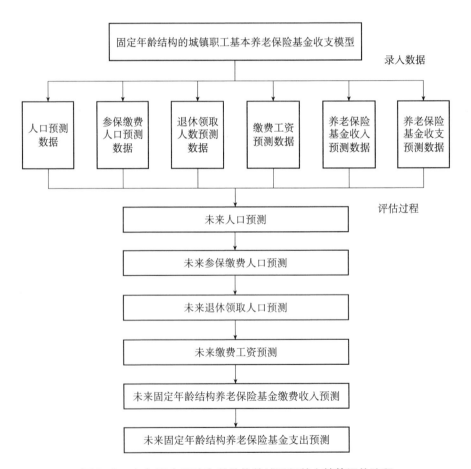

图2-9 未来75年固定年龄结构的城职保基金精算评估流程

第六节　现收现付制度下的隐性债务评估方法

城职保制度隐性债务是指制度转轨时，"老人""中人"视同缴费所获得的养老金领取权益，按照《社会保险法》的规定，城职保制度隐性债务应由政府承担，需要进行准确测算。

一、"老人"养老金隐性债务

根据未来各年人均工资、"老人"养老金替代率、"老人"退休领取人数预测数据、贴现率假设，预测未来各年"老人"养老金支出和隐性债务。

"老人"养老金隐性债务预测流程如图 2-10 所示。

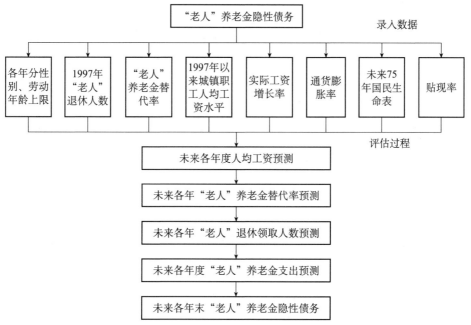

图 2-10　"老人"养老金隐性债务预测流程

二、"中人"过渡性养老金隐性债务

1. "中人"统筹账户过渡性养老金支出

根据未来各年人均工资、统筹养老金替代率、"中人"退休领取人数预测数据、"中人"视同缴费比例，预测未来各年"中人"统筹账户过渡性养老金支出。

2. "中人"个人账户过渡性养老金支出

根据未来各年人均工资、个人账户养老金替代率、"中人"退休领取人数预测数据、"中人"视同缴费比例、个人账户计发年限假设，预测未来各年"中人"个人账户过渡性养老金支出。

3. "中人"过渡性养老金隐性债务

根据未来各年"中人"过渡性养老金支出预测数据、贴现率假设，预测未来各年"中人"过渡性养老金隐性债务。

三、养老金隐性债务

"老人"养老金隐性债务和"中人"过渡性养老金隐性债务相加，为未来各年养老金隐性债务。

"中人"过渡性养老隐性债务预测流程如图2－11所示。

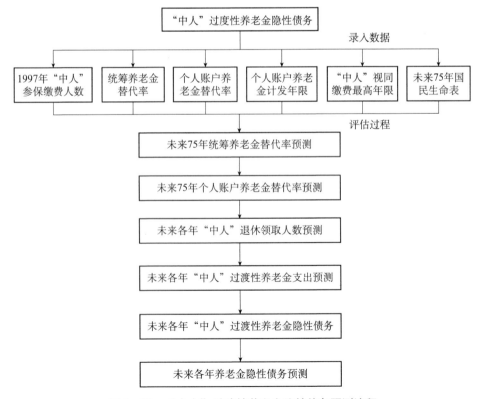

图2－11　"中人"过渡性养老金隐性债务预测流程

第七节　完全积累制城镇职工基本养老保险精算评估方法

为评估现行的统账结合的部分积累制的制度效率，需要将其与完全积累制进行比较，本部分用于测算完全积累制的运行结果。

一、终身领取养老金替代率测算

根据参保人参保年龄、参保年度、缴费年限、退休领取年龄、人均工资、实际工资增长率、通货膨胀率，缴费工资率、缴费率、保险基金投资收益率、国民生命表及未来变化等假设，测算在完全积累制条件下，终身领取养老金替代率水平，将其与我国目前实行的部分积累制同等条件下的实际养老金替代率进行比较，可以为城职保制度模式选择提供可靠依据。

完全积累制终身领取养老金替代率测算流程如图 2－12 所示。

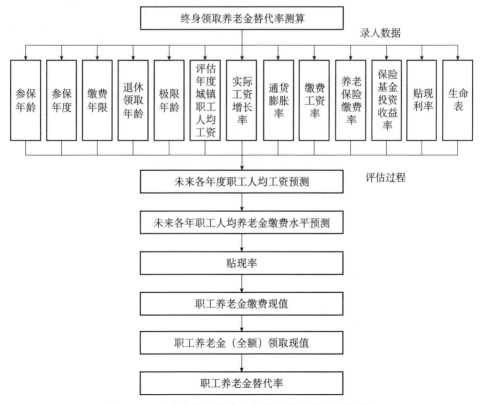

图 2－12　完全积累制终身领取养老金替代率测算流程

二、定期计发个人账户养老金替代率测算

根据参保人参保年龄、参保年度、缴费年限、退休领取年龄、个人账户计发年限、人均工资、实际工资增长率、通货膨胀率、缴费工资率、缴费率、个人账户基金记账利率、国民生命表及未来变化等假设，测算在完全积累制条件下，定期计发个人账户养老金替代率水平，为合理设置未来各年个人账户养老金替代率提供可靠依据。

完全积累制定期计发个人账户养老金替代率测算流程如图 2-13 所示。

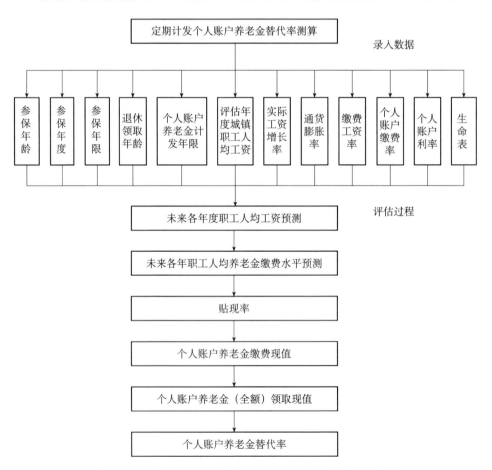

图 2-13 完全积累制定期计发个人账户养老金替代率测算流程

第二编

基于现状的精算评估

第三章　基于现状的精算假设

本章讨论精算评估的基本假设，按照基于现状、符合实际、逻辑一致、合理预期以及积极稳妥的原则设置各类精算假设，考虑城职保的制度和政策目标，确定各类参数在保持现状的基础上的取值，因而称为基于现状的精算假设，本章精算假设的情景称为方案一（用表①、图①字样表示）。基于现状的精算假设也存在变与不变的关系问题，外部社会经济条件的变化是客观的，应该进行如实反映；不变是指假设社会经济政策和城职保制度不进行重大调整，保持现状。因为 2019 年发布的《国务院办公厅关于印发降低社会保险费率综合方案的通知》，对城职保政策做出了重大调整，一是将城职保单位缴费比例统一降至 16%；二是调整城职保缴费基数，以本省城镇非私营单位就业人员平均工资和城镇私营单位就业人员平均工资加权计算的全口径城镇单位就业人员平均工资，核定社保个人缴费基数上下限。本次政策调整将对未来的城职保基金收支产生显著影响，相对于过去的城职保基金收支也会产生跳跃性变化，本评估方法和模型难于及时准确地刻画出这种政策调整产生的巨大波动，为更好地反映政策调整之后的变化，并考虑评估所需数据资料的可获得性，本书拟以 2010 年为普查年度，以 2018 年末为评估时间点，对我国城职保未来 75 年基金收支预测及精算评估所需的条件做出精算假设。

第一节　基于现状的人口预测假设

一、生命表编制和选用

（一）生命表编制

我国目前尚未编制和发布国民生命表，本书所用 2010 年度国民生命表根据第六次全国人口普查数据编制。具体做法依据第六次全国人口普查第一部分全部数据资料第六卷死亡中的全国分年龄、性别的死亡人口状况（2009年11月1日～2010年10月31日）中的平均人口和死亡人口数据，并按照下述方法编制国民生命表。

第一步，将分年龄、性别的死亡人数与对应的年平均人数相除，得到普查年度分年龄、性别的死亡率。

第二步，由死亡率推算分年龄、性别的死亡概率。其中，$a_0 = 0.25$。

第三步，预测100～105岁人口的死亡概率。

第四步，对分年龄、性别的死亡概率进行修匀。

第五步，计算分年龄、性别的生存概率，得到国民生命表。

根据上述方法，编制出男性、女性国民生命表（2010），如表①1、表①2所示。

表①1　　　　　　　　　　男性国民生命表（2010～2070年）

年龄（岁）	2010年	2020年	2030年	2040年	2050年	2060年	2070年
0	0.99628045	0.99628045	0.99730989	0.99813070	0.99813070	0.99813070	0.99813070
1	0.99884088	0.99884088	0.99966461	0.99959759	0.99959759	0.99959759	0.99959759
2	0.99932692	0.99932692	0.99971332	0.99969474	0.99969474	0.99969474	0.99969474
3	0.99949898	0.99949898	0.99975663	0.99977612	0.99977612	0.99977612	0.99977612
4	0.99958449	0.99958449	0.99979450	0.99984173	0.99984173	0.99984173	0.99984173
5	0.99962949	0.99962949	0.99982691	0.99989165	0.99989165	0.99989165	0.99989165
6	0.99964151	0.99964151	0.99985373	0.99992625	0.99992625	0.99992625	0.99992625
7	0.99965352	0.99965352	0.99987493	0.99994624	0.99994624	0.99994624	0.99994624
8	0.99965730	0.99965730	0.99989021	0.99995274	0.99995274	0.99995274	0.99995274
9	0.99965088	0.99965088	0.99989923	0.99994757	0.99994757	0.99994757	0.99994757
10	0.99963148	0.99963148	0.99990168	0.99993275	0.99993275	0.99993275	0.99993275
11	0.99963014	0.99963014	0.99989734	0.99991083	0.99991083	0.99991083	0.99991083
12	0.99962879	0.99962879	0.99988608	0.99988471	0.99988471	0.99988471	0.99988471
13	0.99962087	0.99962087	0.99986816	0.99985703	0.99985703	0.99985703	0.99985703
14	0.99961296	0.99961296	0.99984407	0.99982993	0.99982993	0.99982993	0.99982993
15	0.99955334	0.99955334	0.99981497	0.99980615	0.99980615	0.99980615	0.99980615

续表

年龄（岁）	2010 年	2020 年	2030 年	2040 年	2050 年	2060 年	2070 年
16	0.99953724	0.99953724	0.99978172	0.99978628	0.99978628	0.99978628	0.99978628
17	0.99948029	0.99948029	0.99974501	0.99976875	0.99976875	0.99976875	0.99976875
18	0.99944603	0.99944603	0.99970509	0.99975334	0.99975334	0.99975334	0.99975334
19	0.99940619	0.99940619	0.99966185	0.99973912	0.99973912	0.99973912	0.99973912
20	0.99934928	0.99934928	0.99961048	0.99972337	0.99972337	0.99972337	0.99972337
21	0.99934174	0.99934174	0.99954885	0.99970386	0.99970386	0.99970386	0.99970386
22	0.99931099	0.99931099	0.99947753	0.99967888	0.99967888	0.99967888	0.99967888
23	0.99925076	0.99925076	0.99939931	0.99964807	0.99964807	0.99964807	0.99964807
24	0.99921183	0.99921183	0.99931888	0.99961204	0.99961204	0.99961204	0.99961204
25	0.99918402	0.99918402	0.99924760	0.99957296	0.99957296	0.99957296	0.99957296
26	0.99917085	0.99917085	0.99919333	0.99953328	0.99953328	0.99953328	0.99953328
27	0.99915768	0.99915768	0.99916042	0.99949569	0.99949569	0.99949569	0.99949569
28	0.99914451	0.99914451	0.99914967	0.99946109	0.99946109	0.99946109	0.99946109
29	0.99905742	0.99905742	0.99915808	0.99942954	0.99942954	0.99942954	0.99942954
30	0.99905259	0.99905259	0.99917992	0.99940157	0.99940157	0.99940157	0.99940157
31	0.99894664	0.99894664	0.99920628	0.99937601	0.99937601	0.99937601	0.99937601
32	0.99888648	0.99888648	0.99922511	0.99934998	0.99934998	0.99934998	0.99934998
33	0.99885470	0.99885470	0.99922991	0.99932166	0.99932166	0.99932166	0.99932166
34	0.99872569	0.99872569	0.99921621	0.99928910	0.99928910	0.99928910	0.99928910
35	0.99858168	0.99858168	0.99918375	0.99925140	0.99925140	0.99925140	0.99925140
36	0.99854847	0.99854847	0.99913461	0.99920753	0.99920753	0.99920753	0.99920753
37	0.99845185	0.99845185	0.99907318	0.99915634	0.99915634	0.99915634	0.99915634
38	0.99836280	0.99836280	0.99899757	0.99909576	0.99909576	0.99909576	0.99909576
39	0.99816376	0.99816376	0.99890518	0.99902378	0.99902378	0.99902378	0.99902378
40	0.99796633	0.99796633	0.99878796	0.99893942	0.99893942	0.99893942	0.99893942
41	0.99790085	0.99790085	0.99864152	0.99884195	0.99884195	0.99884195	0.99884195
42	0.99753569	0.99753569	0.99846502	0.99873082	0.99873082	0.99873082	0.99873082
43	0.99743477	0.99743477	0.99825983	0.99860427	0.99860427	0.99860427	0.99860427
44	0.99723058	0.99723058	0.99803006	0.99846059	0.99846059	0.99846059	0.99846059
45	0.99690065	0.99690065	0.99779484	0.99830175	0.99830175	0.99830175	0.99830175

续表

年龄 （岁）	2010 年	2020 年	2030 年	2040 年	2050 年	2060 年	2070 年
46	0.99682633	0.99682633	0.99756574	0.99812799	0.99812799	0.99812799	0.99812799
47	0.99662026	0.99662026	0.99734674	0.99793780	0.99793780	0.99793780	0.99793780
48	0.99582030	0.99582030	0.99713356	0.99772754	0.99772754	0.99772754	0.99772754
49	0.99559428	0.99559428	0.99691497	0.99749254	0.99749254	0.99749254	0.99749254
50	0.99521537	0.99521537	0.99666288	0.99722696	0.99722696	0.99722696	0.99722696
51	0.99509664	0.99509664	0.99635409	0.99692604	0.99692604	0.99692604	0.99692604
52	0.99477940	0.99477940	0.99597024	0.99658605	0.99658605	0.99658605	0.99658605
53	0.99421496	0.99421496	0.99550557	0.99620351	0.99620351	0.99620351	0.99620351
54	0.99351002	0.99351002	0.99496394	0.99577657	0.99577657	0.99577657	0.99577657
55	0.99326677	0.99326677	0.99438611	0.99531511	0.99531511	0.99531511	0.99531511
56	0.99266953	0.99266953	0.99380157	0.99482433	0.99482433	0.99482433	0.99482433
57	0.99210954	0.99210954	0.99322862	0.99430477	0.99430477	0.99430477	0.99430477
58	0.99117443	0.99117443	0.99265861	0.99374940	0.99374940	0.99374940	0.99374940
59	0.99015498	0.99015498	0.99206712	0.99314701	0.99314701	0.99314701	0.99314701
60	0.98919269	0.98919269	0.99141907	0.99249418	0.99249418	0.99249418	0.99249418
61	0.98811583	0.98811583	0.99067089	0.99177988	0.99177988	0.99177988	0.99177988
62	0.98698275	0.98698275	0.98977062	0.99098546	0.99098546	0.99098546	0.99098546
63	0.98610797	0.98610797	0.98868485	0.99009143	0.99009143	0.99009143	0.99009143
64	0.98379375	0.98379375	0.98739137	0.98907828	0.98907828	0.98907828	0.98907828
65	0.98249837	0.98249837	0.98589196	0.98793952	0.98793952	0.98793952	0.98793952
66	0.98186301	0.98186301	0.98419961	0.98666790	0.98666790	0.98666790	0.98666790
67	0.97894346	0.97894346	0.98233854	0.98525546	0.98525546	0.98525546	0.98525546
68	0.97724668	0.97724668	0.98029940	0.98368226	0.98368226	0.98368226	0.98368226
69	0.97346323	0.97346323	0.97806833	0.98192817	0.98192817	0.98192817	0.98192817
70	0.96920515	0.96920515	0.97565681	0.98002899	0.98002899	0.98002899	0.98002899
71	0.96822148	0.96822148	0.97305746	0.97798986	0.97798986	0.97798986	0.97798986
72	0.96338197	0.96338197	0.97024427	0.97578555	0.97578555	0.97578555	0.97578555
73	0.96033393	0.96033393	0.96718347	0.97336276	0.97336276	0.97336276	0.97336276
74	0.95566005	0.95566005	0.96383609	0.97065243	0.97065243	0.97065243	0.97065243
75	0.95074931	0.95074931	0.96016316	0.96757682	0.96757682	0.96757682	0.96757682

续表

年龄（岁）	2010 年	2020 年	2030 年	2040 年	2050 年	2060 年	2070 年
76	0.95070823	0.95070823	0.95613256	0.96406705	0.96406705	0.96406705	0.96406705
77	0.94079213	0.94079213	0.95172123	0.96006975	0.96006975	0.96006975	0.96006975
78	0.93523753	0.93523753	0.94691002	0.95553806	0.95553806	0.95553806	0.95553806
79	0.92938788	0.92938788	0.94169108	0.95044721	0.95044721	0.95044721	0.95044721
80	0.91637810	0.91637810	0.93606087	0.94478590	0.94478590	0.94478590	0.94478590
81	0.91280382	0.91280382	0.93002250	0.93855392	0.93855392	0.93855392	0.93855392
82	0.90503416	0.90503416	0.92358228	0.93175937	0.93175937	0.93175937	0.93175937
83	0.89721348	0.89721348	0.91675012	0.92441449	0.92441449	0.92441449	0.92441449
84	0.88648906	0.88648906	0.90953332	0.91653233	0.91653233	0.91653233	0.91653233
85	0.87865022	0.87865022	0.90172298	0.90793697	0.90793697	0.90793697	0.90793697
86	0.87042551	0.87042551	0.89327604	0.89857945	0.89857945	0.89857945	0.89857945
87	0.86093290	0.86093290	0.88414731	0.88840975	0.88840975	0.88840975	0.88840975
88	0.84848199	0.84848199	0.87428959	0.87737718	0.87737718	0.87737718	0.87737718
89	0.83442075	0.83442075	0.86365379	0.86543084	0.86543084	0.86543084	0.86543084
90	0.81631622	0.81631622	0.85218910	0.85252011	0.85252011	0.85252011	0.85252011
91	0.81277351	0.81277351	0.83984325	0.83859523	0.83859523	0.83859523	0.83859523
92	0.80789592	0.80789592	0.82656278	0.82360796	0.82360796	0.82360796	0.82360796
93	0.80301833	0.80301833	0.81229341	0.80751234	0.80751234	0.80751234	0.80751234
94	0.79814074	0.79814074	0.79698054	0.79026541	0.79026541	0.79026541	0.79026541
95	0.79326314	0.79326314	0.78056972	0.77182811	0.77182811	0.77182811	0.77182811
96	0.78838555	0.78838555	0.76300730	0.75216615	0.75216615	0.75216615	0.75216615
97	0.78350796	0.78350796	0.74424115	0.73125091	0.73125091	0.73125091	0.73125091
98	0.77863037	0.77863037	0.72422145	0.70906034	0.70906034	0.70906034	0.70906034
99	0.77375278	0.77375278	0.70290162	0.68557990	0.68557990	0.68557990	0.68557990
100	0.64479398	0.64479398	0.58575135	0.57131659	0.57131659	0.57131659	0.57131659
101	0.51583519	0.51583519	0.46860108	0.45705327	0.45705327	0.45705327	0.45705327
102	0.38687639	0.38687639	0.35145081	0.34278995	0.34278995	0.34278995	0.34278995
103	0.25791759	0.25791759	0.23430054	0.22852664	0.22852664	0.22852664	0.22852664
104	0.12895880	0.12895880	0.11715027	0.11426332	0.11426332	0.11426332	0.11426332
105	0	0	0	0	0	0	0

表①2 　　　　　　　　　女性国民生命表（2010～2070 年）

年龄 （岁）	2010 年	2020 年	2030 年	2040 年	2050 年	2060 年	2070 年
0	0.99609326	0.99609326	0.99769100	0.99852860	0.99852860	0.99852860	0.99852860
1	0.99894486	0.99894486	0.99952283	0.99967074	0.99967074	0.99967074	0.99967074
2	0.99942751	0.99942751	0.99963394	0.99975461	0.99975461	0.99975461	0.99975461
3	0.99960708	0.99960708	0.99972740	0.99982333	0.99982333	0.99982333	0.99982333
4	0.99968442	0.99968442	0.99980321	0.99987850	0.99987850	0.99987850	0.99987850
5	0.99971111	0.99971111	0.99986156	0.99991981	0.99991981	0.99991981	0.99991981
6	0.99974453	0.99974453	0.99990305	0.99994781	0.99994781	0.99994781	0.99994781
7	0.99978818	0.99978818	0.99992862	0.99996327	0.99996327	0.99996327	0.99996327
8	0.99979295	0.99979295	0.99994003	0.99996784	0.99996784	0.99996784	0.99996784
9	0.99979771	0.99979771	0.99993999	0.99996396	0.99996396	0.99996396	0.99996396
10	0.99979296	0.99979296	0.99993136	0.99995414	0.99995414	0.99995414	0.99995414
11	0.99978821	0.99978821	0.99991753	0.99994125	0.99994125	0.99994125	0.99994125
12	0.99978345	0.99978345	0.99990197	0.99992811	0.99992811	0.99992811	0.99992811
13	0.99977870	0.99977870	0.99988725	0.99991648	0.99991648	0.99991648	0.99991648
14	0.99977394	0.99977394	0.99987489	0.99990709	0.99990709	0.99990709	0.99990709
15	0.99976919	0.99976919	0.99986532	0.99989835	0.99989835	0.99989835	0.99989835
16	0.99975928	0.99975928	0.99985739	0.99988824	0.99988824	0.99988824	0.99988824
17	0.99974936	0.99974936	0.99984834	0.99987431	0.99987431	0.99987431	0.99987431
18	0.99973839	0.99973839	0.99983792	0.99985683	0.99985683	0.99985683	0.99985683
19	0.99973016	0.99973016	0.99982604	0.99983685	0.99983685	0.99983685	0.99983685
20	0.99972194	0.99972194	0.99981219	0.99981772	0.99981772	0.99981772	0.99981772
21	0.99971558	0.99971558	0.99979648	0.99980212	0.99980212	0.99980212	0.99980212
22	0.99969685	0.99969685	0.99977950	0.99979200	0.99979200	0.99979200	0.99979200
23	0.99967486	0.99967486	0.99976179	0.99978764	0.99978764	0.99978764	0.99978764
24	0.99966194	0.99966194	0.99974399	0.99978810	0.99978810	0.99978810	0.99978810
25	0.99965154	0.99965154	0.99972859	0.99979083	0.99979083	0.99979083	0.99979083
26	0.99964080	0.99964080	0.99971677	0.99979281	0.99979281	0.99979281	0.99979281
27	0.99963005	0.99963005	0.99970850	0.99979054	0.99979054	0.99979054	0.99979054

续表

年龄（岁）	2010 年	2020 年	2030 年	2040 年	2050 年	2060 年	2070 年
28	0.99960853	0.99960853	0.99970304	0.99978257	0.99978257	0.99978257	0.99978257
29	0.99958702	0.99958702	0.99969880	0.99976839	0.99976839	0.99976839	0.99976839
30	0.99956087	0.99956087	0.99969323	0.99974986	0.99974986	0.99974986	0.99974986
31	0.99952472	0.99952472	0.99968370	0.99972895	0.99972895	0.99972895	0.99972895
32	0.99951456	0.99951456	0.99966745	0.99970776	0.99970776	0.99970776	0.99970776
33	0.99950416	0.99950416	0.99964276	0.99968593	0.99968593	0.99968593	0.99968593
34	0.99940211	0.99940211	0.99960872	0.99966222	0.99966222	0.99966222	0.99966222
35	0.99938152	0.99938152	0.99956410	0.99963239	0.99963239	0.99963239	0.99963239
36	0.99934257	0.99934257	0.99950957	0.99959336	0.99959336	0.99959336	0.99959336
37	0.99930057	0.99930057	0.99944776	0.99954321	0.99954321	0.99954321	0.99954321
38	0.99925141	0.99925141	0.99937989	0.99948200	0.99948200	0.99948200	0.99948200
39	0.99917958	0.99917958	0.99930743	0.99941129	0.99941129	0.99941129	0.99941129
40	0.99903877	0.99903877	0.99923343	0.99933739	0.99933739	0.99933739	0.99933739
41	0.99901835	0.99901835	0.99915969	0.99926520	0.99926520	0.99926520	0.99926520
42	0.99884825	0.99884825	0.99908677	0.99919815	0.99919815	0.99919815	0.99919815
43	0.99881785	0.99881785	0.99901477	0.99913619	0.99913619	0.99913619	0.99913619
44	0.99867691	0.99867691	0.99894282	0.99907695	0.99907695	0.99907695	0.99907695
45	0.99850959	0.99850959	0.99887085	0.99901376	0.99901376	0.99901376	0.99901376
46	0.99849403	0.99849403	0.99879697	0.99894006	0.99894006	0.99894006	0.99894006
47	0.99835973	0.99835973	0.99871759	0.99884946	0.99884946	0.99884946	0.99884946
48	0.99799060	0.99799060	0.99862985	0.99873977	0.99873977	0.99873977	0.99873977
49	0.99787458	0.99787458	0.99853092	0.99861119	0.99861119	0.99861119	0.99861119
50	0.99759357	0.99759357	0.99842103	0.99846830	0.99846830	0.99846830	0.99846830
51	0.99748400	0.99748400	0.99829943	0.99831653	0.99831653	0.99831653	0.99831653
52	0.99736229	0.99736229	0.99816437	0.99816218	0.99816218	0.99816218	0.99816218
53	0.99703669	0.99703669	0.99801193	0.99800640	0.99800640	0.99800640	0.99800640
54	0.99659859	0.99659859	0.99783765	0.99784843	0.99784843	0.99784843	0.99784843
55	0.99646385	0.99646385	0.99764845	0.99769609	0.99769609	0.99769609	0.99769609
56	0.99613168	0.99613168	0.99744434	0.99754841	0.99754841	0.99754841	0.99754841

续表

年龄（岁）	2010 年	2020 年	2030 年	2040 年	2050 年	2060 年	2070 年
57	0.99577847	0.99577847	0.99721848	0.99739562	0.99739562	0.99739562	0.99739562
58	0.99528055	0.99528055	0.99695880	0.99722718	0.99722718	0.99722718	0.99722718
59	0.99461713	0.99461713	0.99664994	0.99702961	0.99702961	0.99702961	0.99702961
60	0.99393394	0.99393394	0.99626998	0.99677914	0.99677914	0.99677914	0.99677914
61	0.99331840	0.99331840	0.99580250	0.99645980	0.99645980	0.99645980	0.99645980
62	0.99247602	0.99247602	0.99523664	0.99606346	0.99606346	0.99606346	0.99606346
63	0.99187472	0.99187472	0.99456332	0.99558534	0.99558534	0.99558534	0.99558534
64	0.99040839	0.99040839	0.99377985	0.99502802	0.99502802	0.99502802	0.99502802
65	0.98938201	0.98938201	0.99291091	0.99443764	0.99443764	0.99443764	0.99443764
66	0.98899384	0.98899384	0.99197392	0.99384117	0.99384117	0.99384117	0.99384117
67	0.98701971	0.98701971	0.99097905	0.99324646	0.99324646	0.99324646	0.99324646
68	0.98590164	0.98590164	0.98991559	0.99263478	0.99263478	0.99263478	0.99263478
69	0.98332237	0.98332237	0.98876256	0.99196960	0.99196960	0.99196960	0.99196960
70	0.98036636	0.98036636	0.98751287	0.99122968	0.99122968	0.99122968	0.99122968
71	0.97907510	0.97907510	0.98614171	0.99036891	0.99036891	0.99036891	0.99036891
72	0.97573498	0.97573498	0.98460670	0.98931649	0.98931649	0.98931649	0.98931649
73	0.97345678	0.97345678	0.98286786	0.98800895	0.98800895	0.98800895	0.98800895
74	0.97040403	0.97040403	0.98088602	0.98638729	0.98638729	0.98638729	0.98638729
75	0.96723950	0.96723950	0.97862941	0.98440775	0.98440775	0.98440775	0.98440775
76	0.96607303	0.96607303	0.97607488	0.98204083	0.98204083	0.98204083	0.98204083
77	0.95887723	0.95887723	0.97320785	0.97926967	0.97926967	0.97926967	0.97926967
78	0.95435002	0.95435002	0.97001739	0.97608300	0.97608300	0.97608300	0.97608300
79	0.94887028	0.94887028	0.96650082	0.97248052	0.97248052	0.97248052	0.97248052
80	0.93854783	0.93854783	0.96265393	0.96845660	0.96845660	0.96845660	0.96845660
81	0.93493539	0.93493539	0.95847928	0.96401597	0.96401597	0.96401597	0.96401597
82	0.92777490	0.92777490	0.95398121	0.95916513	0.95916513	0.95916513	0.95916513
83	0.92096516	0.92096516	0.94916430	0.95391031	0.95391031	0.95391031	0.95391031
84	0.91235670	0.91235670	0.94403341	0.94825818	0.94825818	0.94825818	0.94825818
85	0.90605007	0.90605007	0.93840101	0.94200377	0.94200377	0.94200377	0.94200377

续表

年龄（岁）	2010 年	2020 年	2030 年	2040 年	2050 年	2060 年	2070 年
86	0.89912635	0.89912635	0.93222154	0.93509688	0.93509688	0.93509688	0.93509688
87	0.88863278	0.88863278	0.92544600	0.92748537	0.92748537	0.92748537	0.92748537
88	0.87598176	0.87598176	0.91802187	0.91911539	0.91911539	0.91911539	0.91911539
89	0.86620442	0.86620442	0.90989305	0.90993180	0.90993180	0.90993180	0.90993180
90	0.84966453	0.84966453	0.90099978	0.89987860	0.89987860	0.89987860	0.89987860
91	0.83961068	0.83961068	0.89127875	0.88889953	0.88889953	0.88889953	0.88889953
92	0.82521415	0.82521415	0.88066311	0.87693865	0.87693865	0.87693865	0.87693865
93	0.81807389	0.81807389	0.86908270	0.86394112	0.86394112	0.86394112	0.86394112
94	0.81571499	0.81571499	0.85646429	0.84985398	0.84985398	0.84985398	0.84985398
95	0.80379458	0.80379458	0.84273200	0.83462706	0.83462706	0.83462706	0.83462706
96	0.80099679	0.80099679	0.82780778	0.81821398	0.81821398	0.81821398	0.81821398
97	0.79095693	0.79095693	0.81161209	0.80057314	0.80057314	0.80057314	0.80057314
98	0.78091706	0.78091706	0.79406473	0.78166879	0.78166879	0.78166879	0.78166879
99	0.77087720	0.77087720	0.77508583	0.76147211	0.76147211	0.76147211	0.76147211
100	0.64239767	0.64239767	0.64590486	0.63456009	0.63456009	0.63456009	0.63456009
101	0.51391813	0.51391813	0.51672389	0.50764808	0.50764808	0.50764808	0.50764808
102	0.38543860	0.38543860	0.38754292	0.38073606	0.38073606	0.38073606	0.38073606
103	0.25695907	0.25695907	0.25836195	0.25382404	0.25382404	0.25382404	0.25382404
104	0.12847953	0.12847953	0.12918098	0.12691202	0.12691202	0.12691202	0.12691202
105	0	0	0	0	0	0	0

根据国民生命表（2010）计算的人口平均期望寿命为 78.03 岁，其中男性为 75.60 岁，女性为 80.38 岁。2016 年 12 月中国保监会发布的《中国人身保险业经验生命表（2010～2013）》中，非养老类业务一表计算的男、女期望寿命分别为 76.4 岁和 81.7 岁，非养老类业务二表计算的男、女期望寿命分别为 80.4 岁和 85.4 岁，而养老类业务表计算的男、女期望寿命分别为 83.1 岁和 88.1 岁。比较而言，国民生命表（2010）的期望寿命与非养老类业务一表比较接近，但显著低于非养老类业务二表和养老类业务表。由此可见，国民生命表（2010）是比较符合实际的。

（二）生命表选用

城职保精算评估的周期为 75 年，也就是要从评估年开始预测未来 75 年的人口状况。准确的未来人口预测要从最近一次人口普查年度开始，最多需要预测未来 85 年的人口。我国人口普查是 10 年进行一次，国民生命表也是 10 年才能编制一次，每张生命表有效的使用时间是 10 年，考虑到国民生命表（2010）的期望寿命高于国家统计局公布的 2010 年人口期望寿命为 74.83 岁，其中男性 72.38 岁，女性 77.37 岁；2015 年人口期望寿命为 76.34 岁，其中男性 73.64 岁，女性 79.43 岁，因此，假设国民生命表（2010）的使用时间为 2010～2029 年，可适用 20 年时间；2030 年以后的生命表，因为国内尚未编制预测生命表，而中国香港地区编制了预测生命表，将香港地区与内地生命表比较可以发现，香港地区与内地人口期望寿命相差大约 30 年，内地 2030 年的期望寿命大约相当于香港地区 2000 年的水平。因此，内地 2030～2039 年的生命表，采用香港地区 2001 年的生命表，男性、女性人口期望寿命分别为 78.39 岁和 84.6 岁；相应地，2040 年以后 10 年的生命表，采用香港地区 2010 年生命表，男性、女性人口期望寿命分别为 80.06 岁和 86.0 岁；2050 年以后的变化难于预计，因而假设生命表不再变化。

二、其他精算假设

（一）2010 年分性别、年龄人口数

未来各年分性别、年龄人口预测，只能依据最近一次人口普查数据。2010 年分性别、年龄人口数采用第六次人口普查第一部分全部数据资料第三卷年龄中的表 3 - 1 全国分年龄、性别的人口数据，其中，100～105 岁人口数在预测时根据国民生命表推算得到，如表①3 所示。需要说明的是，2010 年第六次全国人口普查主要数据公报（第 1 号）公布的普查登记的中国 31 个省（区、市）和现役军人共 1 339 724 852 人，而表 3 - 1 中分年龄、性别的人数为 1 332 810 869 人，两者相差 6 913 983 人，两者之间的差异主要是登记误差造成的，由于没有漏登的 691 万人的分性别、年龄数据，本书只能以表 3 - 1 数据作为预测未来人口的基础，由此造成的预测误差只能在预测结果的基础上进行修正。

2010 年末全国分性别、年龄人口数如表①3 所示。

表①3　　　　　2010 年末全国分性别、年龄人口数

年龄（岁）	人口数（人）		
	合计	男性	女性
0	13 786 434	7 461 199	6 325 235
1	15 657 955	8 574 973	7 082 982
2	15 617 375	8 507 697	7 109 678
3	15 250 805	8 272 491	6 978 314
4	15 220 041	8 246 206	6 973 835
5	14 732 137	7 988 151	6 743 986
6	14 804 470	8 034 452	6 770 018
7	13 429 161	7 292 300	6 136 861
8	13 666 956	7 423 559	6 243 397
9	14 248 825	7 726 203	6 522 622
10	14 454 357	7 830 808	6 623 549
11	13 935 714	7 522 558	6 413 156
12	15 399 559	8 288 987	7 110 572
13	15 225 032	8 161 000	7 064 032
14	15 893 800	8 463 924	7 429 876
15	18 024 484	9 524 898	8 499 586
16	18 790 521	9 795 181	8 995 340
17	20 775 369	10 760 828	10 014 541
18	20 755 274	10 744 556	10 010 718
19	21 543 466	11 079 367	10 464 099
20	28 026 954	14 201 091	13 825 863
21	26 556 649	13 357 755	13 198 894
22	24 474 192	12 281 148	12 193 044
23	25 695 955	12 876 542	12 819 413
24	22 658 768	11 292 037	11 366 731
25	19 933 683	9 969 984	9 963 699

续表

年龄（岁）	人口数（人）		
	合计	男性	女性
26	19 709 177	9 879 292	9 829 885
27	19 480 836	9 801 611	9 679 225
28	22 322 147	11 271 599	11 050 548
29	19 568 009	9 914 552	9 653 457
30	18 928 369	9 604 727	9 323 642
31	19 866 458	10 141 582	9 724 876
32	19 474 874	9 909 833	9 565 041
33	18 179 478	9 289 224	8 890 254
34	20 689 024	10 576 456	10 112 568
35	21 186 516	10 817 432	10 369 084
36	22 906 980	11 690 644	11 216 336
37	23 990 208	12 283 353	11 706 855
38	24 730 460	12 662 559	12 067 901
39	25 211 795	12 937 116	12 274 679
40	27 397 219	13 993 123	13 404 096
41	24 956 297	12 723 691	12 232 606
42	27 032 542	13 782 610	13 249 932
43	21 355 748	10 856 214	10 499 534
44	24 012 158	12 253 040	11 759 118
45	23 962 574	12 252 515	11 710 059
46	23 355 778	11 867 147	11 488 631
47	26 972 157	13 803 796	13 168 361
48	20 075 084	10 224 798	9 850 286
49	11 228 960	5 628 162	5 600 798
50	14 097 008	7 205 176	6 891 832
51	12 838 832	6 624 865	6 213 967
52	16 617 709	8 570 000	8 047 709
53	18 351 980	9 422 827	8 929 153
54	16 847 642	8 540 366	8 307 276

续表

年龄（岁）	人口数（人）		
	合计	男性	女性
55	17 610 528	8 973 192	8 637 336
56	17 738 127	8 981 235	8 756 892
57	16 093 888	8 099 033	7 994 855
58	16 167 933	8 153 588	8 014 345
59	13 701 998	6 875 890	6 826 108
60	13 618 204	6 917 026	6 701 178
61	13 029 125	6 690 003	6 339 122
62	11 276 853	5 719 180	5 557 673
63	10 791 633	5 492 805	5 298 828
64	9 951 467	5 015 412	4 936 055
65	9 073 411	4 564 266	4 509 145
66	8 640 965	4 391 409	4 249 556
67	7 942 141	4 003 493	3 938 648
68	7 740 868	3 904 424	3 836 444
69	7 715 897	3 884 879	3 831 018
70	7 389 412	3 724 605	3 664 807
71	6 265 718	3 116 177	3 149 541
72	6 893 225	3 449 237	3 443 988
73	6 343 869	3 149 307	3 194 562
74	6 080 173	2 964 127	3 116 046
75	5 632 477	2 690 547	2 941 930
76	5 175 500	2 454 168	2 721 332
77	5 082 383	2 420 196	2 662 187
78	4 254 858	1 983 724	2 271 134
79	3 706 915	1 730 224	1 976 691
80	3 737 259	1 716 514	2 020 745
81	2 816 693	1 257 795	1 558 898
82	2 757 918	1 212 683	1 545 235
83	2 237 138	964 710	1 272 428

续表

年龄（岁）	人口数（人）		
	合计	男性	女性
84	1 824 190	765 800	1 058 390
85	1 648 160	672 819	975 341
86	1 344 215	530 641	813 574
87	1 065 276	408 984	656 292
88	858 879	324 282	534 597
89	715 398	263 084	452 314
90	553 805	193 982	359 823
91	371 079	126 484	244 595
92	287 676	94 157	193 519
93	209 291	66 717	142 574
94	156 456	49 532	106 924
95	117 522	36 268	81 254
96	90 889	28 664	62 225
97	68 648	22 045	46 603
98	54 689	18 355	36 334
99	38 231	12 384	25 847
100 及以上	35 934	8 852	27 082
总计	1 332 810 869	682 329 104	650 481 765

（二）育龄妇女一般生育率

2010 年育龄妇女一般生育率采用第六次全国人口普查第二部分长表数据资料第六卷生育中的表 6－3 全国育龄妇女分年龄、孩次的生育状况（2009 年 11 月 1 日～2010 年 10 月 31 日）数据计算，以后的变化尚无有效的方法预测，因而假设不变。育龄妇女一般生育率计算结果如表①4 所示。

表①4　　　　　　　　　　**2010 年育龄妇女一般生育率**

年龄（岁）	育龄妇女一般生育率
15	0.00010844
16	0.00085578

续表

年龄（岁）	育龄妇女一般生育率
17	0.00320608
18	0.00842208
19	0.01439640
20	0.03453737
21	0.05729527
22	0.07133138
23	0.09250685
24	0.09909128
25	0.09157904
26	0.08982889
27	0.07978958
28	0.08601487
29	0.07297380
30	0.05979047
31	0.05379200
32	0.04842030
33	0.03623050
34	0.03212011
35	0.02646590
36	0.02267490
37	0.01866059
38	0.01544645
39	0.01187908
40	0.01081399
41	0.00765556
42	0.00787024
43	0.00573035
44	0.00509813
45	0.00483181

续表

年龄（岁）	育龄妇女一般生育率
46	0.00425935
47	0.00492643
48	0.00553118
49	0.00372218

（三）总和生育率

据第六次全国人口普查数据计算的总和生育率为 1.18，学者们普遍认为存在低估的情况，实际总和生育率为 1.4 左右；2015 年开始实施全面二孩政策，总和生育率会逐年走高，但不会马上普及二孩，还有过了生育旺盛期的妇女想生也很难生了。从出生人口数据来看，2016 年、2017 年出生人口数量显著增加，但 2018 年出生人口反而低于二孩政策实施前的水平，反映了目前育龄妇女的生育意愿较低，普遍二孩政策发挥作用是一个长期的过程。因而假设 2010 年起点值为 1.43，2010～2020 年平均增长率为 1%，至 2020 年达到 1.5702；2020～2030 年平均增长率为 0.4%，至 2030 年达到 1.6325；2030～2040 年平均增长率为 0.3%，至 2040 年达到 1.6805；2040～2050 年平均增长率为 0.2%，至 2050 年达到 1.7127；2050～2060 年平均增长率为 0.1%，至 2060 年达到 1.7282。如果未来人口政策没有根本性变化，总和生育率难于继续提高，因而假设以后各年保持不变。未来各年总和生育率变动率如表①5 所示。

人口预测是城职保精算评估最基础的工作，也是影响评估结果准确性的关键环节之一，为此，需要进行回溯分析验证。从人口普查结果来看，2000 年、2010 年的总和生育率分别为 1.22 和 1.18，由于当时仍在实行计划生育政策，存在较为明显的瞒报漏报现象，如果将总和生育率修正分别为 1.60 和 1.43，利用对应年份的育龄妇女一般生育率，预测 2000～2019 年人口数量，与年度人口统计数据比较一致。从经济发展阶段来看，进入中高收入阶段后，即使没有生育限制政策，生育意愿也呈现出下降的趋势，考虑到我国比较重视生育的传统观念影响，上述未来的总和生育率假设是比较合理的。

未来各年总和生育变动率如表①5所示。

表①5　　　　　　　　未来各年总和生育率变动率

项目	2010 年	2020 年	2030 年	2040 年	2050 年	2060 年	2070 年
变动率	1.01	1.004	1.003	1.002	1.001	1	1

（四）出生人口性别比例

由于我国某些地区存在的重男轻女观念，加上长期实行计划生育国策，使我国出生人口性别比例自20世纪80年代以来持续上升。国家统计局公布的数据显示，2015年我国出生人口性别比为113.51，实现了自2009年以来的连续第七次下降。我国是世界上出生人口性别结构失衡较严重、持续时间较长、波及人口较多的国家。自20世纪80年代以来，我国出生人口性别比持续攀升，1982年为108.47，1990年为111.14，2000年为116.86，2004年达到121.18。而2008～2015年我国出生人口性别比呈逐年下降趋势，依次分别为120.56、119.45、117.94、117.78、117.70、117.60、115.88和113.51。随着我国普遍二孩政策的实施，出生人口性别比有望继续下降，直至达到正常水平。未来各年出生人口性别比假设如表①6所示。

表①6　　　　　　　　未来各年出生人口性别比例

项目	2010 年	2020 年	2030 年	2040 年	2050 年	2060 年	2070 年
比例	115	112	110	109	108	107	107

第二节　基于现状的参保人数预测假设

一、参保缴费人数预测

（一）劳动年龄标准

随着人口期望寿命不断延长，加上中国进入快速老龄化阶段，我国劳动年龄人口从2012年开始连续下降，劳动年龄人口抚养比持续快速上升，延迟退休年龄具备了必要性和可能性。人力资源和社会保障部近年来多次就延迟退休年龄进行试探，延迟退休年龄政策即将出台，但目前尚未公布延迟退休方案。

方案一按照目前的退休年龄进行未来的劳动年龄标准假设，即男、女劳动年龄的起始值为16岁，男、女职工退休年龄分别为60岁和55岁。

（二）经济活动参与率

经济活动参与率是各劳动年龄的经济活动人数占劳动年龄人数的比例。2010年分性别、年龄经济活动参与率根据第六次全国人口普查长表数据表4-2全国分年龄、性别的16岁及以上人口的就业状况计算。因为目前的退休年龄规定，男性职工60岁、女性职工50岁、女性干部55岁退休，因此，在上述退休年龄以上的经济活动参与率明显下降。分性别、年龄经济活动参与率未来的变化难于准确预期，因而假设未来不变。经济活动人口包括就业人口和失业人口，扣除失业人口即为就业人口，根据第六次全国人口普查长表数据表4-2全国分年龄、性别的16岁及以上人口的就业状况可以计算分性别、年龄的失业率。2010年分性别、年龄经济活动参与率、失业率计算结果如表①7所示。

表①7　　　　　　　2010年分性别、年龄经济活动参与率和失业率

年龄（岁）	经济活动参与率		失业率	
	男性	女性	男性	女性
16	0.164117139	0.140587729	0.095608527	0.085938101
17	0.281086317	0.25086462	0.083323055	0.074511454
18	0.413830171	0.384936324	0.077238676	0.071016606
19	0.518304585	0.482994878	0.071863916	0.068178638
20	0.603623609	0.563690468	0.064571076	0.064885636
21	0.68158512	0.632869477	0.063775922	0.065967374
22	0.777722067	0.714668748	0.062183003	0.067376842
23	0.869243471	0.775537864	0.055373825	0.063113311
24	0.916394116	0.802676029	0.047179276	0.055963811
25	0.94011565	0.81271071	0.039628827	0.049222746
26	0.953808441	0.818514361	0.033963883	0.043825975
27	0.960783915	0.822117899	0.03022132	0.040696282
28	0.965262044	0.823969341	0.027297956	0.037829944
29	0.968049133	0.826909535	0.024148964	0.034825938

续表

年龄（岁）	经济活动参与率		失业率	
	男性	女性	男性	女性
30	0.969304823	0.828609119	0.022557269	0.033038772
31	0.970575826	0.829745409	0.021336108	0.031823074
32	0.970494584	0.831595286	0.020727809	0.031233
33	0.970553917	0.833502463	0.020498952	0.031292802
34	0.970959785	0.835814344	0.019513682	0.030220257
35	0.970451225	0.838424703	0.019910726	0.030062427
36	0.970322003	0.841044548	0.019656202	0.029124624
37	0.969308141	0.843231531	0.019821144	0.029266668
38	0.96907254	0.846590432	0.019654407	0.028706261
39	0.968630114	0.84939399	0.019579046	0.028302238
40	0.966947063	0.849492337	0.019556467	0.027454409
41	0.96559362	0.849147861	0.019349793	0.026914562
42	0.964553398	0.849935819	0.018876758	0.025839428
43	0.964610415	0.848502734	0.017705078	0.02445623
44	0.963074716	0.843629113	0.017920345	0.024740539
45	0.959357457	0.827938446	0.01938435	0.024961897
46	0.954013408	0.812695226	0.020878346	0.025453282
47	0.950300946	0.796787422	0.021899692	0.026692663
48	0.94838676	0.785684807	0.021091076	0.024725021
49	0.937219764	0.753815866	0.024044073	0.025010852
50	0.91813765	0.658401	0.024050161	0.018799053
51	0.909376389	0.62649488	0.023415018	0.016079453
52	0.898957098	0.621908771	0.022860131	0.014490469
53	0.89180549	0.615045314	0.021743522	0.013112203
54	0.877132385	0.605336686	0.020921791	0.012145749
55	0.846141494	0.572420246	0.018948173	0.011260756
56	0.822787896	0.548796023	0.017830887	0.009971956
57	0.804114799	0.539956444	0.016884644	0.009111564
58	0.783523097	0.522985696	0.015365554	0.00863009

年龄（岁）	经济活动参与率		失业率	
	男性	女性	男性	女性
59	0.748482439	0.495914194	0.014010463	0.008050944
60	0.629421881	0.448901546	0.009338467	0.007687357
61	0.601232657		0.007901352	
62	0.579154193		0.0073707	
63	0.553890804		0.007322364	
64	0.5285357		0.006846392	
平均值	0.86093352	0.74211016	0.02786137	0.03532363

需要说明的是，表①7中分性别、年龄经济活动参与率是在目前的退休年龄标准基础上计算的，随着延迟退休年龄政策的实施，高年龄段的经济活动参与率将相应提高，同时，经济活动参与率假设是用来预测未来各年就业人数、参保人数和退休领取人数的，而退休前是否处于就业状态，并不一定会影响其作为城职保的参保人和退休领取人，基于这两个原因，需要对表①7中高年龄段（50～59岁的男性、45～54岁的女性）的经济活动参与率数据进行调整修正。

由于男性与女性经济活动参与率有较大差异，未来各年分性别平均经济活动参与率的变动趋势难于预期，假设保持不变，如表①8所示。

表①8　　　　　　　　未来各年分性别平均经济活动参与率

性别	2010年	2020年	2030年	2040年	2050年	2060年	2070年
男性	0.865	0.865	0.865	0.865	0.865	0.865	0.865
女性	0.745	0.745	0.745	0.745	0.745	0.745	0.745

（三）失业率

失业率是各年龄经济活动人数中的失业人数所占比例。2010年分性别、年龄失业率根据第六次全国人口普查长表数据表4–2全国分年龄、性别的16岁及以上人口的就业状况计算，并假设未来各年不变。考虑到中国统计年鉴公布的2010年以来的城镇登记失业率稳定在4%左右，而城镇调查失业率近年在5.5%，未来各年分性别平均失业率假设如表①9所示。

表①9 未来各年失业率

性别	2010 年	2020 年	2030 年	2040 年	2050 年	2060 年	2070 年
男性	0.045	0.045	0.045	0.045	0.045	0.045	0.045
女性	0.055	0.055	0.055	0.055	0.055	0.055	0.055

（四）养老保险制度覆盖率及变动率

养老保险制度覆盖率是参保职工人数占全部就业人数的比例，如此定义养老保险制度覆盖率是考虑其通用性。从城职保制度覆盖率的字面含义来看，应该是指参保的城镇职工占全部城镇职工的比例，但目前的实际情况是，参保人已经不限于城镇职工，2017 年末参加城职保的农民工人数达到 6 202 万人，占参保职工总人数的 21%，随着城乡一体化发展，在农村就业的职工也可以参加城职保，城职保制度本身已经突破了城乡区域限制和职工、非职工的身份限制，已经面向全体劳动者开放，因此，本书采用的养老保险制度覆盖率定义更具有通用性。根据第六次全国人口普查数据计算的 2010 年末全国劳动年龄就业人数为 68 911 万人，城职保参保职工人数为 19 402 万人，可计算出 2010 年养老保险制度覆盖率为 0.2815。由于城镇化进程和扩面政策实施的作用，2018 年末预测劳动年龄就业人数为 68 926 万人，而参保职工达到 30 104 万人，养老保险制度覆盖率上升到 0.4368，8 年间年平均变动率为 1.0564，如表①10 所示。2015 年发布《国务院关于机关事业单位工作人员养老保险制度改革的决定》以来，机关事业单位参保职工人数快速增加，由 2015 年末的 1 632 万人增加到 2018 年末的 3 601 万人，3 年增长了 1.2 倍，也为城职保制度覆盖率的提高做出了贡献。当然，随着城职保应保尽保政策执行逐步到位，城职保制度覆盖率提高的速度呈下降趋势。

表①10 2010 ~ 2018 年城职保制度覆盖率

年份	企业和其他参保职工人数（万人）	机关事业单位参保职工人数（万人）	城职保参保职工		劳动年龄就业人数（万人）	养老保险制度覆盖率
			人数（万人）	增长率		
2010	17 822.7	1 579.6	19 402.3	0.0935	68 911	0.2816
2011	19 970.0	1 595.0	21 565.0	0.1115	69 343	0.3110
2012	21 360.9	1 620.2	22 981.1	0.0657	69 543	0.3305

续表

年份	企业和其他参保职工人数（万人）	机关事业单位参保职工人数（万人）	城职保参保职工		劳动年龄就业人数（万人）	养老保险制度覆盖率
			人数（万人）	增长率		
2013	22 564.7	1 612.6	24 177.3	0.0521	69 717	0.3468
2014	23 932.3	1 598.7	25 531.0	0.0560	69 859	0.3655
2015	24 586.8	1 632.5	26 219.2	0.0270	69 858	0.3753
2016	25 239.6	2 586.7	27 826.3	0.0613	69 921	0.3980
2017	25 856.3	3 411.3	29 267.6	0.0518	69 539	0.4209
2018	26 502.6	3 601.4	30 104.0	0.0286	68 926	0.4368

根据表①10数据，可假设2010～2020年养老保险制度覆盖率变动率为1.055。考虑到未来城镇化进程和扩面政策的作用仍然存在，假设2020～2030年变动率为1.020，2030～2040年变动率为1.010，2040～2050年变动率为1.003，至2050年养老保险制度覆盖率可达到63%左右，相当于70%的城镇化率和90%的参保率水平，这样假设是较为符合实际的。至于男性、女性养老保险制度覆盖率是否存在显著差异，因为无法取得相关数据，从城职保参保条件来看是没有性别差异的，因此，假设男性、女性养老保险制度覆盖率和变动率相同。未来各年养老保险制度覆盖率变动率假设如表①11所示。

表①11   未来各年养老保险覆盖率变动率

项目	2010 年	2020 年	2030 年	2040 年	2050 年	2060 年	2070 年
变动率	1.055	1.020	1.010	1.003	1.000	1.000	1.000

（五）养老保险遵缴率

养老保险遵缴率是实际参保缴费人数占参保职工人数比例。根据《中国社会保险发展年度报告（2016）》表1-3和《中国劳动统计年鉴（2017）》表9-9数据，可以计算2016年全国和各省份企业及其他职工养老保险遵缴率，如表①12所示。由表①12可知，2016年全国企业及其他职工养老保险遵缴率为79.74%，从各省份来看，遵缴率最高的浙江省达到96.81%，最低的广东省只有62.88%，差异很大；遵缴率低于80%的有13个省份，高于85%的有11个省份；浙江、新疆、上海、湖北、江苏5个省份的遵缴率达到了

90%以上。

表①12　　　　　**2016 年企业及其他职工养老保险遵缴率**

地区	城职保参保职工人数（万人）			企业及其他参保缴费人数（万人）	企业及其他养老保险遵缴率
	合计	机关事业单位	企业及其他		
全国	27 826.3	2 586.7	25 239.6	20 125	0.7974
北京	1 271.2	55	1 216.2	901	0.7408
天津	430.4	42.4	388	299	0.7706
河北	1 011.8	165	846.8	655	0.773 5
山西	543.6	107.9	435.7	389	0.8928
内蒙古	418.6	81.1	337.5	298	0.8830
辽宁	1 120.5	63.8	1 056.7	830	0.7855
吉林	420.1	0	420.1	360	0.8569
黑龙江	655.6	53.8	601.8	510	0.8475
上海	1 050.9	62.4	988.5	923	0.9337
江苏	2 137.3	90.9	2 046.4	1 885	0.9211
浙江	1 843	132.4	1 710.6	1 656	0.9681
安徽	634.3	0	634.3	516	0.8135
福建	805.7	85.4	720.3	573	0.7955
江西	672.7	87.7	585	501	0.8564
山东	1 969	246.7	1 722.3	1 414	0.8210
河南	1 398.1	289.6	1 108.5	737	0.6649
湖北	897.1	43.3	853.8	792	0.9276
湖南	823.8	162.2	661.6	505	0.7633
广东	4 867.9	132.1	4 735.8	2 978	0.6288
广西	511.2	104	407.2	335	0.8227
海南	158.5	19.5	139	107	0.7698
重庆	605.9	60	545.9	417	0.7639
四川	1 379.8	183.3	1 196.5	1 001	0.8366
贵州	323.9	4.9	319	232	0.7273
云南	413.8	121.4	292.4	258	0.8824

续表

地区	城职保参保职工人数（万人）			企业及其他参保缴费人数（万人）	企业及其他养老保险遵缴率
	合计	机关事业单位	企业及其他		
西藏	15.1	2.7	12.4	11	0.8871
陕西	577.3	46.7	530.6	408	0.7689
甘肃	200.9	0	200.9	163	0.8113
青海	90.9	18.8	72.1	56	0.7767
宁夏	131.5	13.2	118.3	97	0.8199
新疆	428.5	93.3	335.2	317	0.9457

据人社部发布的《中国社会保险发展年度报告（2016）》，2009～2016年，企业养老保险遵缴率由87.7%下降到79.7%，连续8年下降的主要原因有以下两点。一是困难群体中断缴费比较多，主要是部分个体、灵活就业人员收入低且不稳定；二是部分人员对养老金计发"多缴多得、长缴多得"等政策不够了解，缴费年限累计满15年就不愿再继续缴费。还有部分是因为转移接续原因被统计为中断缴费人员。其中一个重要原因是过去按各省份上一年城镇非私营单位就业人员平均工资核定的本年度城职保缴费工资基数偏高，因而导致部分参保职工无力缴费。为改变这种状况，2019年4月，国务院办公厅印发了《降低社会保险费率综合方案》，其中第三条调整社保缴费基数政策指出，"调整就业人员平均工资计算口径。各省应以本省城镇非私营单位就业人员平均工资和城镇私营单位就业人员平均工资加权计算的全口径城镇单位就业人员平均工资，核定社保个人缴费基数上下限，合理降低部分参保人员和企业的社保缴费基数"。城职保缴费工资基数调整后，养老保险遵缴率会相应提高；由于机关事业单位养老保险参保职工收入更加稳定，遵缴率可以保持在较高水平，目前城职保整体遵缴率略高于企业养老保险遵缴率。上述因素综合影响，可以将整体遵缴率保持在82%左右的水平。未来各年城职保遵缴率假设如表①13所示。

表①13　　　　　　　　　未来各年养老保险遵缴率

项目	2010年	2020年	2030年	2040年	2050年	2060年	2070年
遵缴率	0.82	0.82	0.82	0.82	0.82	0.82	0.82

二、退休领取人数预测

2018 年末分性别、年龄退休领取人数

由于无法取得准确数据，此处根据人社部《2018 年度人力资源和社会保障事业发展统计公报》中公布的 2018 年末参保离退休人员 11 797.7 万人，按照第六次全国人口普查时全国 60 岁及以上男性人口、55 岁及以上女性人口的性别、年龄结构，考虑男女经济活动参与率（分别为 86.09% 和 74.21%）、失业率（分别为 2.78% 和 3.53%）的差异，测算出男性、女性按劳动年龄计算的就业系数分别为 0.8369 和 0.7159，进而测算出男性、女性退休人数比例分别为 43.76% 和 56.24%，再根据男性、女性年龄结构测算出分性别、年龄的退休人数。测算结果如表①14 所示。

表①14　　　　　2018 年度末分性别、年龄退休领取人数

年龄（岁）	男性（人）	女性（人）
55	0	4 382 160
56	0	4 442 817
57	0	4 056 197
58	0	4 066 086
59	0	3 463 233
60	4 102 505	3 399 849
61	3 967 856	3 216 160
62	3 392 059	2 819 690
63	3 257 795	2 688 366
64	2 974 653	2 504 312
65	2 707 077	2 287 719
66	2 604 555	2 156 016
67	2 374 481	1 998 276
68	2 315 723	1 946 423
69	2 304 131	1 943 670
70	2 209 072	1 859 343

续表

年龄（岁）	男性（人）	女性（人）
71	1 848 213	1 597 922
72	2 045 751	1 747 310
73	1 867 862	1 620 764
74	1 758 030	1 580 929
75	1 595 770	1 492 591
76	1 455 573	1 380 670
77	1 435 423	1 350 662
78	1 176 552	1 152 262
79	1 026 200	1 002 875
80	1 018 068	1 025 227
81	746 001	790 908
82	719 245	783 977
83	572 172	645 567
84	454 197	536 975
85	399 051	494 840
86	314 724	412 767
87	242 569	332 971
88	192 333	271 228
89	156 036	229 482
90	115 051	182 556
91	75 018	124 095
92	55 845	98 182
93	39 570	72 335
94	29 378	54 249
95	21 511	41 225
96	17 001	31 569
97	13 075	23 644
98	10 887	18 435
99	7 345	13 114

年龄（岁）	男性（人）	女性（人）
100	1 750	4 580
101	1 400	3 664
102	1 049	2 747
103	699	1 831
104	350	916
105	0	0

第三节　基于现状的缴费工资预测假设

（一）缴费工资基数

劳动和社会保障部社会保险事业管理中心于 2006 年发布的《关于规范社会保险缴费基数有关问题的通知》，规定了城职保缴费工资基数的核定依据、计算口径和计算缴费基数的具体项目。单位职工本人缴纳基本养老保险费的基数原则上以上一年度本人月平均工资为基础，在当地职工平均工资的 60% ~ 300% 的范围内进行核定。当地职工平均工资一般是由各省（区、市）根据本级政府公布的上一年度城镇单位就业人员平均工资核定本年度城职保缴费工资基数，这里的城镇单位就业人员平均工资实际上是指城镇非私营单位就业人员的平均工资，而城镇私营单位和个体就业人员的平均工资显著低于城镇非私营单位，因而导致部分参保职工无力缴费。为改变这种状况，2019 年 4 月，国务院办公厅印发了《降低社会保险费率综合方案》，其中第三条调整社保缴费基数政策指出，"调整就业人员平均工资计算口径。各省应以本省城镇非私营单位就业人员平均工资和城镇私营单位就业人员平均工资加权计算的全口径城镇单位就业人员平均工资，核定社保个人缴费基数上下限，合理降低部分参保人员和企业的社保缴费基数"。社保缴费基数政策调整的影响是显著的，根据国家统计局公布的年度统计数据中的就业人员和工资数据，按照调整后的计算口径计算的 2010 ~ 2018 年全口径城镇单位就业人员平均工资及变化情况如表①15 所示，由此可见，此次社保缴费基数政策调整，将使城职保缴费基数下降15%左右，或者说与原来相比，人均缴费工资基数延后2年左右，未来的城职保缴费工资基数假设将依据全口径城镇单位就业人员平均工资确定。

表①15　　　　　社保缴费基数政策调整前后缴费工资基数变化情况

年份	城镇（非私营）单位		城镇私营企业		全口径城镇单位就业人员	
	就业人数（万人）	平均工资（元）	就业人数（万人）	人均工资（元）	平均工资（元）	变动程度
2010	13 051.5	36 539	6 071.0	20 759	31 529	−0.1371
2011	14 413.3	41 799	6 912.0	24 556	36 210	−0.1337
2012	15 236.4	46 769	7 557.0	28 752	40 795	−0.1277
2013	18 108.4	51 483	8 242.0	32 706	45 609	−0.1141
2014	18 277.8	56 360	9 857.0	36 390	49 363	−0.1241
2015	18 062.5	62 029	11 180.0	39 589	53 449	−0.1383
2016	17 888.1	67 569	12 083.0	42 833	57 596	−0.1476
2017	17 643.8	74 318	13 327.0	45 761	62 029	−0.1653
2018	17 258.2	82 413	13 951.6	49 575	67 733	−0.1781

（二）未来各年分性别、年龄段人均工资指数

分性别、年龄段人均工资指数是指分性别、年龄段人均工资与总平均工资的比率。职工工资水平与职工性别、年龄具有较为密切的关系。为准确预测未来各年缴费工资总额，需要相应的未来各年分性别、年龄段的人均工资指数，由于无法取得真实的数据。考虑到男性和女性职工的工资差异，假设各年龄段女性工资指数低于男性；壮年时期工资高于青年和老年时期，具体假设如表①16所示。

表①16　　　　　　未来各年分性别、年龄段人均工资指数

年龄段（岁）	男性工资指数	女性工资指数
16～19	0.6	0.55
20～24	0.7	0.65
25～29	0.85	0.75
30～34	0.95	0.85
35～39	1.1	0.95

年龄段（岁）	男性工资指数	女性工资指数
40～44	1.20	1.05
45～49	1.35	1.10
50～54	1.35	1.05
55～59	1.25	1.00
60～64	1.10	0.85

　　根据表①16，以第六次全国人口普查第二部分长表数据资料第四卷就业表4-2中分性别、年龄就业人口数据为权数，计算的男性、女性职工平均工资指数分别为1.0762和0.9061，总平均工资指数为0.9998，非常接近实际总平均工资指数1，是比较合理的，男性平均工资指数比女性高18.77%，计算过程如表①17所示。

表①17　　　　　　　　　　分年龄段人均工资指数验算

年龄段（岁）	就业人数（人）		工资指数	
	男性	女性	男性	女性
16～19	1 240 355	1 069 727	0.6	0.55
20～24	4 143 156	3 788 213	0.7	0.65
25～29	4 280 916	3 672 638	0.85	0.75
30～34	4 305 772	3 599 358	0.95	0.85
35～39	5 334 779	4 495 706	1.1	0.95
40～44	5 676 683	4 863 213	1.2	1.05
45～49	4 767 226	3 932 683	1.35	1.1
50～54	3 414 673	2 316 530	1.35	1.05
55～59	3 177 006	2 127 263	1.25	1
60～64	1 704 217	1 161 830	1.1	0.85
合计	38 044 783	31 027 161	1.076243	0.906143

（三）实际工资增长率

　　实际工资增长率是扣除通货膨胀因素后的人均工资实际增长速度。根据新常态后中国经济进入高质量发展时期，并随着经济体量的增大，经济增长速度会持续下降的趋势，职工工资实际增长率也会相应缓慢下降。假定实际工资增长率与 GDP 增速保持一致，具体假设如表①18 所示。

表①18　　　　　　　　　　　　未来各年实际工资增长率

项目	2018 年	2028 年	2038 年	2048 年	2058 年	2068 年	2078 年
增长率	0.055	0.05	0.045	0.04	0.035	0.035	0.03

（四）通货膨胀率

根据目前和今后的宏观经济政策，我国不再片面追求经济高速增长，因而会严格控制通货膨胀，未来各年通货膨胀率可控制在 2%～3% 的较低水平，具体假设如表①19 所示。

表①19　　　　　　　　　　　　未来各年通货膨胀率

项目	2018 年	2028 年	2038 年	2048 年	2058 年	2068 年	2078 年
增长率	0.03	0.025	0.02	0.02	0.02	0.02	0.02

（五）缴费工资率

缴费工资率是指实际缴费平均工资占核定缴费工资基数的比例，是反映制度平均缴费水平的重要指标。根据《中国社会保险发展年度报告（2016）》公布的企业职工缴费基数变化数据，结合表①16 计算结果，可分别计算 2010～2016 年按城镇（非私营）单位和全口径城镇就业人员缴费工资率如表①20 所示。由表①20 可见，由于各种原因，近年来缴费工资率存在下降的趋势。其中，按城镇非私营单位就业人员平均工资计算的缴费工资率目前仅为 65% 左右，而按全口径城镇单位就业人员平均工资计算的缴费工资率目前保持在 75% 以上。

表①20　　　　　　　　　　2010～2016 年企业职工缴费工资率

年份	城镇单位缴费工资率	全口径缴费工资率
2010	0.6621	0.7673
2011	0.6548	0.7559
2012	0.6543	0.7501
2013	0.6559	0.7404

续表

年份	城镇单位缴费工资率	全口径缴费工资率
2014	0.6466	0.7383
2015	0.6421	0.7451
2016	0.6402	0.7511

《国务院办公厅关于印发降低社会保险费率综合方案的通知》规定的缴费工资基数政策调整的内容是按全口径城镇就业人员平均工资，核定社保个人缴费基数上下限，而单位缴费工资基数未做调整，这意味着缴费工资率的总体水平会有所提高，随着行政事业单位参保职工人数的增加，可将全口径缴费工资率逐步提高到 80% 的平均水平，未来各年缴费工资率假设如表①21 所示。

表①21　　　　　　　　　　未来各年缴费工资率

项目	2018 年	2028 年	2038 年	2048 年	2058 年	2068 年	2078 年
工资率	0.80	0.80	0.80	0.80	0.80	0.80	0.80

第四节　基于现状的城镇职工基本养老保险基金收支预测假设

一、城镇职工基本养老保险基金收入预测

（一）政府补贴变动率

我国城职保制度中的财政责任，在《社会保险法》第十三条有明确规定，"国有企业、事业单位职工参加基本养老保险前，视同缴费年限期间应当缴纳的基本养老保险费由政府承担。基本养老保险基金出现支付不足时，政府给予补贴"。因此，政府责任应包括三个方面的内容：一是逐步偿还城职保制度转轨形成的隐性债务，包括因视同缴费支付的"老人"养老金和"中人"过渡性养老金。二是分担由于实行计划生育政策导致的人口年龄结构快速老化所造成的基金支付压力，人口老龄化是社会经济发展的趋势性特征，但我国的人口老龄化有自身的显著特征，就是由于实行计划生育政策导致的快速老龄化和未富先老，使城职保基金未来的支付压力异常沉重，需要动员全社会的力量应

对，政府应分担由于实行计划生育政策而额外增加的城职保基金支出，称为人口老化的财政责任。三是信守制度承诺，保障由参保职工履行缴费义务所获得的领取退休养老金的权益，《社会保险法》第十八条规定，"国家建立基本养老金正常调整机制。根据职工平均工资增长、物价上涨情况，适时提高基本养老保险待遇水平"；《国务院关于完善企业职工基本养老保险制度的决定》第六条规定，"退休时的基础养老金月标准以当地上年度在岗职工月平均工资和本人指数化月平均缴费工资的平均值为基数，缴费每满一年发给1%"。因此，政府应提供兑现上述制度承诺所必需的财政补贴。其中，前两项责任是确定责任，第三项责任是或有责任，只有在城职保基金无法兑现制度承诺时，才给予财政补贴。为履行政府对城职保的财政责任，我国城职保制度建立以来，各级财政主要是中央财政对城职保的补贴一直保持稳步增长的态势，2015年机关事业单位养老保险并轨以后，政府对城职保的财政补贴尤其是对机关事业单位养老保险的财政补贴快速增长，城职保政府补贴情况如表①22所示。

表①22　　　　　　　　　　　城职保政府补贴情况

年份	政府补贴（亿元）			全国GDP（亿元）	政府补贴占GDP比例（%）
	城职保	企业及其他	机关事业单位		
2009	1 646	1 538	108	348 517	0.4723
2010	1 954	1 815	139	412 119	0.4741
2011	2 272	2 096	176	487 940	0.4656
2012	2 648	2 430	218	538 580	0.4917
2013	3 019	2 817	202	592 963	0.5091
2014	3 548	3 309	239	643 563	0.5513
2015	4 716	3 893	823	688 858	0.6846
2016	6 511	4 630	1 881	746 395	0.8723
2017	8 004	4 955	3 049	832 036	0.9620
2018	9 378	5 356	4 022	919 281	1.0201

资料来源：《中国养老金发展报告（2018）》，《中国社会保险发展年度报告2014～2016年》，各年度人力资源和社会保障事业发展统计公报、国家统计局年度统计数据。

根据江正发（2019）测算结果，要保证城职保制度持续稳定运行，政府应承担的财政责任数量界限为每年提供当年GDP的1%的政府补贴。2019年5

月起实施降低统筹基金缴费比例政策后，为保持统筹养老金替代率相对稳定，政府补贴的力度需要加大。根据《中国养老金发展报告（2018）》提供的数据，2015 年政府对城职保补贴为 4 716 亿元，约占当年全国 GDP 的 0.6969%；2017 年政府补贴为 8 004 亿元，约占当年全国 GDP 的 0.9752%；2018 年政府补贴为 9 378 亿元，约占当年全国 GDP 919 281 亿元的 1.0201%，已经达到 1% 的目标值。假设未来前 30 年政府补贴增速高于 GDP 名义增速，最终政府补贴占 GDP 的比例保持在 2% 以上，具体假设如表①23 所示。

表①23　　　　　　　　　　未来各年政府补贴变动率

项目	2018 年	2028 年	2038 年	2048 年	2058 年	2068 年	2078 年
变动率	1.11	1.10	1.09	1.075	1.055	1.055	1.05

（二）统筹基金缴费率

统筹基金缴费率是计入统筹基金账户的缴费工资比例。1997 年发布的《国务院关于建立统一的企业职工基本养老保险制度的决定》规定，企业缴纳基本养老保险费（以下简称"企业缴费"）的比例，一般不得超过企业工资总额的 20%（包括划入个人账户的部分），具体比例由省（区、市）人民政府确定。个人缴纳基本养老保险费（以下简称"个人缴费"）的比例，1997 年不得低于本人缴费工资的 4%，1998 年起每两年提高 1 个百分点，最终达到本人缴费工资的 8%。有条件的地区和工资增长较快的年份，个人缴费比例提高的速度应适当加快。2005 年发布的《国务院关于完善企业职工基本养老保险制度的决定》规定，城镇个体工商户和灵活就业人员参加基本养老保险的缴费基数为当地上年度在岗职工平均工资，缴费比例为 20%，其中 8% 记入个人账户，退休后按企业职工基本养老金计发办法计发基本养老金。2015 年 1 月发布的《国务院关于机关事业单位工作人员养老保险制度改革的决定》规定，机关事业单位工作人员"基本养老保险费由单位和个人共同负担。单位缴纳基本养老保险费（以下简称'单位缴费'）的比例为本单位工资总额的 20%，个人缴纳基本养老保险费（以下简称'个人缴费'）的比例为本人缴费工资的 8%，由单位代扣。按本人缴费工资 8% 的数额建立基本养老保险个人账户，全部由个人缴费形成"，此外，"机关事业单位在参加基本养老保险的基础上，应当为其工作人员建立职业年金。单位按本单位工资总额的 8% 缴费，个人按本人缴费工资的 4% 缴费。工作人员退休后，按月领取职业年金待遇"。2015 年 3 月发布的《国务院办公厅关于印发机关事业单位职业年金办法的通知》规定，"职业年金基金采用个人账户方式管理，单位缴费按照个人缴费基数的 8% 记入本人职业年金个人账户；个人缴费直接记入本人职业年金个人账户"。因此，机关事业单位工作人员的职业年金基金是单独管理的，未纳入城职保体系，本书的内容不包括机关事业单位工作人员的职业年金。为降低企业缴费负担，2016 年 4 月 20 日发布了《人力资源和社会保障部、财政部关于阶段性降低社会保险费率的通知》，有条件地将用人单位缴费比例由 20% 下调到 19%，期限暂按两年执行。2019 年发布的《国务院办公厅关于印发降低社会保险费率综合方案的通知》规定，"自 2019 年 5 月 1 日起，降低城镇职工基本养老保险（包括企业和机关事业单位基本养老保险，以下简称'养老保险'）单位缴费比例。各省（区、市）及新疆生产建设兵团（以下统称省）养老保险单位缴费比例高于 16% 的，可降至 16%；目前低于 16% 的，要研究提出过渡办法"。如果该政策长期执行，可假设未来各年统筹基金缴费率均为 16%，个体户和灵活就业人员统筹基金缴费率仍为 12%。

（三）个人账户缴费率

个人账户缴费率是记入个人账户的缴费工资比例。目前参保职工（企业和机关事业单位）、个体户和灵活就业人员均按缴费工资基数 8% 的比例记入个人账户。未来各年假设职工个人账户缴费率不变。

（四）个体户和灵活就业人员占参保缴费人数比例

据《中国社会保险发展年度报告（2016）》数据，2016 年个体户和灵活就业人员参保人数占城职保参保总人数的比例为 23.1%，无法获得 2016 年个体户和灵活就业人员参保缴费人数占城职保参保缴费总人数的比例数据，考虑到未来扩面重点仍是个体户和灵活就业人员，假设未来各年保持在 25% 的水平。

二、城镇职工基本养老保险基金支出预测

（一）评估年末"老人"分性别、年龄退休领取人数

无法获得准确数据，此处将 1997 年末退休职工 2 533 万人全部视为"老

人"，其年龄分布假设与 2010 年人口普查时的年龄分布相同，用人口年龄移算方法测算出 2018 年末"老人"退休领取人数为 770 万人，其中男性 288 万人、女性 482 万人，男性、女性"老人"的最低年龄分别为 81 岁和 76 岁，如表①24 所示。

表①24　　　　　2018 年末"老人"分性别、年龄退休人数

年龄（岁）	男性（人）	女性（人）
76		582 595
77		570 168
78		500 349
79		478 518
80		387 223
81	496 493	359 022
82	442 108	318 848
83	348 053	262 031
84	301 417	230 548
85	247 334	197 695
86	200 884	165 164
87	171 411	141 124
88	136 246	116 659
89	114 328	100 491
90	96 071	87 503
91	78 031	72 505
92	55 336	53 042
93	51 926	49 407
94	39 450	38 771
95	30 856	31 772
96	23 246	24 976
97	17 581	18 947
98	14 287	15 205
99	9 690	10 465
100	5 864	6 209

年龄（岁）	男性（人）	女性（人）
101	3 249	3 482
102	1 011	1 117
103	331	365
104	47	52
105	0	0
合计	2 885 249	4 824 253

（二）评估年末"中人"分性别、年龄参保缴费人数

无法获得准确数据，此处将 1997 年末参保职工 8 671 万人全部视为"中人"，假定男性、女性职工退休年龄分别为 60 岁和 55 岁，用人口年龄移算方法测算出 2018 年末"中人"参保缴费人数为 3 938 万人，其中，男性 2 406 万人、女性 1 531 万人，男性、女性"中人"的最低年龄均为 37 岁，如表①25 所示。

表①25　　　　2018 年度末"中人"分性别、年龄参保缴费人数

年龄（岁）	男性（人）	女性（人）
37	181 436	145 758
38	345 663	293 034
39	510 850	450 929
40	662 681	592 839
41	995 578	916 790
42	1 056 593	980 703
43	1 108 440	1 020 746
44	1 305 734	1 168 741
45	1 215 224	1 079 672
46	1 106 907	963 981
47	1 116 734	962 154
48	1 116 992	953 276
49	1 289 869	1 092 139
50	1 137 281	958 650
51	1 101 473	927 905

续表

年龄（岁）	男性（人）	女性（人）
52	1 161 296	968 362
53	1 130 421	953 042
54	1 054 362	885 292
55	1 195 833	0
56	1 215 222	0
57	1 305 898	0
58	1 360 655	0
59	1 391 740	0
合计	24 066 881	15 314 015

（三）评估年末"中人"分性别、年龄退休领取人数

无法获得准确数据，此处将 1997 年末参保职工 8 671 万人全部视为"中人"，假定男性、女性职工退休年龄分别为 60 岁和 55 岁，用人口年龄移算方法测算出 2018 年末"中人"退休人数为 3 856 万人，其中男性为 1 882 万人，女性为 1 974 万人，男性、女性退休"中人"的最高年龄分别为 80 岁和 75 岁，如表①26 所示。

表①26　　　　2018 年度末"中人"分性别、年龄退休领取人数

年龄（岁）	男性（人）	女性（人）
55		1 007 969
56		1 033 877
57		1 119 377
58		1 166 595
59		1 202 799
60	1 409 116	1 221 869
61	1 507 629	1 328 444
62	1 355 553	1 205 361
63	1 451 561	1 299 797
64	1 130 252	1 021 644
65	1 255 738	1 127 514

续表

年龄（岁）	男性（人）	女性（人）
66	1 230 816	1 091 657
67	1 165 071	1 040 213
68	1 323 778	1 153 947
69	957 249	840 360
70	506 768	451 114
71	619 150	479 277
72	548 294	404 358
73	680 018	509 679
74	714 110	545 625
75	612 324	486 816
76	596 975	
77	553 645	
78	462 521	
79	425 704	
80	320 843	
合计	18 827 116	19 738 291

（四）评估各年"老人"养老金替代率

养老金替代率，此处定义为各年人均养老金占上年度全口径城镇单位就业人员平均工资的比率。采用这种定义，主要是考虑到与养老保险缴费率计算口径一致，同时兼顾养老金替代率的真正含义。《中国社会保险发展年度报告》（2016）中，将养老金替代率定义为当年人均养老金与人均缴费基数之比，2016年企业退休人员月人均养老金为2 362元，月人均缴费基数为3 605元，按此定义计算的2016年养老金替代率为65.52%。考虑到人均缴费基数会受到各种主客观因素的影响，不能准确反映参保职工真实的收入水平，以其为分母计算的替代率的客观性会受到影响，因而可能无法真实反映养老金的替代程度，但该定义也有一定的实际意义，可用于对外发布数据。本书采用按照全口径城镇单位就业人员平均工资为基数计算的养老金替代率定义。

人均养老金的计算。目前我国的城职保体系由机关事业单位职工养老保险和企业及其他职工（含个体户和灵活就业人员）养老保险两个相对独立的部分构成，由于没有公开发布的完整的人均养老金数据，在此只能根据能够收集到的数据资料进行近似计算，计算方法为各年度养老金支出额除以年度平均退休领取人数（期初人数与期末人数的平均值），计算结果如表①27 所示。由表①27 可知，企业及其他职工基本养老保险的人均养老金变动与养老金调整政策基本一致，2015 年之前每年增长幅度在 10% 左右，2016 年之后每年增长幅度在 5% 左右；而整个城职保的人均养老金水平，2016 年以来的增长幅度高于企业及其他职工，原因在于 2015 年机关事业单位职工养老保险并轨后，由于其人均养老金水平显著高于企业及其他职工，并且机关事业单位参保的离退休职工人数快速增加，拉高了整个城职保人均养老金水平，由此可见，企业及其他职工人均养老金水平更加具有代表性。

表①27　　　　　　　　城职保人均养老金计算

年份	城镇职工基本养老保险			企业及其他职工基本养老保险		
	基金支出（亿元）	离退休人数（万人）	人均养老金（元/人）	基金支出（亿元）	离退休人数（万人）	人均养老金（元/人）
2010	10 554.9	6 305.0	17 429	9 409.9	5 811.6	16 864
2011	12 764.9	6 826.2	19 442	11 425.7	6 314.0	18 846
2012	15 561.8	7 445.7	21 808	14 008.5	6 910.9	21 185
2013	18 470.4	8 041.0	23 853	16 741.5	7 484.4	23 259
2014	21 754.7	8 593.4	26 156	19 847.2	8 013.6	25 612
2015	25 812.7	9 141.9	29 109	23 140.9	8 536.5	27 965
2016	31 853.8	10 103.4	33 103	25 865.1	9 023.9	29 458
2017	38 051.5	11 025.7	36 018	28 541.1	9 460.4	30 881
2018	44 644.9	11 797.7	39 122	31 500.6	9 980.5	32 407

资料来源：《中国劳动统计年鉴（2019）》。

《国务院办公厅关于印发降低社会保险费率综合方案的通知》规定，从 2019 年 5 月起，调整就业人员平均工资计算口径。各省应以本省城镇非私营单位就业人员平均工资和城镇私营单位就业人员平均工资加权计算的全口径城镇单位就业人员平均工资，核定社保个人缴费基数上下限，合理降低部分参保人员和企业的社保缴费基数。2019 年 5 月之前，是按城镇非私营单位就业人

员平均工资核定社保个人缴费基数上下限的。因此，养老金替代率相应地可分
为按照城镇非私营单位就业人员平均工资和全口径城镇单位就业人员平均工资
计算的养老金替代率，计算结果如表①28所示。由表①28可知，一方面，由
于人均工资计算基数的调整，使养老金替代率显著提高，近3年提高的幅度均
在15%以上，可见单纯从养老金替代率的角度来看，调整缴费工资基数的影
响是积极的；另一方面，2010～2018年，养老金替代率呈现下降的趋势，整
个城职保养老金替代率在两种口径下的计算结果基本保持稳定，但如前所述，
这种结果是受到机关事业单位职工基本养老保险并轨的影响，因而不能真实反
映养老金替代率的变化。具有代表性的是企业及其他职工养老金替代率的变
化，按城镇非私营单位就业人员人均工资计算的养老金替代率由2010年的
52.3%下降至2018年的43.61%，下降幅度为16.61%，平均每年下降
2.24%；按全口径城镇单位就业人员人均工资计算的养老金替代率由2010年
的60.35%下降至2018年的52.24%，下降幅度为13.43%，平均每年下
降1.78%。

表①28　　　　　　　　　　　城职保养老金替代率计算

年份	按城镇非私营单位人均工资计算		按全口径城镇单位人均工资计算	
	城镇职工	企业及其他职工	城镇职工	企业及其他职工
2010	0.5405	0.5230	0.6237	0.6035
2011	0.5321	0.5158	0.6166	0.5977
2012	0.5217	0.5068	0.6023	0.5851
2013	0.5100	0.4973	0.5847	0.5701
2014	0.5081	0.4975	0.5735	0.5616
2015	0.5165	0.4962	0.5897	0.5665
2016	0.5337	0.4749	0.6193	0.5511
2017	0.5331	0.4570	0.6254	0.5362
2018	0.5264	0.4361	0.6307	0.5224

城职保替代率在2016年之后下降较快，原因是从2016年开始由于经济增
长速度下降和养老金支付压力增大，城职保养老金每年上调幅度由10%左右
下降为5%左右，使人均养老金上涨速度低于人均工资增长速度，因而养老金

替代率呈现下降趋势，这种趋势在未来仍然会存在。如果按照这种变动趋势预测未来的替代率，养老金替代率还会逐年走低，考虑到城职保养老金本身的功能和对城职保养老金待遇的制度承诺，养老金替代率是存在不能突破的底线的，在进行未来的养老金替代率假设时，应以其底线为界。

从城职保养老金的功能来看，是要保证参保退休人员过上有尊严的老年生活，防止发生老年贫困。由于我国二元经济结构决定了城乡经济差别将长期存在，因此，养老金作为参保退休人员主要的经济来源，从保障生活需要的功能上看，与城镇居民人均可支配收入相近，如果城职保人均养老金与城镇居民人均可支配收入相当，说明参保退休人员可以维持城镇居民平均的生活水平，因此，可用城镇居民人均可支配收入作为衡量养老金水平高低的参照指标。城职保人均养老金与城镇居民人均可支配收入水平相当，是一种理想的状态，也是养老金待遇设计的上限，如果人均养老金超过了城镇居民人均可支配收入，意味着退休人员的生活水平高于在岗职工的生活水平，不利于调动劳动者的积极性，是不可取的，因此，城职保人均养老金适当低于城镇居民人均可支配收入是合理的。那么城职保人均养老金水平的下限应如何界定呢？这需要对城镇居民人均可支配收入的分布进行具体分析，城镇居民人均可支配收入是以家庭为单位进行计算的，根据收入分布的帕累托定律，城镇居民人均可支配收入的分布形态为右偏分布，反映城镇居民人均可支配收入一般水平的算术平均数（M）、中间水平的中位数（Me）与多数水平的众数（Mo）之间的关系为 M > Me > Mo，三者之间的经验数量换算关系表现为 Mo = 3Me − 2M。众数表示多数人的收入水平，如果要实现城职保参保人过上有尊严的退休生活，人均养老金应该不低于城镇居民人均可支配收入的众数。在国家统计局发布的城镇居民人均可支配收入统计资料中，从 2011 年开始发布城镇居民人均可支配收入的中位数，根据经验换算关系式可以计算城镇居民人均可支配收入的众数，整理如表①29 所示。由表①29 可知，2011～2018 年，企业及其他职工人均养老金与城镇居民人均可支配收入的比值呈下降趋势，其中人均养老金与城镇居民人均可支配收入平均值的比值下降 6.12%，与城镇居民人均可支配收入中位数的比值下降 9.72%，与城镇居民人均可支配收入众数的比值下降 18.88%，主要原因在于人均养老金上涨速度低于城镇居民人均可支配收入的增长速度，以及城镇居民人均可支配收入分布的相对差距缩小。如果将企业及其他职工人均养老金的底线锚定在城镇居民人均可支配收入众数上，则企业及其他职工人均养老金只剩下5%的下降空间。

表①29　　　　　　　　人均养老金与城镇居民人均可支配收入比较

年份	城镇居民人均可支配收入			人均养老金/平均值		人均养老金/中位数		人均养老金/众数	
	平均值	中位数	众数	城职保	企业及其他	城职保	企业及其他	城职保	企业及其他
2010	18 779			0.9281	0.8980				
2011	21 427	19 118	14 500	0.9074	0.8795	1.0169	0.9858	1.3408	1.2997
2012	24 126	21 986	17 704	0.9039	0.8781	0.9919	0.9636	1.2318	1.1966
2013	26 467	24 200	19 666	0.9012	0.8788	0.9857	0.9611	1.2129	1.1827
2014	28 844	26 635	22 217	0.9068	0.8879	0.9820	0.9616	1.1773	1.1528
2015	31 195	29 129	24 997	0.9331	0.8965	0.9993	0.9600	1.1645	1.1187
2016	33 616	31 554	27 430	0.9847	0.8763	1.0491	0.9336	1.2068	1.0739
2017	36 396	33 834	28 710	0.9896	0.8485	1.0646	0.9127	1.2545	1.0756
2018	39 251	36 413	30 737	0.9967	0.8256	1.0744	0.8900	1.2728	1.0543

　　如果从整个城职保人均养老金的角度来看，目前与城镇居民人均可支配收入的平均值仍然保持着比较接近的水平，原因在于2015年机关事业单位养老保险并入城职保体系后，机关事业单位养老保险参保职工和离退休人数快速增加，一方面使城职保基金收支快速增长；另一方面由于机关事业单位离退休人员目前仍然执行以前的退休工资制度，尚未按照城职保养老金计发办法计发养老金，其人均养老金水平显著高于企业及其他离退休人员，从而拉高了整个城职保的人均养老金水平，机关事业单位养老保险情况如表①30所示。从表①30可知，自《国务院关于机关事业单位工作人员养老保险制度改革的决定》发布以来，机关事业单位职工养老保险参保总人数由2014年末的2 178.5万人增加到2018年末的5 418.6万人，增长幅度为148.73%，参保职工人数增长幅度为125.27%，参保离退休人数增长幅度更是高达213.41%。2014～2018年，机关事业单位职工养老保险基金收入由2 004.2亿元增加到13 775.5亿元，增长幅度为5.87倍，而基金支出的增长幅度为5.89倍。年人均养老金

由 33 581 元增长到 72 333 元，增长幅度为 1.15 倍。从表①30 与表①27 比较来看，机关事业单位离退休人员的人均养老金与企业及其他离退休人员的人均养老金差距在并轨后迅速加大，2010～2014 年两者的比值稳定在 1.4 左右，2015～2018 年快速提高为 1.57、1.88、1.96 和 2.23。并轨前后的差别可以这样解释，并轨前机关事业单位只有实行企业化管理的单位的工作人员参加基本养老保险，缴费标准和养老金待遇执行与城职保相同的政策，养老金的差异主要是由工资水平的差异决定。而并轨之后，2015 年 1 月发布的《国务院关于机关事业单位工作人员养老保险制度改革的决定》规定，"按照公务员法管理的单位、参照公务法管理的机关（单位）、事业单位及其编制内的工作人员"全部要参加机关事业单位工作人员养老保险制度。此外，该文件还规定，"机关事业单位在参加基本养老保险的基础上，应当为其工作人员建立职业年金。单位按本单位工资总额的 8% 缴费，个人按本人缴费工资的 4% 缴费。工作人员退休后，按月领取职业年金待遇"。2015 年 3 月发布的《国务院办公厅关于印发机关事业单位职业年金办法的通知》规定，机关事业单位"职业年金基金采用个人账户方式管理。个人缴费实行实账积累。对财政全额供款的单位，单位缴费根据单位提供的信息采取记账方式，每年按照国家统一公布的记账利率计算利息，工作人员退休前，本人职业年金账户的累计储存额由同级财政拨付资金记实；对非财政全额供款的单位，单位缴费实行实账积累。实账积累形成的职业年金基金，实行市场化投资运营，按实际收益计息"；"单位缴费按照个人缴费基数的 8% 计入本人职业年金个人账户；个人缴费直接计入本人职业年金个人账户。职业年金基金投资运营收益，按规定计入职业年金个人账户"。机关事业单位工作人员只有基本养老保险并入了城职保体系，而其职业年金是独立管理的，因此，本书研究内容只包括机关事业单位工作人员的基本养老保险，不包括机关事业单位的职业年金。

表①30　　　　　　　　机关事业单位职工养老保险情况

年份	参保人数（万人）			基金收支（亿元）			年人均养老金（元）
	总人数	职工人数	退休人数	收入	支出	累计结余	
2010	2 072.9	1 579.6	493.3	1 201.1	1 145.0	818.1	24 047
2011	2 108.0	1 595.0	513.0	1 409.9	1 339.3	888.5	26 618

续表

年份	参保人数（万人）			基金收支（亿元）			年人均养老金（元）
	总人数	职工人数	退休人数	收入	支出	累计结余	
2012	2 154.9	1 620.2	534.7	1 638.0	1 553.3	973.3	29 652
2013	2 168.9	1 612.6	556.2	1 831.7	1 729.0	1 076.9	31 699
2014	2 178.5	1 598.7	579.8	2 004.2	1 907.4	1 173.7	33 581
2015	2 237.9	1 632.5	605.5	2 727.7	2 671.8	1 229.6	44 126
2016	3 666.2	2 586.7	1 079.5	6 364.9	5 988.7	1 609.8	55 477
2017	4 976.6	3 411.3	1 565.3	10 379.7	9 510.4	2 499.3	60 758
2018	5 418.6	3 601.4	1 817.2	13 775.5	13 144.3	3 140.0	72 333

资料来源：《中国劳动统计年鉴（2019）》。

关于机关事业单位工作人员养老金替代率及其对城职保养老金替代率的影响。《国务院关于机关事业单位工作人员养老保险制度改革的决定》规定，机关事业单位工作人员基本养老保险的缴费标准、养老金计发办法和养老金调整机制与企业及其他职工基本养老保险制度规定是一致的，因此，影响机关事业单位养老金替代率的主要因素就是个人缴费工资水平、缴费年限等。由于机关事业单位工作人员的工资收入主要来源于财政拨款，机关事业单位不存在逃避缴费的动机，基本都会遵照制度规定及时足额地缴纳养老保险费，缴费工资率、遵缴率会保持在接近100%的水平，因为无法收集到机关事业单位工作人员人均工资的准确数据，可以将城职保、机关事业单位养老保险和企业及其他养老保险的人均缴费水平列表（见表①31）来分析其差异。在表①31中，各险种缴费收入由其当年基金收入减去当年财政补贴得到，基金收入中还包括少量的结余基金利息收入，此处忽略不计；人均缴费用当年缴费收入除以当年平均参保人数，当年平均参保人数用当年年初参保职工人数与年末参保职工人数之和除以2计算。由表①31可知，在养老保险制度实际并轨之前的2014年和2015年，机关事业单位参保职工人均缴费分别比企业及其他职工人均缴费高27.81%和25.88%，受其影响，整个城职保参保职工人均缴费分别比企业及其他职工人均缴费高1.79%和1.61%，这种影响基本可以忽略不计。但制度实际并轨后的2016～2018年，机关事业单位参保职工人均缴费分别为企业及其他职工人均缴费的2.02倍、2.23倍和2.27倍，受其影响，整个城职保参保职工人均缴费分别比企业及其他职工人均缴费高 9.37%、12.94% 和 15.03%，明显拉高了整个城职保职工的人均缴费水平，制度并轨的影响必须要考虑进来。从参保人数变化情况看，2019 年城职保参保人数为 43 488 万人，比 2018 年增长 3.78%，其中，机关事业单位参保人数为 5 583 万人，比 2018 年增长 3.03%；企业及其他参保人数为 37 905 万人，比 2018 年增长 3.89%。机关事业单位参保人数增速已经低于企业及其他参保人数，说明机关事业单位工作人员已经全部加入了城职保，由于不存在扩面因素，未来机关事业单位参保人数的增速将保持在正常水平，而其占城职保总参保人数的比例将会略有下降。

表①31 城职保参保职工人均缴费计算

年份	城职保			机关事业单位养老保险			企业及其他职工养老保险		
	缴费收入（亿万）	参保职工人数（万人）	人均缴费（元）	缴费收入（亿元）	参保职工人数（万人）	人均缴费（元）	缴费收入（亿元）	参保职工人数（万人）	人均缴费（元）
2013		24 177.3			1 612.6			22 564.7	
2014	21 761.7	25 531.0	8 756	1 765.2	1 598.7	10 994	19 996.4	23 932.3	8 601
2015	24 624.9	26 219.2	9 517	1 904.7	1 632.5	11 789	22 720.2	24 586.8	9 365
2016	28 546.5	27 826.3	10 564	4 483.9	2 586.7	21 255	24 062.6	25 239.6	9 659
2017	35 305.6	29 267.6	12 368	7 331	3 411.3	24 445	27 974.6	25 856.3	10 950
2018	41 789.6	30 104.0	14 077	9 753.5	3 601.4	27 817	32 036.1	26 502.6	12 237

资料来源：《中国劳动统计年鉴（2019）》；表①22。

2018 年，机关事业单位、企业及其他参保人数占城职保总参保人数的比例分别为 12.93% 和 87.07%，参保职工人数占比分别为 11.96% 和 88.04%，参保离退休人数占比分别为 15.40% 和 84.60%。假设机关事业单位参保职工和参保离退休人数占比的目标值为 11%，机关事业单位参保职工缴费水平为企业及其他职工缴费水平的 2.2 倍，受其影响，养老保险制度并轨对整个城职保平均缴费水平的影响程度 = 2.2 × 0.11 + 1 × 0.89 = 1.132，即城职保平均缴费水平比企业及其他职工缴费水平高 13.2%；根据目前的养老金计发办法，"退休时的基础养老金月标准以当地上年度在岗职工月平均工资和本人指数化月平均缴费工资的平均值为基数，缴费每满 1 年发给 1%"。则在机关事业单位职工缴费工资指数为 2.2 的情况下，其养老金计发基数 = （1 + 2.2）/2 =

1.6 倍全口径城镇单位平均工资，其对城职保平均基础养老金水平的影响程度 = $1.6 \times 0.11 + 1 \times 0.89 = 1.066$，因此，如果将整个城职保平均养老金的下限锚定在城镇居民人均可支配收入的众数水平上，对企业及其他退休人员的平均养老金不会产生显著的不利影响。由表①28 和表①29 可知，与城镇居民人均可支配收入的众数对应的养老金替代率 = $0.5224/1.0543 = 0.4955$，也就是说，从实现城职保养老金应有的功能来看，按照全口径城镇单位就业人员平均工资计算的城职保养老金替代率的下限目标值为 49.55%。

从实际情况来看，因为近两年养老金上调幅度减小，企业及其他退休人员的全口径养老金替代率在 2018 年末已经下降到 52.24%，而整个城职保的养老金替代率为 63.07%，主要原因是机关事业单位参保退休人员的养老金仍然按照"老人老办法"计发，导致替代率水平偏高，等制度完全并轨后，这种影响会逐步消除。由于"老人"的工龄全部计入视同缴费年限，替代率可以保持较高水平，因而假设 2018 年末"老人"养老金替代率仍然保持在 63% 的平均水平。考虑到男性、女性职工工作和缴费年限差异，假设男性、女性"老人"养老金替代率分别为 66% 和 60%。

（五）"老人"养老金替代率变动率

由于经济增长速度下降是长期趋势，加上养老金支付压力不断增大，养老金上调幅度将长期低于人均工资增长速度，基于上述判断，未来各年"老人"养老金替代率也将逐年降低，假设 2018～2027 年"老人"养老金替代率变动率为 0.985，即平均每年下降 1.5%，至 2027 年末下降至 55%，以后各年保持不变。

（六）评估年统筹养老金替代率

"中人"和"新人"退休后的养老金，由统筹养老金和个人账户养老金两部分组成。从城职保制度承诺的养老金待遇来看，目前机关事业单位和企业及其他人员养老保险制度承诺的养老金计发办法是一致的，《国务院关于完善企业职工基本养老保险制度的决定》和《国务院关于机关事业单位工作人员养老保险制度改革的决定》规定，"本决定实施后参加工作、个人缴费年限累计满 15 年的人员，退休后按月发给基本养老金。基本养老金由基础养老金和个人账户养老金组成。退休时的基础养老金月标准以当地上年度在岗职工月平均工资和本人指数化月平均缴费工资的平均值为基数，缴费每满1年发给1%"。

目前实际的统筹养老金替代率数据无法得到，主要有两个方面原因：一是机关事业单位退休人员养老金尚未按照制度规定的计发办法计算；二是养老金调整时未按制度规定的计发办法调整，且未区分统筹养老金和个人账户养老金，虽然从资金来源上看，养老金上调用的都是统筹基金。为保持评估结果符合实际，评估2018年末统筹养老金替代率根据表①28数据进行推测，2018年城职保养老金替代率为63%，假设男性、女性退休人员的养老金替代率分别为70.5%和55.5%，假设男性、女性退休人员的个人账户养老金替代率分别为15%和10%，则男性、女性退休人员的统筹养老金替代率分别为55.5%和45.5%，考虑到未来统筹养老金上调速度仍将低于全口径城镇就业人员平均工资增长速度，统筹养老金替代率仍呈下降趋势，但不能低于如前所述的养老金替代率的下限，因此，假设统筹养老金替代率变动率2018～2027年为0.98，2028～2037年为0.985，2038～2047年为0.99，直至2047年男性、女性退休人员统筹养老金替代率接近36%和29.5%后保持不变。

（七）个人账户养老金替代率

个人账户养老金替代率定义为城职保参保人退休后平均每人每年领取的个人账户养老金占上年度全口径城镇就业人员平均工资的比率。该定义有三个方面的含义：一是动态的概念，它反映的是参保退休人员在个人账户养老金计发期限内各年的替代率水平，而不仅是参保职工退休时的替代率水平；二是整体的概念，它反映的是未来各年当年全体参保退休人员个人账户养老金替代率的一般水平，而不是每个个体的替代率水平；三是平均的概念，反映的是参保退休人员在个人账户养老金计发期限内各年平均的替代率水平。

根据城职保制度规定，个人账户实行完全积累制的财务模式。1997年发布的《国务院关于建立统一的企业职工基本养老保险制度的决定》中，关于个人账户缴费比例的规定为"个人缴纳基本养老保险费（以下简称'个人缴费'）的比例，1997年不得低于本人缴费工资的4%，1998年起每两年提高1个百分点，最终达到本人缴费工资的8%"。关于个人账户基金的规定为"按本人缴费工资11%的数额为职工建立基本养老保险个人账户，个人缴费全部记入个人账户，其余部分从企业缴费中划入。随着个人缴费比例的提高，企业划入的部分要逐步降至 3%"。关于个人账户基金管理和使用的规定为"个人账户储存额，每年参考银行同期存款利率计算利息。个人账户储存额只用于职工养老，不得提前支取。职工调动时，个人账户全部随同转移。职工或退休人员死亡，个人账户中的个人缴费部分可以继承"。关于个人账户养老金计发办法的规定为"本决定实施后参加工作的职工，个人缴费年限累计满 15 年的，退休后按月发给基本养老金。基本养老金由基础养老金和个人账户养老金组成。退休时的基础养老金月标准为省（区、市）或地（市）上年度职工月平均工资的 20%，个人账户养老金月标准为本人账户储存额除以 120"。

2006 年发布的《国务院关于完善企业职工基本养老保险制度的决定》对上述相关内容进行了修订完善。其中第六条改革基本养老金计发办法规定，"为与做实个人账户相衔接，从 2006 年 1 月 1 日起，个人账户的规模统一由本人缴费工资的 11% 调整为 8%，全部由个人缴费形成，单位缴费不再划入个人账户"。"《关于建立统一的企业职工基本养老保险制度的决定》实施后参加工作、缴费年限（含视同缴费年限，下同）累计满 15 年的人员，退休后按月发给基本养老金。基本养老金由基础养老金和个人账户养老金组成。退休时的基础养老金月标准以当地上年度在岗职工月平均工资和本人指数化月平均缴费工资的平均值为基数，缴费每满 1 年发给 1%。个人账户养老金月标准为个人账户储存额除以计发月数，计发月数根据职工退休时城镇人口平均预期寿命、本人退休年龄、利息等因素确定"，并规定了不同退休年龄对应的计发月数。

根据目前的养老金计发办法，个人账户养老金是在职工退休时，将个人账户积累余额除以制度规定的计发月数，算出每月计发的个人账户养老金。个人账户积累额由个人账户缴费额和个人账户记账利率决定。个人账户记账利率，在 2016 年以前由各省份参照银行存款利率等因素自行规定，记账利率水平各不相同，现收集了数据较为完整的上海市、四川省、辽宁省的个人账户记账利率，整理如表①32 所示。由表①32 可知，2000～2015 年，上海市、四川省、辽宁省三个省份每年个人账户记账利率基本是参照本年或上年一年期存款基准利率水平确定，三个省份 2000～2015 年个人账户记账利率的简单算术平均值分别为 2.76%、2.57% 和 2.76%，与 2000～2015 年一年期银行存款基准利率的简单算术平均值 2.60% 基本一致，低于同一时期三年期和五年期银行存款基准利率的平均值3.64%和3.97%。从个人账户基金的属性来看，其权益属于参保职工个人所有，是参保职工从参加城职保缴费开始逐年积累，直至退休或者因死亡等原因退出城职保体系时才能领取，这是一笔长期积累的基金，是可以用于长期投资的基金，如果只按照一年期银行存款基准利率确定记账利率，存在因记账利率偏低而导致的参保职工权益未能得到完全保障的问题，而且由各省份自行确定个人账户记账利率也存在因记账利率不同而带来的不公平的问题。

表①32　　　　部分省份个人账户记账利率及银行存款基准利率　　　单位:%

年份	个人账户记账利率			银行存款基准利率		
	上海市	四川省	辽宁省	一年期	三年期	五年期
2000	5.00	2.25	5.84	2.25	2.70	2.88
2001	2.25	2.25	2.25	2.25	2.70	2.88
2002	2.25	1.98	1.98	1.98	2.52	2.79
2003	1.98	1.98	1.98	1.98	2.52	2.79
2004	1.98	2.25	2.25	2.25	3.24	3.60
2005	2.25	2.25	2.25	2.25	3.24	3.60
2006	2.25	2.52	2.25	2.52	3.69	4.14
2007	3.12	4.14	3.22	2.79	3.96	4.41
2008	4.14	2.25	2.25	4.14	5.40	5.85
2009	2.25	2.25	2.25	2.25	3.33	3.60
2010	2.25	2.75	2.31	2.50	3.85	4.20
2011	2.75	3.50	3.38	3.00	4.50	5.00
2012	3.50	3.00	—	3.25	4.65	5.10
2013	—	3.25	3.25	3.25	4.25	4.75
2014	—	3.00	3.25	2.75	4.00	——
2015	2.75	1.50	2.76	2.50	3.75	——
2016	8.31	8.31	8.31	1.50	2.75	——
2017	7.12	7.12	7.12	1.50	2.75	——
2018	8.29	8.29	8.29	1.50	2.75	——

资料来源：上海市、四川省、辽宁省人力资源和社会保障局（厅）网站；中国人民银行网站；—为未收集到数据，——为2014年之后央行不再发布五年期存款基准利率。

为了解决上述问题，人力资源社会保障部、财政部于2017年4月发布了《关于印发统一和规范职工养老保险个人账户记账利率办法的通知》，指出政策的目的是"按照党中央、国务院关于完善个人账户制度的部署，为进一步促进养老保险制度的公平统一，增强参保缴费的激励约束作用，特制定统一和规范职工养老保险个人账户记账利率办法"。基本原则为"一是坚持制度公平性，统一确定机关事业单位和企业职工基本养老保险个人账户记账利率；二是增强制度激励作用，引导参保人员积极参保和足额缴费；三是保证合理待遇水平，保证职工基本养老保险个人账户养老金和职业年金合理的替代率水平，保障参保人员退休后的基本生活；四是坚持制度可持续发展，体现精算平衡，科学确定职工基本养老保险和职业年金个人账户记账利率的规则和水平"。主要内容包括两个方面，一是"统一职工基本养老保险个人账户记账利率。统一机关事业单位和企业职工基本养老保险个人账户记账利率，每年由国家统一公布。记账利率应主要考虑职工工资增长和基金平衡状况等因素研究确定，并通过合理的系数进行调整。记账利率不得低于银行定期存款利率"。二是"规范职工个人账户记账利率公布时间。职工基本养老保险个人账户记账利率每年6月由人力资源社会保障部和财政部公布"。2017年人社部发布的《关于印发〈统一和规范职工养老保险个人账户记账利率办法〉的通知》有效解决了以前存在的记账利率不统一的问题，并规定"记账利率不得低于银行定期存款利率"，也有效解决了个人账户记账利率偏低的问题。自2017年6月起，人力资源社会保障部和财政部相继公布了2016年、2017年、2018年、2019年个人账户记账利率分别为8.31%、7.12%、8.29%和7.61%，而2015～2019年各年城镇单位就业人员平均实际工资增长率分别为8.5%、6.7%、8.2%、8.6%和6.8%，由此可见，两部公布的各年个人账户记账利率接近于上年城镇单位就业人员平均实际工资增长率水平，基本实现了个人账户基金与职工工资同步增长，充分体现了政策规定的"记账利率应主要考虑职工工资增长和基金平衡状况等因素确定"的原则，充分保障了参保职工获得较高的个人账户养老金替代率水平，显著增强了制度的激励作用。

从本政策第四个原则"坚持制度可持续发展，体现精算平衡，科学确定职工基本养老保险和职业年金个人账户记账利率的规则和水平"的角度来看，如此高的个人账户记账利率是否有利于制度可持续发展呢？需要针对个人账户基金运行过程进行分析。我国城职保的基本制度是社会统筹与个人账户相结合，每个参保职工都要建立自己的个人账户，参保职工个人缴费进入自己的个人账户，实行完全积累制的财务模式，为实现保值增值，对个人账户基金计算利息。一般情况下，如果个人账户基金实行市场化运营，个人账户利率由其投资收益率决定。而我国目前的城职保个人账户是空账运行，个人账户中的资金要用于发放参保退休人员的养老金，无法进行投资获利，也无法得到真实的投资收益率，只能由政府部门确定记账利率。因为没有真实的投资收益，个人账户的记账利息最终是要用统筹基金收入或财政补贴来兑现，如果记账利率偏低，会损害参保职工的权益，不利于调动职工参保积极性，2016 年之前各省确定的个人账户记账利率就属于这种情况；如果记账利率偏高，又会加重财政补贴的负担，影响制度的可持续发展，根据《中国养老金发展报告》（2016）提供的数据，2015 年末个人账户记账总额为 4.7 万亿元，未来仍然保持快速增长的趋势，如果按照 2016 年以来发布的 8% 左右的个人账户记账利率计算，每年仅个人账户需要支付的利息就高达 4 000 亿~5 000 亿元，并且未来会呈几何级数增长，很快会超出城职保制度和国家财政承受能力而使城职保制度不可持续；此外，个人账户记账利率过高还会引发道德风险，例如，目前的记账利率水平上明显高于五年及以上的银行贷款利率 4.9%，意味着参保职工用银行贷款进行个人缴费也是有利可图的，这就会影响个人缴费的真实性。因此，个人账户记账利率既不能过低也不能过高，应当确定在适度的水平上，关键是要选好确定记账利率的参照物，记账利率属于投资或资金时间价值的范畴，同时利率是与风险相关的概念，养老保险基金投资的首要原则是安全性原则，追求的是低风险的收益率，根据个人账户基金可以进行长期投资的特点，应该选择长期国债或长期银行存款利率作为参照物，而不是选择职工工资增长率作为参照物。2019 年发行的三年期和五年期国债利率分别为 4% 和 4.27%，没有发行更长期限的国债，2019 年三年期银行存款基准利率为 2.75%，未发布更长期限的银行存款基准利率，一般来说，期限越长利率越高，就个人账户基金而言，目前领取养老金的条件是参保人缴费满 15 年，也就是说个人账户基金储蓄时间均在 15 年以上，相应的记账利率可高于五年期国债利率，取 4.5% 左右是比较合适的，其上限不宜超过目前的五年及以上银行贷款基准利率4.9%。

根据目前的养老金计发办法，个人账户养老金是在职工退休时，将个人账户积累余额除以制度规定的计发月数，算出每月计发的个人账户养老金。也就是说，在规定的计发年限之内，个人账户养老金是等额发放的，这样的发放办法优点是简单方便，但也存在不足之处，因为统筹养老金是按照统筹养老金替代率来计算和发放的，能够较好地反映统筹养老金的实际水平和保障程度，个人账户养老金的保障程度的度量指标也是个人账户养老金替代率，如果采用等额计发的方式，其保障程度不够直观，更大的问题在于，随着平均工资水平的提高，等额的个人账户养老金换算成个人账户养老金替代率将呈下降的趋势，下降的程度随平均工资增长率的提高而加剧，不利于防止老年贫困。

按照目前的个人账户养老金计发办法，在精算评估算法设计时，难以设计出一个具体的计算个人账户养老金的模型，可行的做法是按照某个"平均人"的个人账户运行情况，测算出个人账户养老金替代率。经过测算，2018年末男性、女性退休人员的个人账户养老金替代率分别为15%和10%左右，方案一假设未来各年保持不变。

（八）统筹基金投资利率

根据资金时间价值理论，为实现养老基金保值增值，需要将养老基金结余额进行投资获利，因为养老保险基金余额相对稳定，可以进行长期投资，因而其投资回报率应高于同期限的存款利率，但由于养老保险基金投资首要是坚持安全性原则，不宜投资于高风险领域，也不可能获得很高的投资收益率。从城职保基金的实际情况来看，由于人口老龄化程度不断加深，统筹基金将会长期入不敷出，需要动用个人账户基金余额支付统筹养老金，这是造成个人账户空账的根本原因。从城职保制度内容来看，统筹基金和个人账户是分开记账，但账户内的资金已经无法分开使用，这是城职保制度允许的。因为个人账户存在记账利率，而个人账户结余基金基本都要用于统筹基金支出，因此，未来各年统筹基金投资利率应与个人账户记账利率保持一致，具体假设如表①33所示。

表①33　　　　　　　　　　未来各年统筹基金投资利率

项目	2018 年	2028 年	2038 年	2048 年	2058 年	2068 年	2078 年
投资利率	0.045	0.045	0.04	0.04	0.035	0.035	0.035

（九）个人账户记账利率

《社会保险法》第十四条规定，个人账户不得提前支取，记账利率不得低于银行定期存款利率，免征利息税。个人死亡的，个人账户余额可以继承。

2017 年人力资源社会保障部、财政部发布的《关于印发统一和规范职工养老保险个人账户记账利率办法的通知》规定，统一机关事业单位和企业职工基本养老保险个人账户记账利率，每年由国家统一公布。记账利率应主要考虑职工工资增长和基金平衡状况等因素研究确定，并通过合理的系数进行调整。记账利率不得低于银行定期存款利率。职工基本养老保险个人账户记账利率每年 6 月由人力资源社会保障部和财政部公布。根据公布的数据，2016 ~ 2019 年个人账户记账利率分别为 8.31%、7.12%、8.29% 和 7.61%，长期来看，如此高的个人账户记账利率水平无法持续。根据前述论证结果，未来各年个人账户记账利率与表①33 保持一致。

（十）个人账户养老金计发年限

个人账户养老金计发年限，来源于现行基本养老金计发办法中的个人账户养老金计发月数，因为本书的数据均按年度计算，因而将计发月数折算为计发年限。现行计发办法中的计发月数，是根据职工退休时城镇人口平均预期寿命、本人退休年龄、利息等因素确定。按照目前的制度规定，假设男性、女性职工退休年龄分别为 60 岁和 55 岁，对应的个人账户养老金计发年限分别为 139 个月折算为 12 年和 170 个月折算为 14 年。方案一假设未来各年保持不变。

（十一）贴现利率

贴现利率是计算养老保险基金现值时的贴现率，一般取值与养老保险基金投资收益率保持一致。由于上面对统筹基金投资利率和个人账户记账利率的假设相同，未来各年贴现利率假设与两者保持一致。

（十二）养老保险基金累计结余

2018 年末城职保基金累计结余为 50 901 亿元，据《中国养老金发展报告 (2016)》的数据，2015 年末城职保基金累计结余为 35 345 亿元，而个人账户记账额为 47 144 亿元，即使将累计结余全部计入个人账户累计结余，仍存在 11 799 亿元的个人账户空账，需要用战略储备金来弥补。为了与实际情况保持一致，假定 2018 年末的累计结余全部为个人账户基金累计结余，统筹基金累计结余为零。

第四章　基于现状的评估过程与结果分析

根据第二章提出的城镇职工基本养老保险基金收支精算评估方法和第三章方案一所作的基本假设，以全国城镇职工基本养老保险为评估对象，以 2018 年末为评估时间点，以第六次全国人口普查作为普查时间点，评估的主要过程和结果分析如下。

第一节　基于现状的未来 75 年末人口预测

一、未来 75 年人口规模预测

根据精算假设预测我国未来 75 年人口规模，预测结果显示，我国人口总量在 2025 年达到峰值 141 605 万人，2020～2039 年保持在 14 亿人以上，2040 年以后人口数量快速下降，2056 年降至 13 亿人，2066 年降至 12 亿人，2076 年降至 11 亿人，2086 年降至 10 亿人以下，2056 年以后总人口平均每年减少 1 000 万人。反映了我国从 20 世纪 70 年代后期尤其是 80 年代开始实行的严格的计划生育政策产生的显著效果，其中前 30 余年是政策限制生育，而 2010 年以后是随着经济发展和社会保障制度的健全，人们的生育观念发生了变化，生育意愿普遍下降，因而即使从 2011 年开始逐步放开生育限制，至 2015 年正式全面实施一对夫妇可生育两个孩子政策以后，总和生育率仍未显著上升，但生育政策变化产生的实际效果是一个缓慢释放的过程。总的来看，计划生育政策的实施，前 50 年有效控制了人口的过快增长，后 50 年使人口总量快速下降，至 2093 年我国大陆人口总量回归到低于 1982 年第三次人口普查时的水平，由此可见，人口政策变化产生影响的周期长达百年。

分性别来看，男性人数在 2024 年达到峰值 72 145 万人，女性人数在 2027年达到峰值 69 503 万人，男女人口性别比例稳步下降，除 2047～2079 年之外，男性人数多于女性人数，一直保持在较为正常的水平。

未来 75 年末人口预测如表①34、图①1 所示。

表①34　　　　　　　　　　　未来 75 年末人口预测　　　　　　　　　单位：万人

项目	2018 年	2028 年	2038 年	2048 年	2058 年	2068 年	2078 年	2093 年
总人口	139 410	141 381	140 426	136 898	128 174	117 311	107 163	94 595
男性	71 248	71 905	70 683	68 383	63 765	58 446	53 578	47 388
女性	68 162	69 476	69 743	68 514	64 409	58 865	53 585	47 207

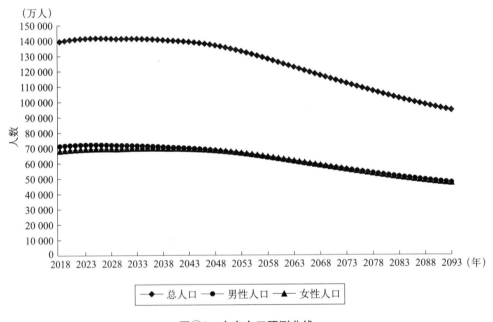

图①1　未来人口预测曲线

2040 年以后总人口快速下降的主要原因在于育龄妇女人数的减少和生育意愿不高导致出生人数减少以及生育高峰期出生人口生命周期结束导致的死亡人数增加。由表①35 可知，我国育龄妇女人数自 2011 年以来持续减少，2018～2093 年末育龄妇女总人数减少近 1/2；其中，2018～2028 年平均每年减少 425 万人，2028～2038 年平均每年减少 328 万人，2038～2048 年平均每年减少 383 万人。由此导致每年出生人数持续减少，2018～2093 年每年出生人数减少近一半；其中，2018～2028 年平均每年减少 40 万人，为快速减少时期。而每年死亡人数经历了先升后降的变化过程，2018～2064 年每年死亡人数由 980 万人持续上升到 2 096 万人的峰值，然后随着总人口的减少而持续下降到 2093 年的 1 521 万人。

表①35　　　　　未来 75 年育龄妇女人数、出生与死亡人数预测　　　　单位：万人

项目	2018 年	2028 年	2038 年	2048 年	2058 年	2068 年	2078 年	2093 年
育龄妇女	34 443	30 190	26 905	23 074	22 169	20 368	18 832	17 375
出生	1 614	1 212	1 206	1 168	1 014	993	930	834
死亡	980	1 350	1 463	1 751	2 064	2 057	1 906	1 521

二、未来 75 年人口结构预测

（一）人口年龄结构金字塔

未来 75 年人口年龄金字塔如图①2 所示。

（二）65 岁及以上老龄化情况

1.65 岁及以上老龄化率

65 岁及以上人口占总人口的比例称为 65 岁及以上老龄化率。由表①36 和图①3 可知，2010 年末，我国 65 岁及以上老龄化率为 8.92%，2014 年突破 10%，2024 年突破 15%，2032 年突破 20%，2038 年突破 25%，2051 年突破 30%，2060 年达到峰值 33.58%（其中男性、女性 65 岁及以上老龄化率同年达到峰值 29.65% 和 37.48%），此后缓慢下降，至 2093 年仍然保持在 30% 的水平。2010～2060 年，人口老龄化程度不断加深，2060 年以后缓慢下降但至评估期末仍处在深度老龄化水平上。分性别来看，女性人口 65 岁及以上老龄化率一直高于男性，两者峰值相差 7.83 个百分点，主要原因是女性人口预期寿命明显高于男性。

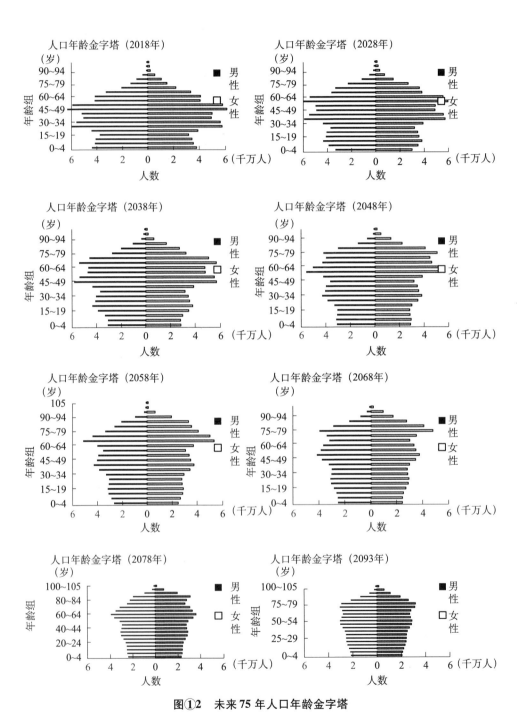

图①2　未来75年人口年龄金字塔

| 表①36 | 未来 75 年 65 岁及以上老龄化率 |||||||| 单位:% |
项目	2018 年	2028 年	2038 年	2048 年	2058 年	2068 年	2078 年	2093 年
总人口	12.26	16.91	25.24	29.12	33.44	31.74	30.40	30.21
男性	11.45	15.64	22.94	25.93	29.52	28.18	27.57	28.01
女性	13.12	18.24	27.57	32.30	37.33	35.27	33.22	32.42

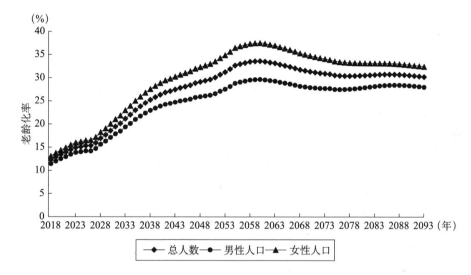

图①3 未来 75 年 65 岁及以上老龄化率预测曲线

2.65 岁及以上老年扶养比

65 岁及以上老年扶养比为各年末劳动年龄人口数与 65 岁及以上人数的比值。由表①37 和图①4 可知,2010 年 65 岁及以上老年扶养比为 7.24,2014 年降至 6.06,2018 年降至 4.88,2022 年降至 3.94,2029 年降至 2.97,2038 年降至 1.96,2048 年降至 1.50,2058 年降至 1.29 的最低水平,此时平均每1.29 个劳动年龄的人要扶养 1 个 65 岁及以上的老人,养老负担非常沉重。直至 2093 年 65 岁及以上老年扶养比才回升到 1.50。由此可见,2049～2092 年是我国养老负担最重的时期,65 岁及以上老年扶养比均在 1.5 以下。为减轻未来的养老负担,有必要在 2025 年前后出台鼓励生育的政策,提高总和生育率。

表①37　　　　　　　　未来75年65岁及以上老年扶养比

项目	2018年	2028年	2038年	2048年	2058年	2068年	2078年	2093年
总人口	4.88	3.13	1.96	1.50	1.29	1.39	1.43	1.50

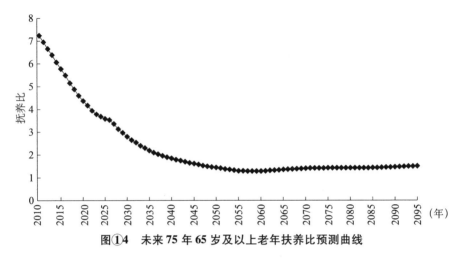

图①4　未来75年65岁及以上老年扶养比预测曲线

（三）80岁及以上高龄化情况

80岁及以上人口占总人口的比例称为80岁及以上高龄化率。由表①38和图①5可知，2010年末，我国80岁及以上高龄化率为1.57%，2018年为2.38%，2027年为3.10%，2034年为5.05%，2037年为6.04%，2047年为9.16%，2049年为10.17%，2073年达到峰值14.23%（其中男性、女性80岁及以上高龄化率峰值分别为10.91%和17.54%），2083年降至11.81%，2090年降至11.09%，2095年回升至11.63%。2010～2073年，人口高龄化程度快速加深，其中2055～2065年高龄化率保持稳定，2073年以后缓慢下降但仍处在深度老龄化水平上，2049～2095年高龄化率均保持在10%以上的水平，这一时期对长期护理人员的需求较大。分性别来看，女性高龄化率一直高于男性，高龄化率峰值时两者相差6.63个百分点。

表①38　　　　　　　　未来75年80岁及以上高龄化率　　　　　　　　　单位:%

项目	2018年	2028年	2038年	2048年	2058年	2068年	2078年	2093年
总人口	2.38	3.23	6.27	9.73	12.15	13.11	13.31	11.32
男性	2.00	2.70	5.00	7.66	9.35	9.93	10.24	9.31
女性	2.78	3.78	7.57	11.78	14.92	16.27	16.38	13.34

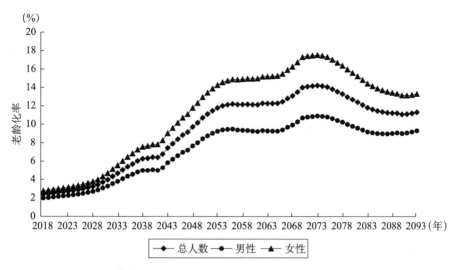

图①5 未来 75 年 80 岁及以上高龄化率预测曲线

（四）少儿抚养比

少儿抚养比为各年末劳动年龄人口数与 14 岁及以下少儿人数的比值。由图①6 可知，2010 年少儿抚养比为 3.89，2026 年降至 3.39，2038 年升至 3.84，2052 年降至 3.21，2065 年升至 3.46，2081 年降至最低点 3.17，2095 年回升至 3.29。少儿抚养比呈波浪式下降，说明未来少儿抚养负担有所加重，但幅度不大。

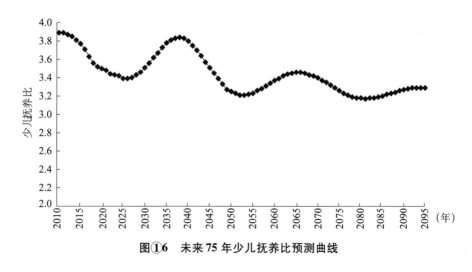

图①6 未来 75 年少儿抚养比预测曲线

（五）人口平均年龄与年龄中位数

1. 人口平均年龄

由表①39和图①7可知，2010年末，我国人口平均年龄为35.64岁，2018年为38.41岁，2023年为40.06岁，2029年为42.09岁，2035年为44.29岁，2042年为46.21岁，2062年达到峰值48.55岁（其中男性、女性平均年龄峰值分别为46.66岁和50.42岁），2075年降至48岁，2095年为47.04岁。2010～2062年，人口平均年龄提高12.91岁，2061年以后人口平均年龄缓慢下降。分性别来看，女性人口平均年龄一直高于男性，两者峰值水平相差3.76岁。

表①39　　　　　　　　　　未来75年人口平均年龄　　　　　　　　　　单位：岁

项目	2018年	2028年	2038年	2048年	2058年	2068年	2078年	2093年
总人口	38.41	41.76	45.18	47.38	48.43	48.42	47.79	47.06
男性	37.66	40.78	43.78	45.67	46.55	46.62	46.23	45.84
女性	39.19	42.78	46.58	49.08	50.30	50.20	49.35	48.29

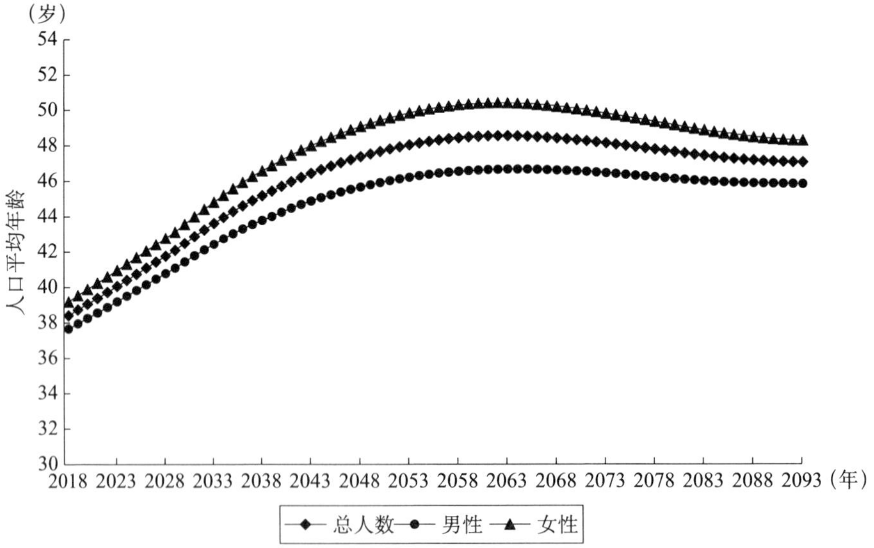

图①7　未来75年人口平均年龄预测曲线

2. 人口年龄中位数

由表①40和图①8可知，2010年末，我国人口年龄中位数为35岁，2013年为37岁，2016年为38岁，2018年为39岁，2021年为40岁，2026年为42

岁，2031 年为 44 岁，2035 年为 46 岁，2038 年 48 岁，2044 年达到峰值 50 岁（其中男性、女性年龄中位数峰值分别为 48 岁和 53 岁），2044～2076 年人口年龄中位数为 50 岁，2077～2082 年为 49 岁，2083～2095 年为 48 岁。2010～2044 年，人口年龄中位数提高 15 岁，2077 年以后人口年龄中位数缓慢下降。分性别来看，女性人口年龄中位数一直高于男性，两者峰值水平相差 5 岁。

表①40　　　　　　　　　未来 75 年人口年龄中位数　　　　　　　单位：岁

项目	2018 年	2028 年	2038 年	2048 年	2058 年	2068 年	2078 年	2093 年
总人口	39	42	48	50	50	50	49	48
男性	38	41	46	47	47	48	48	47
女性	39	44	49	53	52	52	51	49

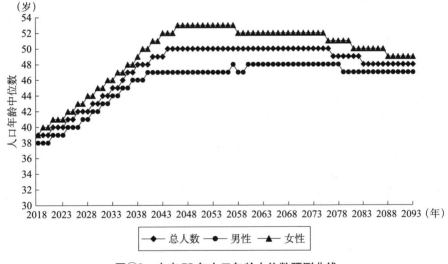

图①8　未来 75 年人口年龄中位数预测曲线

第二节　基于现状的未来 75 年参保缴费
和退休领取人数预测

一、未来 75 年参保缴费人数预测

未来 75 年参保缴费人数，主要取决于未来各年劳动年龄人数、就业人数、

参保人数和养老保险覆盖率、遵缴率等因素。

（一）未来 75 年劳动年龄人数预测

本方案假设未来各年男性、女性劳动年龄均从 16 岁开始，男性、女性职工退休年龄分别为 60 岁和 55 岁。按此口径计算，由表①41 可知，2010 年末我国劳动年龄总人数为 87 563 万人，2011 年以后劳动年龄总人数持续减少，2018 年为 85 218 万人，2025 年降至 8 亿人以下，2040 年降至 7 亿人以下，2050 年降至 6 亿人以下，2075 年降至 5 亿人以下，2095 年减少到 4.33 亿人；其中，劳动年龄人数下降最快的是 2040～2050 年，平均每年减少 1 000 万人。劳动年龄人数的快速下降，为延迟退休年龄提出了必要性和紧迫性。值得注意的是，由于男职工退休年龄高于女职工，男性劳动年龄人数一直高于女性，男性、女性劳动年龄人数差别经历了先扩大后缩小的过程，2018 年末男性劳动年龄人数比女性多 15.12%，2046 年的峰值为 35.29%，2093 年降至 21.92%。

表①41　　　　　　　　未来 75 年劳动年龄人数预测　　　　　　　单位：万人

项目	2018 年	2028 年	2038 年	2048 年	2058 年	2068 年	2078 年	2093 年
总人数	85 218	77 083	71 325	61 925	56 593	53 447	48 048	43 894
男性	45 604	42 747	39 579	35 586	31 630	29 882	26 783	24 115
女性	39 614	34 336	31 746	26 339	24 962	23 565	21 265	19 778

（二）未来 75 年就业人数预测

根据未来各年分年龄劳动年龄人数和男性、女性分年龄劳动参与率和失业率，预测未来各年就业人数。由表①42 可知，2010 年末，我国劳动年龄的就业人数为 69 664 万人，上升到 2016 年的 70 825 万人后转为下降，2018 年为 69 854 万人，2033 年降至 6 亿人以下，2049 年降至 5 亿人以下，2076 年降至 4 亿人以下，2095 年减少到 3.49 亿人。分性别来看，男性就业人数一直多于女性，男性、女性就业人数差别也经历了先扩大后缩小的过程，2018 年末男性就业人数比女性多 31.49%，2046 年的峰值为 56.44%，2093 年降至 40.55%，2025 年以后两者差距保持在 40% 以上的水平。

表①42				未来 75 年就业人数预测			单位：万人	
项目	2018 年	2028 年	2038 年	2048 年	2058 年	2068 年	2078 年	2093 年
总人数	69 854	62 774	57 612	50 608	45 822	43 225	38 932	35 400
男性	39 678	36 884	33 915	30 873	27 218	25 676	23 076	20 684
女性	30 175	25 890	23 696	19 735	18 603	17 549	15 856	14 716

（三）未来 75 年参保职工人数预测

根据未来各年就业人数和养老保险覆盖率，预测未来各年参保职工人数，养老保险覆盖率定义为各年参保职工人数占就业人数的比例。考虑到我国未来的城镇化进程和扩面因素，假设养老保险覆盖率存在一个不断提高的过程。根据方案一假设，未来各年养老保险覆盖率预测结果如表①43 所示。

表①43				未来 75 年养老保险覆盖率预测			单位：%	
项目	2018 年	2028 年	2038 年	2048 年	2058 年	2068 年	2078 年	2093 年
覆盖率	43.20	54.46	60.76	63.04	63.23	63.23	63.23	63.23

2000 年我国城职保参保职工人数为 1.04 亿人，由于受扩大养老保险覆盖面因素的影响，城职保参保职工人数在 2010 年达到 1.96 亿人，2000~2010 年年平均增长率为 6.54%；2018 年突破 3 亿人，2010~2018 年年平均增长率为 5.50%；由表①44 可知，至 2039 年参保职工人数增加到 3.5 亿人的峰值水平，扩面工作成效显著；2040 年以后，虽然养老保险覆盖率仍在提高，由于就业人数迅速减少，参保职工人数至 2053 年快速下降至 3 亿人以下，2078 年快速下降至 2.5 亿人，2093 年为 2.23 亿人。分性别来看，男性参保职工人数一直多于女性，男性、女性参保职工人数差别也经历了先扩大后缩小的过程，2018 年末男性参保职工人数比女性多 31.49%，2046 年的峰值为 56.44%，2093 年降至 40.55%，2018~2093 年评估期间男性参保职工人数平均比女性多 44.74%。

表①44				未来 75 年参保职工人数预测			单位：万人	
项目	2018 年	2028 年	2038 年	2048 年	2058 年	2068 年	2078 年	2093 年
总人数	30 177	34 192	35 007	31 908	28 976	27 334	24 620	22 386
男性	17 141	20 090	20 608	19 464	17 212	16 237	14 593	13 080
女性	13 036	14 102	14 399	12 443	11 764	11 097	10 027	9 306

（四）未来 75 年参保缴费人数预测

根据未来各年参保人数和遵缴率，预测未来各年参保缴费人数。由表①45

可知，由于受扩大养老保险覆盖面因素的影响，参保缴费人数在2010～2039年快速增长，由1.61亿人增加到2.88亿人的峰值水平，至2052年期间快速下降至2.48亿人，至2079年下降到2亿人，2093年为1.83亿人。分性别来看，男性参保缴费人数一直多于女性，男性、女性参保人数差别也经历了先扩大后缩小的过程，2018年末男性参保缴费人数比女性多33.92%，2048年的峰值为55.35%，2093年降至40.14%，2018～2093年评估期间男性参保缴费人数平均比女性多44.48%。

表①45　　　　　　　未来75年参保缴费人数预测　　　　　单位：万人

项目	2018年	2028年	2038年	2048年	2058年	2068年	2078年	2093年
总人数	24 745	28 038	28 705	26 164	23 760	22 414	20 188	18 356
男性	14 056	16 474	16 898	15 961	14 114	13 314	11 966	10 725
女性	10 689	11 563	11 807	10 203	9 646	9 100	8 222	7 630

未来75年男性、女性及总的劳动年龄人数、就业人数、参保职工人数和参保缴费人数预测曲线如图①9、图①10和图①11所示。总的来看，随着扩面工作的开展和职工参保意识的增强，就业人员的参保比例会趋于提高，但因为总人口的减少和人口老龄化的影响，参保人数在2039年前后达到峰值后会趋于减少。

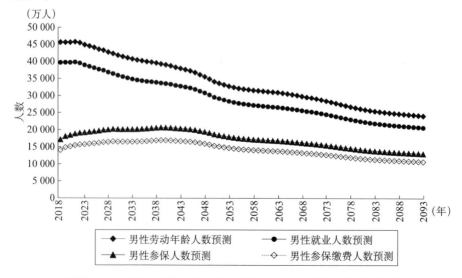

图①9　未来75年男性劳动年龄、就业、参保、缴费人数预测曲线

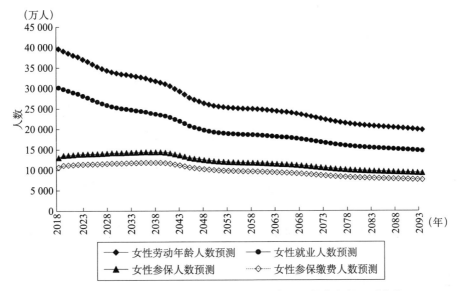

图①10　未来 75 年女性劳动年龄、就业、参保、缴费人数预测曲线

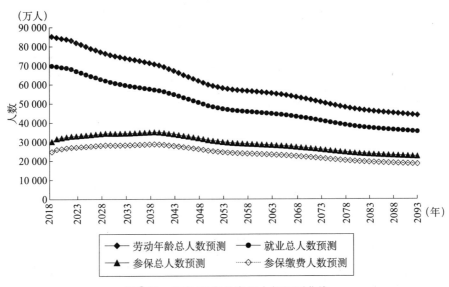

图①11　未来 75 年总参保人数预测曲线

二、未来 75 年退休领取人数预测

（一）未来 75 年退休领取人数预测

根据 2018 年末退休领取人数及年龄分布，按照男女职工退休年龄分别为

60岁和55岁的假设，采用人口年龄移算方法，可预测未来各年退休领取人数如表①46及图①12所示。2018年退休领取人数为1.18亿人，2025年增加到1.51亿人；2034年达到2亿人，2044年达到2.52亿人，2053年达到2.81亿人的峰值水平；至2070年降至2.5亿人，2093年为2亿人。

此处预测的未来退休领取人数变动趋势，与前面预测的人口老龄化趋势是一致的，即在2053年之前快速增长，而在此之后缓慢下降，并长期保持在较高水平。分性别来看，由于女性人口预期寿命显著高于男性，因而未来各年女性退休领取人数均多于男性，2018~2093年评估期间两者差异的平均值为21.89%。

需要说明的是，此处所用2018年末退休领取人数是实际数据，但退休人员的年龄分布是假设的，如果能用真实的退休人员性别、年龄分布来预测，预测结果将会更加准确。

表①46 未来75年退休领取人数预测 单位：万人

项目	2018年	2028年	2038年	2048年	2058年	2068年	2078年	2093年
总人数	11 797	16 896	22 231	27 070	27 541	25 341	23 507	19 957
男性	5 162	7 283	9 994	11 905	12 640	11 480	10 741	9 228
女性	6 635	9 613	12 237	15 162	14 900	13 860	12 765	10 729

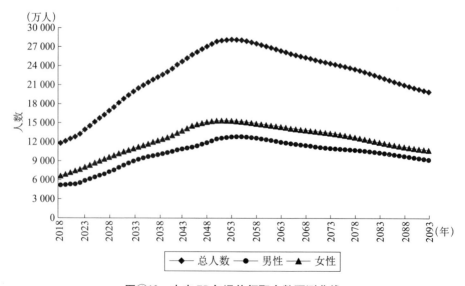

图①12 未来75年退休领取人数预测曲线

（二）未来 75 年制度总人数与制度抚养比预测

制度总人数是参加城镇职工基本养老保险制度的人数，包括参保职工和退休领取人数。制度抚养比是参保的在职职工人数与退休领取人数的比例，反映制度养老负担。按照计算口径不同，分为参保职工制度抚养比和缴费职工制度抚养比，分别反映参保职工和缴费职工的养老负担。2000年我国城职保制度总人数为 1.36 亿人，2010 年为 2.57 亿人，2000～2010 年的年平均增长率为 6.56%。由表①47 可知，2018 年制度总人数为4.19 亿人，2010～2018 年的年平均增长率为 6.29%；2027 年达到 5 亿人，2046 年达到峰值 5.90 亿人，随后缓慢下降，至 2062 年均保持在 5.5亿人以上，随后快速下降，2074 年减少到 5 亿人，2093 年减少到 4.23 亿人。制度总人数占全国人口数的比例由 2000 年的 10.74%，上升到 2010年的 19.17%，2018 年为 30.11%，随后持续上升到 2073 年 44.99% 的峰值水平，2037 年以后一直保持在 40% 以上的水平，2018～2093 年评估期间的平均值为 41.47%，说明我国城职保制度为全国 41.47% 的人口提供了基本养老保障。

制度抚养比中，缴费职工制度抚养比更加真实地反映了制度负担程度，根据现行的制度承诺，缴费职工制度抚养比保持在 2 以上的水平，制度本身能够实现可持续运行，如果降低到 2 以下，需要外来援助才能实现制度可持续运行。预测结果（见表①47 和图①13）显示，2018 年缴费职工制度抚养比为 2.09，2031 年降为 1.50，2047 年降至 0.99，2056 年降至最低值 0.86，至 2081 年开始缓慢回升，2093 年为 0.92，2018～2093年评估期间缴费职工制度抚养比平均值为 1.0686。分性别来看，男性缴费职工制度抚养比平均值为 1.4023，女性为 0.7954，说明男性参保缴费职工制度抚养比显著高于女性，但缴费职工制度抚养比接近于 1 的条件下，城职保制度是无法维持正常运行的。参保职工制度抚养比略高于缴费职工制度抚养比，2018～2093 年评估期间的平均值为 1.3032，其中男性、女性分别为 1.7101 和 0.9690。由此可见，从制度抚养比的角度来看，目前我国城职保制度已经面临养老负担日益沉重的压力，需要提前谋划应对之策。

表①47　　　　　　　未来 75 年制度总人数与制度抚养比

项目	2018 年	2028 年	2038 年	2048 年	2058 年	2068 年	2078 年	2093 年
制度总人数（万人）	41 975	51 089	57 238	58 978	56 518	52 676	48 127	42 344
占人口比例（%）	0.3011	0.3613	0.4076	0.4308	0.4409	0.4490	0.4491	0.4476
参保职工制度抚养比	2.55	2.02	1.57	1.18	1.05	1.07	1.05	1.12
缴费职工制度抚养比	2.09	1.66	1.29	0.96	0.86	0.88	0.86	0.92

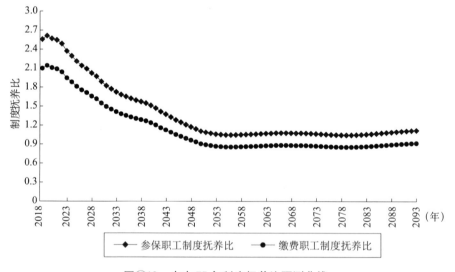

图①13　　未来 75 年制度抚养比预测曲线

第三节　基于现状的未来 75 年缴费工资预测

一、未来 75 年人均工资预测

此处采用按《中国统计年鉴》公布的城镇非私营单位和城镇私营单位就业人员平均工资及就业人数计算的 2018 年全国全口径城镇单位就业人员年平

均工资为 67 733 元，根据未来实际工资增长率和通货膨胀率假设，预测未来各年人均工资如表①48 所示。

项目	2018 年	2028 年	2038 年	2048 年	2058 年	2068 年	2078 年	2093 年
人均工资	67 733	154 000	318 021	599 152	1 075 918	1 850 055	3 165 823	6 638 159

表①48　　未来 75 年人均工资预测　　单位：元

二、未来 75 年缴费工资总额预测

缴费工资总额为各年人均工资水平、分年龄段工资指数、平均参保缴费人数与缴费工资率的乘积。未来 75 年缴费工资总额预测结果如表①49 和图①14所示，由此可知，随着经济发展，缴费工资总额呈稳步增长趋势，在 2018 ~2093 年评估周期内，如果全口径城镇就业人员人均工资名义增长率与 GDP 同步，则缴费工资总额占 GDP 的平均比例为 12.89%。分性别来看，男性参保职工缴费工资总额平均比女性多 73.21%。

表①49　　未来 75 年缴费工资总额预测　　单位：亿元

项目	2018 年	2028 年	2038 年	2048 年	2058 年	2068 年	2078 年	2093 年
总额	133 880	357 925	755 182	1 298 855	2 117 530	3 439 834	5 267 147	10 031 809
男性	81 409	224 941	475 568	848 909	1 350 194	2 194 980	3 354 877	6 296 393
女性	52 470	132 983	279 614	449 946	767 335	1 244 854	1 912 270	3 735 416

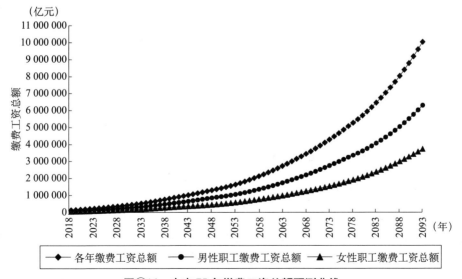

图①14　未来 75 年缴费工资总额预测曲线

第四节　基于现状的未来 75 年养老保险基金收支预测

一、未来 75 年养老保险基金缴费收入预测

（一）未来 75 年政府补贴预测

2018 年各级政府对城职保的财政补贴为 9 378 亿元，占当年 GDP 总额 900 309.5 亿元的比例为 1.04%，为应对人口老龄化带来的支付压力，为弥补企业和单位缴费比例下调而减少的统筹基金收入，需要提高政府补贴占 GDP 的比例。假设 2048 年以前，政府补贴的增速快于 GDP 增速，使政府补贴占 GDP 的比例达到 2% 以上，以后保持与 GDP 增速基本一致，在 2018～2093 年评估期间，政府补贴的精算现值为 4 276 030 亿元，占预测 GDP 现值 1.9728 亿元的平均比例为 2.16%。未来各年政府补贴预测结果如表①50 和图①15 所示。

表①50　　　　　　　未来 75 年政府补贴预测

项目	2018 年	2028 年	2038 年	2048 年	2058 年	2068 年	2078 年	2093 年	精算现值
GDP（亿元）	900 309	2 046 973	4 227 144	7 963 954	14 301 147	24 590 995	42 080 238	88 234 645	197 286 090
政府补贴（亿元）	9 378	26 388	67 821	158 349	320 291	547 104	930 105	1 933 621	4 276 030
占 GDP 比例（%）	1.04	1.29	1.60	1.99	2.23	2.22	2.21	2.19	2.16

（二）未来 75 年统筹基金缴费收入预测

各年统筹基金缴费收入由缴费工资总额乘以统筹基金缴费比例得到。国务院办公厅发布的《降低社会保险费率综合方案》规定，自 2019 年 5 月 1 日起，降低城职保单位缴费比例至 16%，个体户和灵活就业人员统筹基金缴费比例为 12%，假设未来不变。由于人均缴费工资持续增长，虽然参保缴费人数在

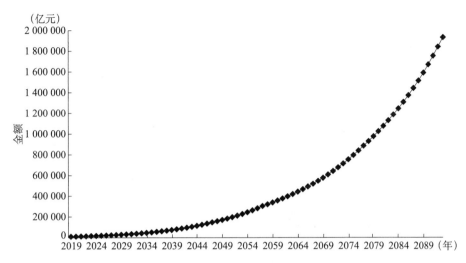

（亿元）

金额

2019 2024 2029 2034 2039 2044 2049 2054 2059 2064 2069 2074 2079 2084 2089（年）

图①15　未来75年政府补贴预测曲线

2040年以后有所减少，统筹基金缴费收入仍然是持续增长的。未来75年统筹基金缴费收入的精算现值为4 350 894亿元，占同期GDP的平均比例为2.20%，其中男性参保职工统筹基金缴费收入比女职工多74.16%，男性参保职工统筹基金平均缴费水平比女性参保职工高20.47%，预测结果如表①51和图①16所示。

表①51　　　　　　　　　　未来75年统筹基金缴费收入预测　　　　　　　　单位：亿元

项目	2019年	2028年	2038年	2048年	2058年	2068年	2078年	2093年	精算现值
总额	22 363	52 852	111 822	193 115	314 511	511 436	784 177	1 491 794	4 350 894
男性	13 663	33 207	70 377	126 220	200 602	326 330	499 649	936 249	2 763 948
女性	8 700	19 645	41 444	66 895	113 909	185 106	284 528	555 545	1 586 946

（三）未来75年个人账户缴费收入预测

各年个人账户缴费收入由缴费工资总额乘以个人账户缴费比例得到。由于人均缴费工资持续增长，虽然参保缴费人数在2040年以后有所减少，个人账户缴费收入仍然是持续增长的。未来75年个人账户缴费收入的精算现值为2 314 522亿元，占同期GDP的比例为1.17%，其中，男性参保职工个人账户缴费收入比女性多74.16%，男性参保职工个人账户平均缴费水平比女性参保职工高20.47%，预测结果如表①52和图①17所示。

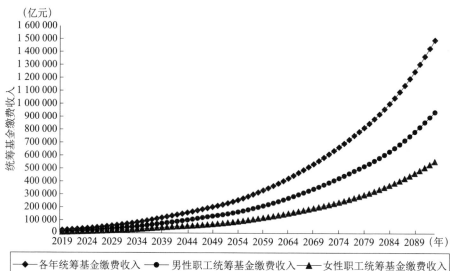

图①16　未来75年统筹基金缴费收入预测曲线

表①52　　　　　　　　　未来75年个人账户缴费收入预测　　　　　　　单位：亿元

项目	2019年	2028年	2038年	2048年	2058年	2068年	2078年	2093年	精算现值
总额	11 851	28 076	59 444	102 766	167 323	272 160	417 442	793 893	2 314 522
男性	7 239	17 639	37 407	67 169	106 731	173 653	266 002	498 238	1 470 326
女性	4 612	10 437	22 037	35 597	60 592	98 507	151 440	295 655	844 196

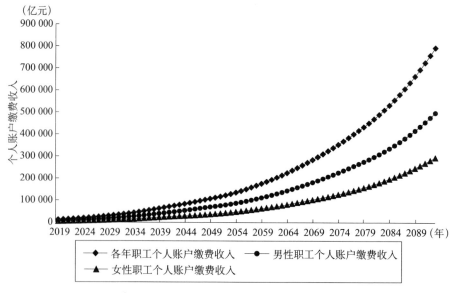

图①17　未来75年个人账户缴费收入预测曲线

（四）未来75年养老保险基金缴费收入预测

未来各年养老保险基金缴费收入为统筹基金缴费收入与个人账户缴费收入之和。未来75年养老保险基金缴费收入的精算现值为 6 665 417 亿元，占同期 GDP 的 3.38%；其中，统筹基金和个人账户缴费收入占比分别为 65.27% 和 34.73%，男职工和女职工养老保险基金缴费收入占比分别为 65.27% 和 34.73%，预测结果如表①53 和图①18 所示。

表①53　　　　　　　　未来75年养老保险基金缴费收入预测　　　　　　单位：亿元

项目	2019 年	2028 年	2038 年	2048 年	2058 年	2068 年	2078 年	2093 年	精算现值
缴费收入	34 214	80 928	171 266	295 882	481 834	783 597	1 201 610	2 285 688	6 665 417
男职工	22 363	52 852	111 822	193 116	314 511	511 436	784 177	1 491 794	4 350 894
女职工	11 851	28 076	59 444	102 766	167 323	272 161	417 442	793 894	2 314 523

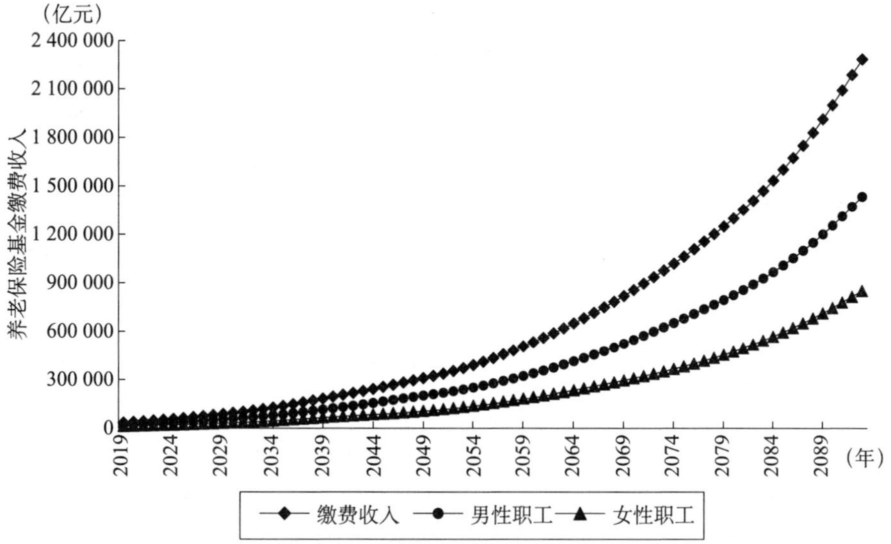

图①18　未来75年养老保险基金缴费收入预测曲线

二、未来75年养老保险基金支出预测

（一）未来各年养老金替代率预测

1. 未来各年"老人"养老金替代率预测

"老人"养老金是按国家原来的规定计发，并执行养老金调整办法，为便

于预测未来各年"老人"养老金支出额，需测算相应的养老金替代率。根据方案一假设的评估年养老金替代率及未来的变化，预测未来各年"老人"养老金替代率如表①54 所示。

表①54　　　　　未来各年末"老人"养老金替代率预测　　　　单位:%

项目	2019 年	2028 年	2038 年	2047 年
男性	65.01	57.60	57.60	57.60
女性	59.10	52.37	52.37	52.37

2. 未来各年"中人"和"新人"养老金替代率预测

城职保参保的"中人"和"新人"实行统账结合的养老保险制度，退休后的基本养老金由统筹养老金和个人账户养老金两个部分组成，需分别测算统筹养老金替代率和个人账户养老金替代率。"中人"退休后的养老金包括基础（统筹）养老金、个人账户养老金和与视同缴费对应的过渡性养老金；"新人"退休后的养老金包括统筹养老金和个人账户养老金，"中人"和"新人"养老金计发办法虽有差异，但因为"中人"的视同缴费年限各不相同，无法单独测算平均的过渡性养老金替代率，因此，本书假设"中人"和"新人"的统筹养老金替代率相同，个人账户养老金替代率也相同。根据方案一的假设，测算未来各年"中人"和"新人"统筹养老金替代率如表①55 所示，个人账户养老金替代率如表①56 所示。

表①55　　　　　　未来各年末统筹养老金替代率预测　　　　　单位:%

项目	2019 年	2028 年	2038 年	2048 年	2058 年	2068 年	2078 年	2093 年
男性	54.39	45.57	39.38	35.97	35.97	35.97	35.97	35.97
女性	44.59	37.36	32.28	29.49	29.49	29.49	29.49	29.49

表①56　　　　　　未来各年末个人账户养老金替代率预测　　　　单位:%

项目	2019 年	2028 年	2038 年	2048 年	2058 年	2068 年	2078 年	2093 年
男性	15	15	15	15	15	15	15	15
女性	10	10	10	10	10	10	10	10

（二）未来各年末"老人""中人"退休领取人数预测

（1）未来各年末"老人"退休领取人数预测。2019 年末"老人"退休领

取人数为 699 万人，未来各年"老人"退休领取人数处于快速递减的状态，
至 2045 年，"老人"退休领取人数趋向于 0，基本退出城职保制度。未来各年
"老人"退休领取人年数为 5 088 万人，其中女性为男性的 3.11 倍，预测结果
如表①57 和图①19 所示。

表①57　　　　　　　未来各年末"老人"退休领取人数预测　　　　　单位：万人

项目	2019 年	2028 年	2038 年	2045 年
总人数	699.21	212.90	32.38	0.58
男性	252.44	48.56	1.15	0
女性	446.77	164.34	31.23	0.58

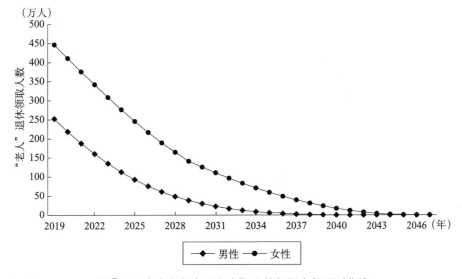

图①19　未来各年末"老人"退休领取人数预测曲线

　（2）未来各年末"中人"退休领取人数预测。2019 年末"中人"退休领
取人数为 4 011 万人，未来各年"中人"退休领取人数表现为先升后降的趋
势。"中人"退休领取总人数于 2034 年达到峰值 5 251 万人，之后快速下降，
至 2085 年基本退出城职保制度。其中，男性"中人"退休领取人数于 2035 年
达到峰值 2 459 万人；女性"中人"退休领取人数于 2033 年达到峰值 2 806 万
人。预测结果如表①58 和图①20 所示。

表①58　　　　　　　　　未来各年末"中人"退休领取人数预测　　　　　　　单位：万人

项目	2019 年	2028 年	2038 年	2048 年	2058 年	2068 年	2078 年	2085 年
总人数	4 011	4 909	4 986	3 302	1 581	434	28	0.04
男性	1 970	2 326	2 400	1 500	646	143	6	0
女性	2 041	2 583	2 586	1 802	935	291	22	0.04

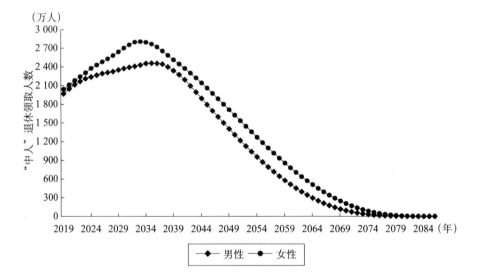

图①20　未来各年末"中人"退休领取人数预测曲线

（三）未来75年统筹基金支出预测

未来各年从统筹基金账户支出的项目包括"老人"养老金支出、"中人"统筹养老金支出、"新人"和扩面人员统筹养老金支出、"中人"个人账户过渡性养老金支出、"中人"和"新人"个人账户计发年限截止后的个人账户养老金支出，以上五项相加为统筹基金支出。

（1）未来各年"老人"养老金支出预测。2019 年"老人"养老金支出为 3 051 亿元，由于"老人"退休领取人数逐年减少，相应地，"老人"养老金支出也逐年下降。同时，虽然女性"老人"人均养老金低于男性，但由于女性"老人"退休领取人数多，女性"老人"养老金支出仍然高于男性。未来各年"老人"养老金支出现值为 26 191 亿元，其中女性"老人"养老金支出比男性多 141.92%。由于"老人"未缴费，其养老金支出全部由统筹基金支付。预测结果如表①59 和图①21 所示。

表①59　　　　　　　未来各年"老人"养老金支出预测　　　　　　单位：亿元

项目	2019 年	2028 年	2038 年	2045 年	精算现值
总额	3 051	1 777	583	28	26 191
男性	1 191	451	30	0	7 660
女性	1 860	1 326	553	28	18 531

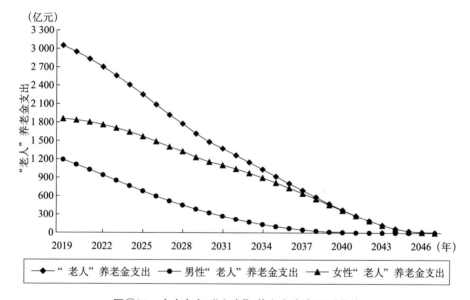

图①21　未来各年"老人"养老金支出预测曲线

（2）未来各年"中人"统筹养老金支出预测。2019 年"中人"统筹养老金支出为 13 284 亿元，未来各年"中人"统筹养老金支出也表现为先升后降的趋势，于 2049 年达到峰值 62 366 亿元，2085 年降到接近于零；男性"中人"统筹养老金支出于 2045 年达到峰值 31 595 亿元，女性于 2052 年达到峰值 31 442 亿元。由于受"中人"退休领取人数、人均统筹养老金两个因素的影响，"中人"统筹养老金支出峰值到达时间比"中人"退休领取人数峰值到达的时间晚 15 年。未来各年"中人"统筹养老金支出的精算现值为 786 386 亿元，其中，男性与女性基本持平。预测结果如表①60 和图①22 所示。

表①60　　　　　未来各年"中人"统筹养老金支出预测　　　　　单位：亿元

项目	2019年	2028年	2038年	2048年	2058年	2068年	2078年	2085年	精算现值
总额	13 284	28 891	53 766	62 222	54 338	26 314	3 313	19	786 386
男性	7 150	15 150	28 473	31 476	25 007	10 012	880	4	397 760
女性	6 134	13 741	25 293	30 746	29 331	16 302	2 433	15	388 626

图①22　　未来各年"中人"统筹养老金支出预测曲线

（3）未来75年"新人"和扩面人员统筹养老金支出预测。"新人"和扩面人员退休人数呈先增后降的分布，但由于统筹养老金水平持续提高，使"新人"和扩面人员统筹养老金支出呈现持续增加的趋势，并成为未来统筹养老金支出的最主要部分。未来75年"新人"和扩面人员统筹养老金支出的精算现值为10 685 967亿元，其中男性、女性所占比例分别为50.33%和49.67%，男女比例大致相同。预测结果如表①61和图①23所示。

表①61　　　　未来75年"新人"和扩面人员统筹养老金支出预测　　　　单位：亿元

项目	2019年	2028年	2038年	2048年	2058年	2068年	2078年	2093年	精算现值
总额	23 885	66 803	179 137	428 507	860 352	1 419 036	2 305 378	4 116 844	10 685 967
男性	10 987	30 861	87 996	208 114	439 966	716 535	1 166 771	2 109 713	5 378 598
女性	12 898	35 942	91 141	220 393	420 386	702 501	1 138 607	2 007 131	5 307 369

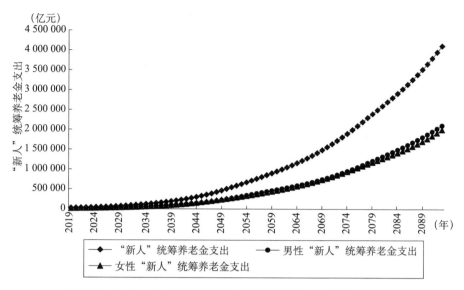

图①23 未来75年"新人"和扩面人员统筹养老金支出预测曲线

（4）未来各年"中人"个人账户过渡性养老金支出预测。"中人"个人账户过渡性养老金支出是指个人账户视同缴费所形成的领取权益所支付的个人账户养老金，由于视同缴费的个人账户未缴费，因而应由统筹基金支付，其计发年限与个人账户养老金计发年限一致，至2052年全部发放完毕。未来各年"中人"个人账户过渡性养老金支出也表现为先升后降的过程，于2028年达到峰值2 174亿元，其中男性于2028年达到峰值1 362亿元，女性于2026年达到峰值820亿元。未来各年"中人"个人账户过渡性养老金支出的精算现值为28 808亿元，其中男性比女性多71.49%。预测结果如表①62和图①24所示。

表①62 　　　未来各年"中人"个人账户过渡性养老金支出预测 　　单位：亿元

项目	2019年	2028年	2038年	2048年	2052年	精算现值
总额	1 624	2 174	1 691	227	8	28 808
男性	923	1 362	1 142	208	8	18 197
女性	701	812	549	19	0	10 611

（5）"中人"和"新人"个人账户养老金计发年限截止后养老金支出。"中人"和"新人"个人账户养老金计发年限截止后养老金支出是指个人账户

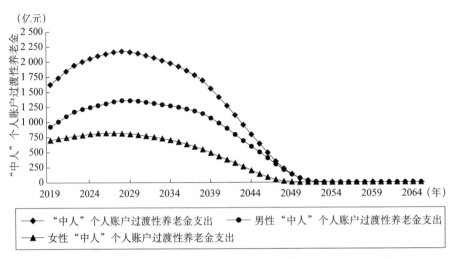

图①24 未来各年"中人"个人账户过渡性养老金支出预测曲线

养老金按照规定的计发年限截止后，退休人员仍然生存的情况下，个人账户养老金仍然需要发放，此时个人账户积累额已经用完，只能由统筹基金支付这部分个人账户养老金。由于人均期望寿命的延长，"中人"和"新人"个人账户养老金计发年限截止后养老金支出也不断增加。按照方案一精算假设，未来各年该部分养老金支出的精算现值为 2 157 630 亿元，占全部统筹养老金支出的 15.76%，其中男性比女性多 6.37%。这部分支出占政府补贴精算现值 4 276 030 亿元的 50.45%，意味着政府补贴的一半要用于个人账户养老金的发放，相当于统筹基金对个人账户的转移支付，在统筹基金支付压力巨大的条件下，这部分支出必须压缩。若要降低未来各年"中人"和"新人"个人账户养老金计发年限截止后养老金支出，应该延长个人账户养老金计发年限。预测结果如表①63 所示。

表①63　"中人"和"新人"个人账户养老金计发年限截止后养老金支出　单位：亿元

项目	2019 年	2028 年	2038 年	2048 年	2058 年	2068 年	2078 年	2093 年	精算现值
总额	2 486	8 700	30 390	86 550	175 302	323 518	466 528	880 006	2 157 630
男性	1 350	4 595	14 880	45 055	88 032	167 651	240 695	467 976	1 112 130
女性	1 136	4 105	15 510	41 495	87 270	155 867	225 833	412 030	1 045 500

　　（6）未来 75 年统筹基金总支出预测。未来各年统筹基金总支出是上述五

项支出合计。由于退休领取人数、统筹养老金待遇水平变化的影响，未来各年统筹基金总支出表现为持续增加的趋势。虽然女性统筹养老金替代率平均水平低于男性，但由于女性期望寿命显著高于男性，从2019年开始，女性统筹养老金总支出均明显高于男性。未来75年统筹基金总支出的精算现值为13 684 983亿元，其中男性比女性多2.12%。从支出项目结构来看，"老人"养老金支出、"中人"统筹养老金支出、"新人"和扩面人员统筹养老金支出、"中人"个人账户过渡性养老金支出、"中人"和"新人"个人账户计发年限截止后的个人账户养老金五项支出占统筹养老金总支出的比例分别为0.19%、5.74%、78.08%、0.21%和15.76%。预测结果如表①64和图①25所示。

表①64			未来75年统筹基金总支出预测				单位：亿元	
项目	2019年	2028年	2038年	2048年	2058年	2068年	2078年	2093年	精算现值
总额	44 331	108 347	265 568	577 507	1 089 993	1 768 870	2 775 219	4 996 850	13 684 983
男性	21 602	52 420	132 521	284 855	553 005	894 198	1 408 346	2 577 690	6 914 346
女性	22 729	55 927	133 047	292 652	536 988	874 671	1 366 873	2 419 160	6 770 637

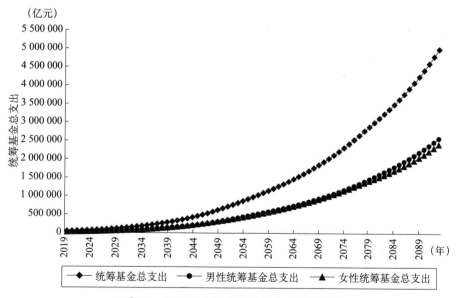

图①25 未来75年统筹基金总支出预测曲线

（四）未来75年个人账户支出预测

（1）未来各年"中人"个人账户支出预测。"中人"个人账户支出是指

"中人"实际缴费所形成的积累额，按照规定的个人账户养老金计发年限，计算出每年个人账户养老金发放金额。"中人"视同缴费所形成的养老金领取权益，由统筹基金账户支付。由于"中人"退休越早，视同缴费部分所占比重越大，个人账户支出越少，因此，"中人"个人账户支出也表现为先升后降的趋势，于2040年达到峰值7 222亿元。未来各年"中人"个人账户支出的精算现值为62 488亿元，其中，男性比女性多70.59%，预测结果如表①65和图①26所示。

表①65　　　　　　　　未来各年"中人"个人账户支出预测　　　　　　单位：亿元

项目	2019年	2028年	2038年	2048年	2054年	精算现值
总额	1 013	3 037	7 024	3 341	85	62 488
男性	575	1 758	4 453	2 740	85	39 395
女性	438	1 279	2 571	601	0	23 093

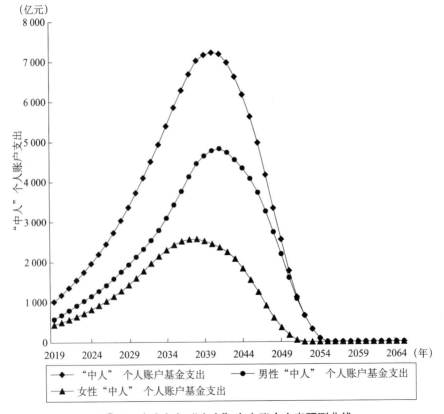

图①26　未来各年"中人"个人账户支出预测曲线

（2）未来75年"新人"个人账户支出预测。"新人"不存在视同缴费的问题，个人账户养老金全部由个人账户积累额支出，因此，"新人"个人账户支出额主要由"新人"退休领取人数和个人账户养老金待遇发放水平决定，表现为持续增长的趋势。未来75年"新人"个人账户支出的精算现值为1 986 393亿元，其中，男性比女性多47.06%，预测结果如表①66和图①27所示。

表①66　　　　　　　　未来75年"新人"个人账户支出预测　　　　单位：亿元

项目	2019 年	2028 年	2038 年	2048 年	2058 年	2068 年	2078 年	2093 年	精算现值
总额	4 151	14 527	41 314	94 915	171 020	223 088	407 133	680 048	1 986 393
男性	2 158	7 427	23 884	51 885	105 823	135 259	246 117	411 598	1 182 404
女性	1 993	7 100	17 430	43 030	65 197	87 829	161 016	268 450	803 989

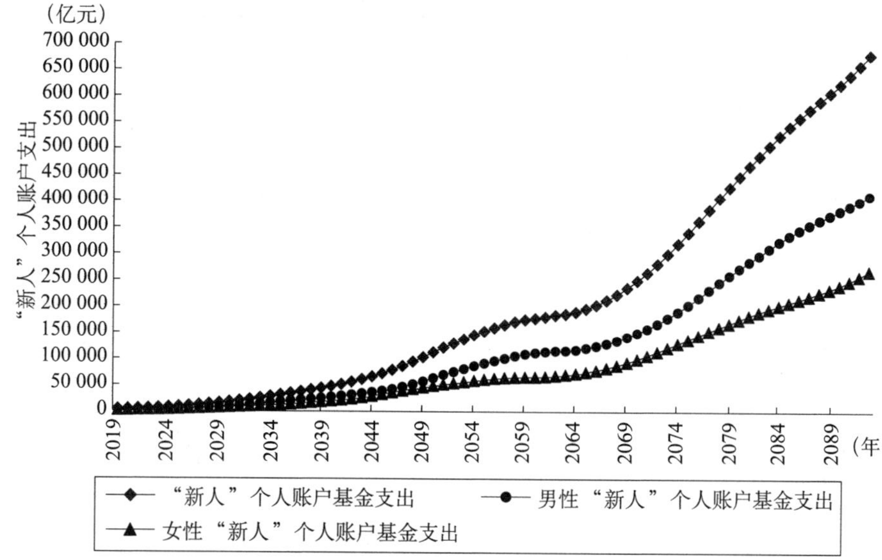

图①27　未来75年"新人"个人账户支出预测曲线

（3）未来75年个人账户总支出预测。未来各年个人账户总支出是由当年"中人""新人"个人账户支出相加得到。从数量上看，"新人"个人账户支出占主体地位，因此，未来各年个人账户总支出的变动趋势与"新人"个人账户支出的变动趋势基本一致。未来75年个人账户总支出的精算现值为2 048 882亿元，其中，男性比女性多47.72%，预测结果如表①67和图①28

所示。结合表①63来看，未来75年个人账户养老金总支出的精算现值为4 206 512亿元，其中由统筹基金支出的补贴额为2 157 630亿元，补贴比例为51.29%；男性个人账户养老金总支出的精算现值为2 333 930亿元，其中由统筹基金支出的补贴额为1 112 130亿元，补贴比例为47.65%；女性个人账户养老金总支出的精算现值为1 872 582亿元，其中，由统筹基金支出的补贴额为1 045 500亿元，补贴比例为55.83%。从城职保制度内容来看，个人账户实行完全积累制，是不需要进行财政补贴的，但在方案一中，对个人账户养老金支出的财政补贴用掉了全部财政补贴的50.45%。在统筹基金支付压力日益增大的情况下，财政补贴应主要用于弥补统筹基金支出缺口，因而需要大力压缩个人账户养老金计发年限截止后的养老金支出，让个人账户养老金尽可能地由个人账户基金支付。

表①67　　　　　　　　未来75年个人账户总支出预测　　　　　　单位：亿元

项目	2019年	2028年	2038年	2048年	2058年	2068年	2078年	2093年	精算现值
总额	5 164	17 564	48 338	98 256	171 020	223 088	407 133	680 048	2 048 882
男性	2 733	9 186	28 337	54 626	105 823	135 259	246 117	411 598	1 221 800
女性	2 431	8 378	20 001	43 630	65 197	87 829	161 016	268 450	827 082

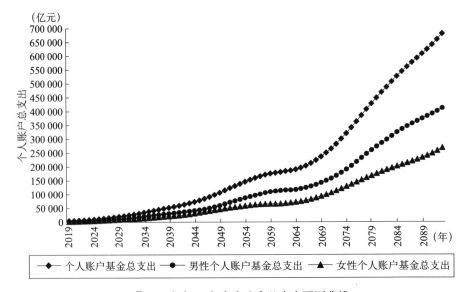

图①28　未来75年个人账户总支出预测曲线

（五）未来75年城镇职工养老保险基金总支出预测

城镇职工基本养老保险基金总支出是由统筹基金总支出和个人账户总支出相加得到。由表①68和图①29可知，未来75年城镇职工基本养老保险基金总支出表现为持续增加的趋势。未来75年城镇职工基本养老保险基金总支出的精算现值为15 733 865亿元，其中，统筹基金支出的精算现值为13 684 983亿元，个人账户基金支出的精算现值为2 048 882亿元。从养老保险基金总支出的账户结构来看，统筹基金支出相当于个人账户基金支出的6.80倍，统筹基金支出所占比例过大。但从养老保险基金总支出的用途来看，用于统筹养老金支出的部分相当于从统筹基金支出13 684 983亿元中扣除用于发放个人账户养老金的2 157 630亿元，即11 527 353亿元，而用于个人账户养老金支出的部分相当于在个人账户基金支出2 048 882亿元加上从统筹基金中支付的个人账户养老金2 157 630亿元，共计4 206 512亿元，这样计算得出的统筹养老金支出与个人账户养老金支出的比值为2.74倍，看起来是比较合理的。

表①68　　　　　　**未来75年城镇职工养老保险基金总支出预测**　　　　单位：亿元

项目	2019年	2028年	2038年	2048年	2058年	2068年	2078年	2093年	精算现值
总额	49 495	125 912	313 906	675 763	1 261 014	1 991 958	3 182 353	5 676 898	15 733 865
统筹基金	44 331	108 347	265 568	577 507	1 089 993	1 768 870	2 775 220	4 996 850	13 684 983
个人账户	5 164	17 565	48 338	98 256	171 021	223 088	407 133	680 048	2 048 882

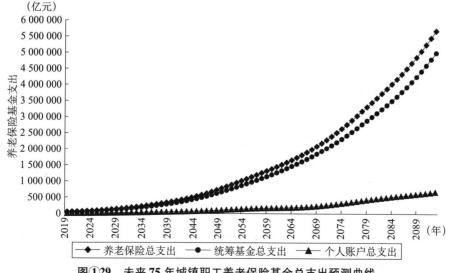

图①29　未来75年城镇职工养老保险基金总支出预测曲线

三、未来 75 年养老保险基金总收入预测

未来各年养老保险基金总收入等于缴费收入、政府补贴和利息收入之和。

（一）未来 75 年统筹基金总收入预测

各年统筹基金总收入由当年统筹基金缴费收入、政府补贴和利息收入相加得到。在方案一预测时，将 2018 年城职保累计结余 50 901 亿元视为当年个人账户累计结余，主要是基于目前个人账户空账规模已经超过 5 万亿元，本假设与实际情况相符。从表①69 预测数据来看，统筹基金总收入主要来源于统筹基金缴费收入和政府补贴。其中，统筹基金缴费收入的精算现值为 4 350 894 亿元，政府补贴的精算现值为 4 276 030 亿元。因为自评估年开始统筹基金就处于收不抵支的状态，因而统筹基金利息收入一直为负值，利息收入的精算现值为 –10 766 517 亿元，超过了前两项收入的总和，导致统筹基金总收入的精算现值为 –2 139 591 亿元。在前面讨论城职保精算平衡的判断标准时指出，统筹基金和个人账户的精算平衡是相对的，统筹基金的赤字可以用个人账户结余来弥补，但个人账户基金结余是有记账利率的，在个人账户为空账的情况下，个人账户利息只能由统筹基金收入或政府补贴来支付，在动用个人账户结余基金用于弥补统筹基金赤字时，统筹基金的利息收入就会为负值。

表①69　　　　　　　　未来 75 年统筹基金总收入预测　　　　　　　单位：亿元

项目	2019 年	2028 年	2038 年	2048 年	2058 年	2068 年	2078 年	2093 年	精算现值
缴费收入	22 363	52 852	111 822	193 115	314 511	511 436	784 177	1 491 794	4 350 894
政府补贴	10 409	26 388	67 822	158 349	320 292	547 104	930 105	1 933 621	4 276 030
利息收入	0	–9 122	–48 381	–178 615	–498 479	–1 247 146	–2 857 052	–8 979 792	–10 766 517
总收入	32 773	83 422	131 262	172 849	136 323	–188 605	–1 142 769	–5 554 376	–2 139 591

（二）未来 75 年个人账户总收入预测

各年个人账户总收入由当年个人账户缴费收入和利息收入相加得到。从表①70 预测数据来看，未来 75 年个人账户总收入的精算现值为 4 487 866 亿

元，其中，个人账户缴费收入的精算现值为 2 314 522 亿元，个人账户结余的利息收入的精算现值为 2 173 344 亿元。个人账户总收入主要来源于个人账户缴费收入，但由于个人账户累计结余的快速增加，个人账户利息收入占个人账户总收入的比例逐年增加，个人账户利息收入的精算现值占缴费收入精算现值的 93.90%，占个人账户总收入的比例达到 48.42%。这一预测结果能否实现，主要取决于个人账户记账利率精算假设能否兑现，方案一预测时，考虑到个人账户结余主要用于弥补统筹基金支付缺口，个人账户利息收入主要来源于统筹基金支付，因而个人账户记账利率精算假设与统筹基金投资利率相等。人社部办公厅、财政部办公厅公布的 2016~2018 年城镇职工基本养老保险（含机关事业单位和企业职工基本养老保险）个人账户记账利率分别为 8.31%、7.12% 和 8.29%，明显偏高，难以持久，在个人账户空账运行的实际情况下，这种利差损最终只能由财政资金支付，利率风险巨大，未来应该根据实际投资收益率水平或者长期国债利率确定个人账户记账利率。

表①70　　　　　　　　　未来 75 年个人账户总收入预测　　　　　　单位：亿元

项目	2019 年	2028 年	2038 年	2048 年	2058 年	2068 年	2078 年	2093 年	精算现值
缴费收入	11 851	28 076	59 444	102 766	167 323	272 161	417 442	793 893	2 314 522
利息收入	2 290	9 903	27 115	65 152	120 785	247 425	505 931	1 416 020	2 173 344
总收入	14 141	37 979	86 559	167 918	288 108	519 586	923 373	2 209 913	4 487 866

（三）未来 75 年养老保险基金总收入预测

各年养老保险基金总收入由当年缴费收入、政府补贴、利息收入相加得到。从表①71 预测数据来看，未来 75 年城职保基金总收入的精算现值为 2 348 275 亿元，其中，缴费收入的精算现值为 6 665 417 亿元，政府补贴的精算现值为 4 276 030 亿元，利息收入的精算现值为 -8 593 173 亿元，缴费收入和政府补贴中的 78.53% 要用于支付利息，这样的收入结构显然是不合理的。

表①71　　　　　　　未来 75 年养老保险基金总收入预测　　　　　　单位：亿元

项目	2019 年	2028 年	2038 年	2048 年	2058 年	2068 年	2078 年	2093 年	精算现值
缴费收入	34 214	80 928	171 266	295 882	481 834	783 597	1 201 620	2 285 688	6 665 417

续表

项目	2019 年	2028 年	2038 年	2048 年	2058 年	2068 年	2078 年	2093 年	精算现值
政府补贴	10 409	26 388	67 822	158 349	320 292	547 104	930 105	1 933 621	4 276 030
利息收入	2 290	781	− 21 266	− 113 463	− 377 693	− 999 721	− 2 351 120	− 7 563 772	− 8 593 173
总收入	46 914	108 097	217 822	340 768	424 433	330 980	− 219 395	− 3 344 462	2 348 275

四、未来 75 年城镇职工基本养老保险基金总收入、总支出、结余预测

由于我国城职保是一个统一完整的制度，对制度进行精算评估，需要从制度总收入、总支出和结余的角度进行预测和分析；由于我国城职保实行统账结合的部分积累制的制度模式，统筹基金和个人账户基金用途不同，实行分账管理，也需要分别评估其精算平衡状况。

（一）未来 75 年统筹基金总收入、总支出、结余预测

未来 75 年统筹基金总收入、总支出、当年结余和累计结余预测结果如表①72 和图①30 所示，可以看出，在未来 75 年的评估周期内，统筹基金总收入的精算现值为 − 2 139 592 亿元，统筹基金总支出的精算现值为 13 684 983 亿元，当年结余和累计结余的精算现值为 − 15 824 575 亿元，统筹基金总收支缺口巨大，也就是说，在方案一的假设条件下，统筹基金累计结余一直为负值，如果没有外部资金支援，统筹基金收支无法实现精算平衡。

表①72　　　　　未来 75 年统筹基金总收入、总支出、结余预测　　　　单位：亿元

年份	统筹基金总收入	统筹基金总支出	当年结余	累计结余
2019	32 773	44 331	− 11 558	− 11 558
2020	36 247	48 595	− 12 348	− 24 426
2021	39 691	53 176	− 13 485	− 39 010
2022	43 362	58 320	− 14 958	− 55 723
2023	47 189	64 746	− 17 557	− 75 788
2024	51 208	72 052	− 20 844	− 100 043

年份	统筹基金总收入	统筹基金总支出	当年结余	累计结余
2025	55 550	79 900	−24 351	−128 895
2026	60 211	88 528	−28 317	−163 013
2027	65 293	97 667	−32 374	−202 723
2028	70 118	108 347	−38 230	−250 075
2029	75 042	119 109	−44 066	−305 395
2030	80 039	131 233	−51 194	−370 332
2031	84 980	144 856	−59 876	−446 873
2032	90 115	158 934	−68 819	−535 801
2033	95 517	173 729	−78 212	−638 124
2034	101 159	189 476	−88 318	−755 157
2035	107 127	206 149	−99 022	−888 161
2036	113 414	224 265	−110 850	−1 038 979
2037	119 922	243 727	−123 804	−1 209 537
2038	131 263	265 569	−134 306	−1 392 225
2039	137 719	286 390	−148 672	−1 596 585
2040	143 976	308 989	−165 014	−1 825 462
2041	149 743	334 143	−184 399	−2 082 880
2042	154 883	362 474	−207 591	−2 373 786
2043	159 557	392 886	−233 329	−2 702 066
2044	163 949	424 796	−260 846	−3 070 995
2045	167 711	459 077	−291 367	−3 485 202
2046	170 989	494 958	−323 969	−3 948 579
2047	173 774	532 648	−358 874	−4 465 395
2048	172 850	577 507	−404 658	−5 048 669
2049	170 268	622 209	−451 940	−5 702 556
2050	165 693	669 782	−504 090	−6 434 748
2051	159 511	717 854	−558 343	−7 250 481
2052	152 399	765 993	−613 594	−8 154 094
2053	143 704	816 184	−672 480	−9 152 737

续表

年份	统筹基金总收入	统筹基金总支出	当年结余	累计结余
2054	133 284	867 563	− 734 279	− 10 253 126
2055	121 081	920 656	− 799 575	− 11 462 825
2056	106 913	975 490	− 868 577	− 12 789 916
2057	90 819	1 031 571	− 940 752	− 14 242 264
2058	136 324	1 089 994	− 953 670	− 15 694 413
2059	119 371	1 145 906	− 1 026 535	− 17 270 252
2060	99 856	1 205 621	− 1 105 765	− 18 980 476
2061	77 343	1 267 949	− 1 190 606	− 20 835 399
2062	51 689	1 331 814	− 1 280 125	− 22 844 762
2063	22 747	1 398 718	− 1 375 971	− 25 020 300
2064	− 10 165	1 468 058	− 1 478 222	− 27 374 233
2065	− 47 220	1 538 313	− 1 585 533	− 29 917 864
2066	− 88 822	1 611 396	− 1 700 218	− 32 665 208
2067	− 135 846	1 688 426	− 1 824 272	− 35 632 762
2068	− 188 605	1 768 870	− 1 957 475	− 38 837 384
2069	− 247 542	1 852 636	− 2 100 178	− 42 296 870
2070	− 312 437	1 937 225	− 2 249 662	− 46 026 922
2071	− 383 891	2 024 992	− 2 408 883	− 50 046 748
2072	− 463 271	2 118 117	− 2 581 389	− 54 379 772
2073	− 551 013	2 215 412	− 2 766 425	− 59 049 489
2074	− 647 614	2 317 881	− 2 965 496	− 64 081 717
2075	− 753 731	2 425 162	− 3 178 894	− 69 503 471
2076	− 869 957	2 536 735	− 3 406 692	− 75 342 784
2077	− 996 896	2 653 377	− 3 650 273	− 81 630 054
2078	− 1 142 769	2 775 220	− 3 917 989	− 88 405 095
2079	− 1 302 602	2 887 824	− 4 190 427	− 95 689 701
2080	− 1 476 010	3 002 945	− 4 478 954	− 103 517 795
2081	− 1 663 769	3 121 139	− 4 784 909	− 111 925 826
2082	− 1 866 987	3 244 032	− 5 111 019	− 120 954 249

年份	统筹基金总收入	统筹基金总支出	当年结余	累计结余
2083	－ 2 086 889	3 369 747	－ 5 456 636	－ 130 644 284
2084	－ 2 324 681	3 499 670	－ 5 824 352	－ 141 041 186
2085	－ 2 581 796	3 636 448	－ 6 218 244	－ 152 195 871
2086	－ 2 859 848	3 779 750	－ 6 639 598	－ 164 162 325
2087	－ 3 160 493	3 929 855	－ 7 090 348	－ 176 998 354
2088	－ 3 485 603	4 087 215	－ 7 572 818	－ 190 766 114
2089	－ 3 837 224	4 252 315	－ 8 089 539	－ 205 532 468
2090	－ 4 217 473	4 425 446	－ 8 642 919	－ 221 369 023
2091	－ 4 628 677	4 606 885	－ 9 235 562	－ 238 352 501
2092	－ 5 073 403	4 797 268	－ 9 870 671	－ 256 565 510
2093	－ 5 554 377	4 996 850	－ 10 551 227	－ 276 096 529
精算现值	－ 2 139 592	13 684 983	－ 15 824 575	－ 15 824 575

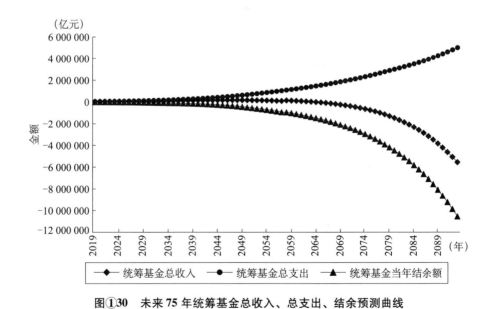

图①30　未来 75 年统筹基金总收入、总支出、结余预测曲线

（二）未来 75 年个人账户总收入、总支出、结余预测

未来 75 年个人账户总收入、总支出、当年结余和累计结余预测结果如

表①73 和图①31 所示，可以看出，在未来 75 年的评估周期内，个人账户总收入的精算现值为 4 487 867 亿元，个人账户总支出的精算现值为 2 048 883 亿元，当年结余和累计结余的精算现值为 2 438 984 亿元，个人账户累计结余一直为正值且逐年增加，个人账户总收支能够实现精算平衡，并有 54.34% 的结余。

表①73　　未来 75 年个人账户总收入、总支出、结余预测　　单位：亿元

年份	个人账户总收入	个人账户总支出	当年结余	累计结余
2019	14 142	5 164	8 977	59 878
2020	16 065	5 791	10 275	72 848
2021	18 120	6 491	11 629	87 755
2022	20 340	7 328	13 012	104 717
2023	22 708	8 563	14 145	123 574
2024	25 250	10 050	15 200	144 335
2025	28 043	11 664	16 379	167 208
2026	31 100	13 488	17 612	192 345
2027	34 481	15 406	19 074	220 075
2028	37 980	17 564	20 415	250 393
2029	41 692	19 831	21 861	283 522
2030	45 623	22 258	23 366	319 646
2031	49 738	24 857	24 881	358 910
2032	54 194	27 711	26 484	401 545
2033	59 055	30 907	28 148	447 762
2034	64 321	34 457	29 864	497 776
2035	70 054	38 044	32 010	552 186
2036	76 291	41 313	34 977	612 011
2037	83 043	44 724	38 319	677 871
2038	86 559	48 338	38 221	743 207
2039	93 245	51 599	41 646	814 581
2040	100 248	55 176	45 072	892 236
2041	107 449	58 922	48 526	976 452
2042	114 838	63 249	51 589	1 067 099

年份	个人账户总收入	个人账户总支出	当年结余	累计结余
2043	122 561	67 860	54 701	1 164 484
2044	130 780	72 558	58 223	1 269 286
2045	139 387	78 013	61 374	1 381 431
2046	148 494	83 936	64 558	1 501 246
2047	158 158	90 649	67 509	1 628 805
2048	167 919	98 256	69 663	1 763 620
2049	178 034	105 918	72 116	1 906 280
2050	188 445	114 625	73 820	2 056 351
2051	199 431	123 155	76 276	2 214 882
2052	211 472	130 473	80 998	2 384 475
2053	224 419	138 026	86 393	2 566 248
2054	238 319	145 757	92 562	2 761 460
2055	253 291	152 813	100 478	2 972 396
2056	269 443	159 400	110 044	3 201 336
2057	286 996	165 371	121 625	3 451 014
2058	288 109	171 021	117 088	3 688 888
2059	305 083	175 144	129 938	3 947 938
2060	323 224	177 643	145 581	4 231 696
2061	342 598	180 421	162 177	4 541 983
2062	363 345	183 769	179 576	4 880 528
2063	385 601	186 074	199 526	5 250 872
2064	409 326	189 908	219 418	5 654 071
2065	434 636	195 992	238 645	6 090 608
2066	461 523	203 165	258 358	6 562 137
2067	489 806	212 330	277 477	7 069 288
2068	519 586	223 088	296 498	7 613 211
2069	550 947	235 835	315 112	8 194 785
2070	584 297	249 662	334 636	8 816 239
2071	619 676	264 201	355 476	9 480 283

续表

年份	个人账户总收入	个人账户总支出	当年结余	累计结余
2072	656 768	281 167	375 601	10 187 694
2073	695 713	299 963	395 751	10 940 014
2074	736 693	319 591	417 103	11 740 017
2075	779 877	340 410	439 467	12 590 385
2076	825 479	362 534	462 945	13 493 993
2077	873 735	384 849	488 886	14 455 169
2078	923 373	407 133	516 240	15 477 340
2079	975 525	427 610	547 915	16 566 962
2080	1 031 061	448 402	582 659	17 729 465
2081	1 090 329	468 535	621 794	18 971 790
2082	1 153 604	487 184	666 420	20 302 223
2083	1 221 208	506 643	714 565	21 727 365
2084	1 293 425	525 914	767 511	23 255 334
2085	1 370 549	543 299	827 249	24 896 520
2086	1 452 950	559 891	893 059	26 660 958
2087	1 541 022	575 851	965 171	28 559 263
2088	1 635 132	591 528	1 043 604	30 602 441
2089	1 735 643	607 344	1 128 298	32 801 825
2090	1 842 971	623 546	1 219 425	35 169 314
2091	1 957 531	640 643	1 316 888	37 717 127
2092	2 079 708	659 220	1 420 488	40 457 715
2093	2 209 914	680 048	1 529 865	43 403 600
精算现值	4 487 867	2 048 883	2 438 984	2 438 984

（三）未来75年城镇职工基本养老保险基金总收入、总支出、结余预测

未来75年城镇职工基本养老保险基金总收入、总支出、当年结余和累计结余预测结果如表①74和图①32所示，可以看出，在未来75年的评估周期内，养老保险基金总收入的精算现值为2 348 275亿元，基金总支出的精算现值为15 733 866亿元，当年结余和累计结余的精算现值为 −13 385 591亿元，

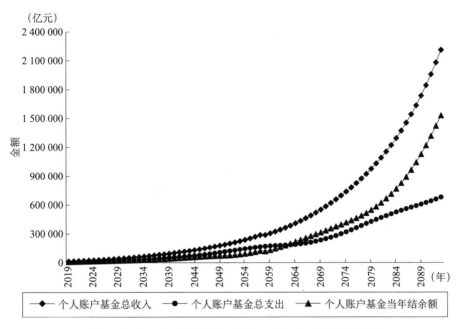

图①31 未来75年个人账户总收入、总支出、结余预测曲线

基金总收支无法实现精算平衡。城职保总基金一直存在当年收不抵支，而累计结余也将于2029年转为负值，也就是说，在方案一保持现状的假设条件下，如果没有外部援助，城职保制度只能正常运行到2028年。如此巨额的基金收支赤字，没有任何办法可以弥补，因此，城职保制度如果不采取改革措施，是无法持续运行的。

表①74　未来75年城镇职工基本养老保险基金总收入、总支出、结余预测　单位：亿元

年份	总收入	总支出	当年结余	累计结余
2019	46 915	49 495	− 2 581	48 320
2020	52 313	54 386	− 2 073	48 422
2021	57 811	59 667	− 1 856	48 745
2022	63 702	65 648	− 1 946	48 993
2023	69 897	73 309	− 3 412	47 786
2024	76 458	82 102	− 5 645	44 292
2025	83 593	91 565	− 7 972	38 313
2026	91 311	102 016	− 10 706	29 332

续表

年份	总收入	总支出	当年结余	累计结余
2027	99 774	113 073	− 13 300	17 352
2028	108 097	125 912	− 17 815	318
2029	116 734	138 939	− 22 206	− 21 873
2030	125 663	153 491	− 27 829	− 50 686
2031	134 717	169 713	− 34 995	− 87 962
2032	144 310	186 645	− 42 335	− 134 256
2033	154 572	204 636	− 50 064	− 190 362
2034	165 480	223 933	− 58 453	− 257 382
2035	177 181	244 193	− 67 012	− 335 976
2036	189 705	265 578	− 75 873	− 426 968
2037	202 966	288 451	− 85 485	− 531 666
2038	217 822	313 907	− 96 085	− 649 018
2039	230 964	337 990	− 107 026	− 782 004
2040	244 223	364 165	− 119 942	− 933 226
2041	257 192	393 065	− 135 873	− 1 106 428
2042	269 721	425 723	− 156 002	− 1 306 687
2043	282 118	460 746	− 178 628	− 1 537 582
2044	294 730	497 353	− 202 624	− 1 801 710
2045	307 098	537 091	− 229 993	− 2 103 771
2046	319 483	578 893	− 259 411	− 2 447 332
2047	331 932	623 297	− 291 365	− 2 836 591
2048	340 768	675 764	− 334 995	− 3 285 049
2049	348 302	728 126	− 379 825	− 3 796 276
2050	354 138	784 408	− 430 270	− 4 378 397
2051	358 942	841 009	− 482 066	− 5 035 599
2052	363 871	896 466	− 532 596	− 5 769 618
2053	368 123	954 209	− 586 086	− 6 586 489
2054	371 603	1 013 320	− 641 717	− 7 491 666
2055	374 373	1 073 469	− 699 097	− 8 490 429

续表

年份	总收入	总支出	当年结余	累计结余
2056	376 356	1 134 890	− 758 534	− 9 588 580
2057	377 815	1 196 942	− 819 127	− 10 791 250
2058	424 433	1 261 014	− 836 582	− 12 005 525
2059	424 454	1 321 050	− 896 596	− 13 322 315
2060	423 080	1 383 264	− 960 184	− 14 748 780
2061	419 941	1 448 370	− 1 028 429	− 16 293 416
2062	415 034	1 515 583	− 1 100 549	− 17 964 235
2063	408 347	1 584 792	− 1 176 445	− 19 769 428
2064	399 161	1 657 965	− 1 258 804	− 21 720 162
2065	387 416	1 734 304	− 1 346 888	− 23 827 256
2066	372 701	1 814 561	− 1 441 861	− 26 103 071
2067	353 960	1 900 755	− 1 546 795	− 28 563 473
2068	330 980	1 991 958	− 1 660 978	− 31 224 173
2069	303 406	2 088 471	− 1 785 066	− 34 102 084
2070	271 860	2 186 887	− 1 915 026	− 37 210 684
2071	235 786	2 289 193	− 2 053 407	− 40 566 465
2072	193 497	2 399 284	− 2 205 787	− 44 192 078
2073	144 700	2 515 375	− 2 370 674	− 48 109 475
2074	89 079	2 637 472	− 2 548 393	− 52 341 700
2075	26 145	2 765 572	− 2 739 427	− 56 913 086
2076	− 44 478	2 899 269	− 2 943 747	− 61 848 791
2077	− 123 161	3 038 226	− 3 161 387	− 67 174 885
2078	− 219 396	3 182 353	− 3 401 749	− 72 927 756
2079	− 327 077	3 315 435	− 3 642 512	− 79 122 739
2080	− 444 948	3 451 346	− 3 896 295	− 85 788 329
2081	− 573 441	3 589 674	− 4 163 115	− 92 954 036
2082	− 713 383	3 731 216	− 4 444 599	− 100 652 026
2083	− 865 681	3 876 390	− 4 742 072	− 108 916 919
2084	− 1 031 256	4 025 584	− 5 056 840	− 117 785 851

续表

年份	总收入	总支出	当年结余	累计结余
2085	− 1 211 247	4 179 748	− 5 390 995	− 127 299 351
2086	− 1 406 898	4 339 640	− 5 746 539	− 137 501 367
2087	− 1 619 471	4 505 705	− 6 125 176	− 148 439 091
2088	− 1 850 471	4 678 743	− 6 529 214	− 160 163 673
2089	− 2 101 582	4 859 659	− 6 961 241	− 172 730 643
2090	− 2 374 501	5 048 992	− 7 423 494	− 186 199 709
2091	− 2 671 146	5 247 529	− 7 918 675	− 200 635 374
2092	− 2 993 695	5 456 488	− 8 450 183	− 216 107 795
2093	− 3 344 463	5 676 899	− 9 021 362	− 232 692 929
精算现值	2 348 275	15 733 866	− 13 385 591	− 13 385 591

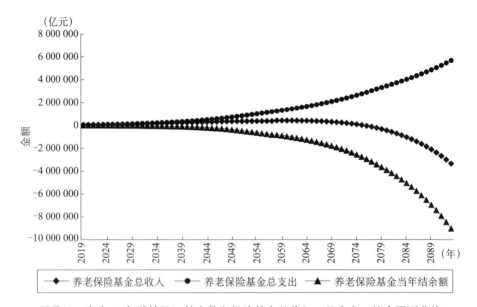

图①32　未来75年城镇职工基本养老保险基金总收入、总支出、结余预测曲线

基本结论：根据方案一的基本精算假设，在保持现状的条件下，预测结果显示，由于人口老龄化的快速加深，导致制度抚养比快速下降，我国城镇职工基本养老保险制度只能正常运行到2028年，即使动用养老保险战略储备，也只能延续到2030年前后。因此，要保持我国城职保制度的持续平稳运行，必

须采取有效的改革措施。

特别说明：本方案预测时，由于无法取得详细的真实数据，只能在已公布数据的基础上进行合理假设，预测结果可以反映总体趋势，但如果能够取得评估年度参保缴费人员、退休领取人员（包括"老人"与"中人"参保缴费与退休领取人员）的分性别年龄别数据；真实的养老金替代率数据；遵缴率、缴费工资率数据，预测结果会更加准确。

第三编

满意状态的精算评估

第五章　满意状态的精算假设

本章讨论满意状态精算评估的基本假设，按照基于现状、符合实际、逻辑一致、合理预期、积极稳妥的原则设置各类精算假设，充分考虑城职保的制度和政策目标，确定各类参数经过努力能够达到的目标值，因而称为满意状态的精算假设，本章精算假设的情景称为方案二（文中用表②、图②字样表示）。本编仍以 2010 年为普查年度，以 2018 年末为评估时间点。在方案二中，主要讨论需要调整的精算假设，与方案一相同的精算假设不再讨论。

第一节　满意状态的人口预测假设

一、生命表编制和选用

与方案一假设相同。

二、其他精算假设

总和生育率

从方案一预测结果来看，未来人口总量下降速度过快，一方面会加重人口老龄化程度；另一方面也会造成劳动力不足，将对社会经济发展带来不利影响，在目前生育意愿较低的情况下，需要采取鼓励生育的措施，适当提高总和生育率，将总和生育率的目标值由方案一的 1.73 提升到 1.85 左右，这样的目标值假设经过努力是可以实现的。未来各年总和生育率变动率假设如表②1 所示。

表②1　　　　　　　　　未来各年总和生育率变动率

项目	2010 年	2020 年	2030 年	2040 年	2050 年	2060 年	2070 年
变动率	1.01	1.007	1.005	1.003	1.002	1	1

第二节　满意状态的参保人数预测假设

一、参保缴费人数预测

（一）劳动年龄标准

在党的十九届五中全会通过的《中共中央关于制定国民经济和社会发展第十四个五年规划和二〇三五年远景目标的建议》第 45 条"健全多层次社会保障体系"中明确提出"实施渐进式延迟法定退休年龄"，这意味着我国渐近式延迟法定退休年龄政策已经进入实施阶段。由于尚未公布具体的延迟退休年龄方案，方案二按照中国社科院郑秉文提出的延迟退休年龄方案进行未来的劳动年龄标准假设，即男性、女性劳动年龄的起始值为 16 岁，从 2018 年开始，男性职工、女性职工每 4 年延迟退休年龄 1 岁，至 2037 年达到男性、女性职工 65 岁和 60 岁退休。

（二）经济活动参与率

方案一中分性别、年龄经济活动参与率是在目前的退休年龄标准基础上计算的，随着延迟退休年龄政策的实施，高年龄段的经济活动参与率将相应提高，同时，经济活动参与率假设是用来预测未来各年就业人数、参保人数和退休领取人数的，而退休前是否处于就业状态，并不一定会影响其作为城职保的参保人和退休领取人，基于这两个原因，需要对表①7 中高年龄段（50～64 岁男性、50～59 岁的女性）的经济活动参与率数据进行向上调整修正。

（三）养老保险遵缴率

为减轻城职保缴费负担，2019 年 4 月，国务院办公厅印发了《降低社会保险费率综合方案》，其中第三条"调整社保缴费基数政策"指出，"调整就业人员平均工资计算口径。各省应以本省城镇非私营单位就业人员平均工资和城镇私营单位就业人员平均工资加权计算的全口径城镇单位就业人员平均工资，核定社保个人缴费基数上下限，合理降低部分参保人员和企业的社保缴费基数"。城职保缴费工资基数调整后，养老保险遵缴率会相应提高；由于机关事业单位养老保险参保职工收入更加稳定，遵缴率可以保持在较高水平，目前城职保整体遵缴率略高于企业养老保险遵缴率。在城职保制度"长缴多得"激励机制作用下，通过加强宣传、规范管理、征缴监督等工作，可以将整体遵缴率提高到90%的目标水平。未来各年城职保遵缴率假设如表②2所示。

表②2　　　　　　　　　　未来各年养老保险遵缴率

项目	2010 年	2020 年	2030 年	2040 年	2050 年	2060 年	2070 年
遵缴率	0.84	0.86	0.88	0.90	0.90	0.90	0.90

二、退休领取人数预测

与方案一假设相同。

第三节　满意状态的缴费工资预测假设

一、缴费工资率

《国务院办公厅关于印发降低社会保险费率综合方案的通知》规定的缴费工资基数政策调整的内容是按全口径城镇就业人员平均工资，核定社保个人缴费基数上下限，而单位缴费工资基数未做调整，这意味着缴费工资率的总体水平会有所提高，随着行政事业单位参保职工人数的增加，未来通过采取加强宣传、征收监管等措施，可将全口径缴费工资率逐步提高到85%的目标水平，未来各年缴费工资率假设如表②3所示。

表②3　　　　　　　　　　未来各年缴费工资率

项目	2018 年	2028 年	2038 年	2048 年	2058 年	2068 年	2078 年
工资率	0.80	0.83	0.85	0.85	0.85	0.85	0.85

二、其他假设

与方案一相同。

第四节　满意状态的城镇职工基本养老保险
基金收支预测假设

一、城镇职工基本养老保险基金收入预测

与方案一假设相同。

二、城镇职工基本养老保险基金支出预测

（一）评估年统筹养老金替代率

"中人"和"新人"退休后的养老金，由统筹养老金和个人账户养老金两个部分组成。从城职保制度承诺的养老金待遇来看，目前机关事业单位和企业及其他人员养老保险制度承诺的养老金计发办法是一致的，《国务院关于完善企业职工基本养老保险制度的决定》和《国务院关于机关事业单位工作人员养老保险制度改革的决定》规定，"本决定实施后参加工作、个人缴费年限累计满15年的人员，退休后按月发给基本养老金。基本养老金由基础养老金和个人账户养老金组成。退休时的基础养老金月标准以当地上年度在岗职工月平均工资和本人指数化月平均缴费工资的平均值为基数，缴费每满1年发给1%。"

按照现行基础养老金计发办法，基础养老金月标准（计发基数）＝（当地上年度在岗职工月平均工资＋本人指数化月平均缴费工资）/2。设缴费工资指数（个人缴费工资/上一年当地平均工资）为 a，基础养老金计发基数指数为 b，则有 b＝（1＋a）/2，按此方法计算，根据缴费工资指数控制在60%～300%的范围，相应地，计发基数指数则在80%～200%的范围，因而缴费工资指数高低差＝300%/60%＝5（倍），而计发基数的高低差＝200%/80%＝2.5（倍）。如果不考虑其他因素（如缴费年限的差异等），缴费工资指数高（大于1）的个人在领取养老金时是吃亏的，而缴费工资指数低（小于1）的个人在领取养老金时是占便宜的，这无疑是不公平的。之所以这样设计计发办法，是因为在我国现行养老金制度下，存在政府补贴，《社会保险法》第十三条规定，"基本养老保险基金出现支付不足时，政府给予补贴"，事实上，近

年来我国对"城职保"的政府补贴逐年增加，由 2015 年的 4 716 亿元增加到 2018 年的 9 378 亿元。在政府补贴的情况下，个人领取的基础养老金是高于个人统筹基金缴费的，此时评价计发基数计算的公平性要考虑政府补贴因素。政府补贴表示为未来一定时期政府对基础养老金的补贴现值占统筹基金收入（政府补贴＋缴费收入）现值的比例。因此，"城职保"基础养老金计发办法公平性的判断标准为个人享受政府补贴金额的均等性、养老金计发基数指数与缴费指数的一致性。

现举例分析现行基础养老金计发办法的公平性。假设目前年人均基础养老金 $d = 3$（万元），政府补贴比例 $c = 30\%$，人均政府补贴额 $= 3 \times 0.3 = 0.9$（万元）。则缴费指数最低（$a = 60\%$）的人，基础养老金领取基数指数 $b = 0.8$，养老金水平 $= 0.8 \times 3 = 2.4$（万元），其中，缴费对应的养老金 $= 0.6 \times 3 = 1.8$（万元）[包括的政府补贴 $= 1.8 \times 0.3 = 0.54$（万元）]，多领取的养老金 $= 2.4 - 1.8 = 0.6$（万元），共计实际享受政府补贴 $= 0.54 + 0.6 = 1.14$（万元），高于人均政府补贴额。而缴费指数最高（300%）的人，基础养老金计发基数指数为 2，养老金水平 $= 2 \times 3 = 6$（万元）[包括的政府补贴 $= 6 \times 0.3 = 1.8$（万元）]，少领取的养老金（扣除政府补贴后）$=（9 - 6）\times（1 - 0.3）= 2.1$（万元），共计实际享受政府补贴 $= 1.8 - 2.1 = -0.3$（万元），实际享受的政府补贴为负数（计算过程如表②4）。由表②4 可知，在给定的缴费指数区间范围内，随着缴费指数的提高，参保人员退休后领取的基础养老金实际享受的政府补贴呈递减趋势，当缴费指数低于 100% 时，享受的政府补贴高于平均水平，其中缴费指数最低（60%）的参保人享受的政府补贴为最高（1.14 万元），当缴费指数为 100% 时，享受的政府补贴正好为平均水平（0.9 万元）；当缴费指数高于 100% 时，享受的政府补贴低于平均水平。

表②4　现行计发办法基础养老金享受政府补贴计算（c = 0.3，d = 3）

缴费指数	领取基数指数	实际领取金额		缴费对应的领取金额		相较缴费多领取金额（万元）	实际享受政府补贴（万元）
		领取金额（万元）	政府补贴（万元）	领取金额（万元）	政府补贴（万元）		
0.6	0.8	2.4		1.8	0.54	0.6	1.14
0.7	0.85	2.55		2.1	0.63	0.45	1.08

续表

缴费指数	领取基数指数	实际领取金额		缴费对应的领取金额		相较缴费多领金额（万元）	实际享受政府补贴（万元）
		领取金额（万元）	政府补贴（万元）	领取金额（万元）	政府补贴（万元）		
0.8	0.9	2.7		2.4	0.72	0.3	1.02
0.85	0.925	2.775		2.55	0.765	0.225	0.99
0.9	0.95	2.85		2.7	0.81	0.15	0.96
1.0	1	3		3	0.9	0	0.9
1.5	1.25	3.75	1.125	4.5		−0.525	0.6
2.0	1.5	4.5	1.35	6		−1.05	0.3
2.5	1.75	5.25	1.575	7.5		−1.575	0
3.0	2	6	1.8	9		−2.1	−0.3

按照现行计发办法，当 a > 1 和政府补贴为 0 时，有以下等式：

$$\begin{cases} b = \dfrac{1+a}{2} \\ bcd = d(a-b)(1-c) \end{cases} \tag{5-1}$$

代入 c = 0.3，d = 3，可解出 a = 2.5，b = 1.75。也就是说，当缴费指数为 250%、领取基数指数为 175% 时，参保人实际享受的基础养老金政府补贴为 0；当缴费指数高于 250% 时，参保人实际享受的基础养老金政府补贴为负数，显然未能体现政府补贴公平享受的计发原则。

按照现行计发办法，如果要使不同缴费指数的人享受相同的政府补贴，需满足以下条件：

$$\begin{cases} b = \dfrac{1+a}{2} \\ acd + (b-a)d = cd \end{cases} \tag{5-2}$$

解得：

$$(2c-1)(b-1) = 0$$

$$c = 0.5 \ 或 \ b = 1$$

结果显示，按照现行计发办法，只有当政府补贴比例为 50% 时，所有缴费指数的参保人才可以享受相同金额的政府补贴。当政府补贴比例低于 50%

时，缴费指数小于 100% 的参保人将享受超过平均值的政府补贴；而缴费指数大于 100% 的参保人享受的政府补贴将低于平均值。

根据上述计算原理，按照现行计发办法，可以计算不同政府补贴比例条件下的基础养老金享受政府补贴金额如表②5 所示。

表②5　现行计发办法各种缴费指数参保人基础养老金政府补贴金额计算 （d = 3）

缴费指数	领取基数指数	实际享受政府补贴金额（万元）			
		c = 0.2	c = 0.3	c = 0.4	c = 0.5
0.6	0.8	0.96	1.14	1.32	1.5
0.7	0.85	0.87	1.08	1.29	1.5
0.8	0.9	0.78	1.02	1.26	1.5
0.85	0.925	0.735	0.99	1.245	1.5
0.9	0.95	0.69	0.96	1.23	1.5
1.0	1.0	0.6	0.9	1.2	1.5
1.5	1.25	0.15	0.6	1.05	1.5
2.0	1.5	−0.3	0.3	0.9	1.5
2.5	1.75	−0.75	0	0.75	1.5
3.0	2	−1.2	−0.3	0.6	1.5
政府补贴金额为 0 时的 a 值		1.66	2.5	5	

由表②5 可知，按照现行计发办法，随着政府补贴比例的增加，不同缴费指数的参保人实际享受的政府补贴金额差异相应缩小；当政府补贴比例低于 1/3 时，缴费指数最高为 300% 的参保人实际享受的政府补贴金额一直为负；当政府补贴比例达到 50% 时，各种缴费指数的参保人实际享受的政府补贴金额才相等，实际上，政府补贴的比例不可能达到 50%。由此可见，现行的基础养老金计发办法存在不同缴费指数的参保人实际享受的政府补贴不均等的问题，尤其是缴费指数高的参保人实际享受的政府补贴反而更少，会严重打击这部分参保人多缴费的积极性，因而有必要对现行的基础养老金计发办法进行改进。

相对公平的基础养老金计发办法改进的目标是缩小不同缴费指数的参保人实际享受的政府补贴之间的差距，消除实际享受的政府补贴为负数的现象。改进的总体思路是增加参保人缴费工资指数的权重 α，改进后的模型可以是线性模型，也可以是非线性模型，例如指数模型、对数模型等。改进后的计发办法的线性模型表示为：

$$b = \frac{1 + \alpha \cdot a}{1 + \alpha} \qquad (5-3)$$

式（5-3）中，α 一般取大于1的正数，取值越大，基础养老金计发的激励程度越高。当 $\alpha = 2$ 时，式（5-3）可具体化为式（5-4），即：

$$b = \frac{1 + 2a}{3} \qquad (5-4)$$

当 $d = 3$ 时，各缴费指数的参保人实际享受政府补贴金额如表②6所示。

表②6　　　　改进计发办法基础养老金政府补贴金额计算（$\alpha = 2$，$d = 3$）

缴费指数	领取基数指数	实际享受政府补贴金额（万元）			
		$c = 0.2$	$c = 0.3$	$c = 0.4$	$c = 0.5$
0.6	0.7333	0.76	0.94	1.12	1.3
0.7	0.8	0.72	0.93	1.14	1.35
0.8	0.8667	0.68	0.92	1.16	1.4
0.85	0.9	0.66	0.915	1.17	1.425
0.9	0.9333	0.64	0.91	1.18	1.45
1.0	1	0.6	0.9	1.2	1.5
1.5	1.3333	0.4	0.85	1.3	1.75
2.0	1.6667	0.2	0.8	1.4	2
2.5	2	0	0.75	1.5	2.25
3.0	2.3333	-0.2	0.7	1.6	2.5
政府补贴金额为0时的a值		2.5	10		

由表②6可知，当政府补贴比例在 0.2~0.4 时，按照式（5-4）计算的各种缴费指数的参保人实际享受的政府补贴金额之间的差距明显缩小，当政府补贴比例等于1/3时，各种缴费指数的参保人实际享受的政府补贴金额相等。由此可见，式（5-4）比现行的基础养老金计发办法更加公平。

绝对公平的基础养老金计发办法改进的目标是保持不同缴费指数的参保人实际享受的政府补贴金额相等，其线性模型可表示为：

$$b = a(1-c) + c \qquad (5-5)$$

按式（5 - 5）计算，无论政府补贴的比例是多少，各种缴费指数的参保人在领取基础养老金时实际享受的政府补贴金额都是相同的，因而称为绝对公平的基础养老金计发办法。按照式（5 - 5）计算的前提是已知未来各年政府补贴比例。

因此，方案二采用式（5 - 4）计算基础（统筹）养老金计发基数，与现行计发办法相比较，这种计发办法更能体现"多缴多得、长缴多得"的激励机制，更加公平合理，有利于调动职工参保缴费积极性。

目前我国男性、女性劳动年龄的起始值为 16 岁，也就是正常情况下初中毕业的年龄，随着职业技术教育和高等教育普及程度的提高，实际的平均就业年龄也会相应提高，假设平均初始就业年龄为 20 岁，按照本书采用的延迟退休方案，男性、女性职工的退休年龄目标值分别为 65 岁和 60 岁，则男性、女性职工法定最高工作年限分别 45 年和 40 年；根据本书假设的养老保险遵缴率目标值为 90%，则男性、女性职工实际平均缴费年限分别为 40.5 年和 36 年；根据本书假设的缴费工资率目标值为 85%，考虑男性、女性人均工资的差别，男性、女性缴费工资率目标值分别为 91% 和 79%。按照改进后的统筹养老金计发办法，男性、女性平均统筹养老金领取基数指数分别为：（1 + 0.91 × 2）/3 = 0.94，（1 + 0.79 × 2）/3 = 0.86。则按照制度承诺，男性、女性参保退休人员的统筹养老金替代率目标值分别为：40.5 × 0.94 × 1% = 38.07%，36 × 0.86 × 1% = 30.96%，取整为 38% 和 31%。目前实际的统筹养老金替代率数据无法得到，主要有两个方面原因：一是机关事业单位退休人员养老金尚未按照制度规定的计发办法计算；二是养老金调整时未按制度规定的计发办法调整，且未区分统筹养老金和个人账户养老金，虽然从资金来源上看，养老金上调用的都是统筹基金。为保持评估结果符合实际，评估年 2018 年末统筹养老金替代率根据表①28 数据进行推测，2018 年城职保养老金替代率为 63%，假设男性、女性退休人员的养老金替代率分别为 73% 和 53%，假设男性、女性退休人员的个人账户养老金替代率分别为 20.5% 和 13.5%，则男性、女性退休人员的统筹养老金替代率分别为 52.5% 和 39.5%，统筹养老金替代率变动率 2018 ~ 2027 年为 0.98，2028 ~ 2037 年为 0.99，2038 ~ 2047 年为 0.998，至 2047 年男性、女性退休人员统筹养老金替代率接近目标值 38% 和 29% 左右后保持不变。

（二）个人账户养老金替代率

按照目前的个人账户养老金计发办法，在精算评估算法设计时，难以设计出一个具体的计算个人账户养老金的模型，可行的做法是按照某个"平均人"的个人账户运行情况，测算出个人账户养老金替代率，以下讨论在延迟退休年龄条件下的个人账户养老金替代率测算问题。个人账户养老金替代率的影响因素包括缴费工资基数与实际增长率、个人账户缴费比例、养老保险遵缴率、缴费工资率、劳动年龄和退休年龄、各年龄生存与死亡概率、个人账户记账利率、个人账户养老金计发年限等，假设有两个男性"平均人"张三和李四，分别于2000年和2018年20岁时参加城职保；有两个女性"平均人"王五和马六，分别于2000年和2018年20岁时参加城职保。其个人数据信息与方案二假设相同，这里重点讨论个人账户养老金替代率测算结果及个人账户记账利率、个人账户养老金计发年限的影响情况。根据《中国统计年鉴》数据，1990年、2000年、2005年、2010年、2015年、2018年我国人口平均预期寿命分别为68.55岁、71.4岁、72.95岁、74.83岁、76.34岁、77.0岁，平均每10年提高3.1岁，假设未来的五个10年分别提高2.0岁、2.0岁、1.0岁、1.0岁、1.0岁，至2070年达到84岁左右，按照前述退休年龄假设，张三和王五将分别于2045年和2040年退休，届时平均预期寿命为81岁，按照目前个人账户养老金计发年限约等于平均预期寿命减去退休年龄的计算方法，张三和王五的个人账户养老金计发年限分别为16年和21年，相应地，李四和马六分别为18年和23年。未来各年个人账户记账利率假设如表②7所示，2018年之前的参数用实际数据，2018年以后的参数采用与方案二相一致的假设数据。

表②7　　　　　　　　　未来各年个人账户记账利率　　　　　　　单位:%

项目	2000年	2010年	2020年	2030年	2010年	2050年	2060年	2070年
记账利率	2.75	4.8	4.5	4.5	4.0	4.0	3.5	3.5

计算结果显示，张三和李四的个人账户养老金替代率分别为13.78%和16.25%，王五和马六的个人账户养老金替代率分别为8.90%和10.64%，两代人个人账户养老金替代率的差异主要是受城镇单位就业人员平均工资增长率

与个人账户记账利率的差值、个人账户养老金计发年限的差别的影响所导致。根据前述分析，男性、女性个人账户养老金替代率的起点值假设为20.5%和13.5%，未来各年个人账户养老金替代率变动率假设如表②8所示，至2037年达到目标值17%和11%后保持不变。

表②8　　　　　　　　未来各年个人账户养老金替代率变动率

项目	2018 年	2028 年	2038 年	2048 年	2058 年	2068 年	2078 年
变动率	0.985	0.994	1.0	1.0	1.0	1.0	1.0

需要说明的是，本书关于个人账户养老金替代率的计算方法与现行计发办法存在差异，一是计发年限截止前参保退休人员死亡的，计发办法规定个人账户余额可以依法继承，而本书设计的算法是参保退休人员死亡后不再计发个人账户养老金，这样计算的个人账户养老金发放额会少于实际的发放额。少算的金额可以估算如下，依据2010年第六次人口普查编制的男性、女性国民生命表，60岁的男性在72岁、77岁死亡的比例为23.16%和40.03%，按年计算少发金额的比例分别为8.73%和14.87%，也就是计发年限分别为12年和17年时少发金额的比例；55岁的女性在69岁、77岁死亡的比例为11.51%和29.85%，按年计算少发金额的比例分别为4.02%和9.33%，也就是计发年限分别为14年和22年时少发金额的比例。二是参保职工退休后，计发办法规定城职保个人账户储存额不再计算利息，而行政事业单位工作人员的职业年金个人账户是终身计算利息的，本书采用终身计算利息的计算方法，这样计算的个人账户养老金发放额会多于实际的发放额，多发的金额比例足以弥补上面减少的金额比例。因此，本书计算的未来各年个人账户养老金发放金额将略多于按照现行计发办法计算的发放金额。

在计算个人账户养老金替代率时还有一个问题需要讨论，按照现行计发办法规定，参保职工退休时，是将个人账户储存额按规定的计发月数分摊，计发月数截止时个人账户储存额就会全部用完，如果参保人仍然生存，个人账户养老金改用统筹基金继续发放，这样的政策规定相当于为高龄参保退休人员提供了额外的福利，体现了对高龄参保退休人员的人文关怀，如果这部分支出过大，也会增加统筹基金支付压力。

（三）个人账户养老金计发年限

关于现行的个人账户养老金计发月数计算方法，许多学者指出了存在的问题并提出了改进和完善的建议，例如秦森（2015）指出，当前的计发月数设计考虑了预期寿命与退休年龄的联系，考虑了利息因素，使用了保险精算的理论，但也存在一定的缺陷，例如发放周期的取值不是使用生命表推出，预期寿命的使用是静态的，记账利率为固定利率，未考虑个人账户养老金的调待可能。进而提出了考虑待遇调整推导的计发月数公式，计算出小账户模式下55岁和60岁退休的计发月数分别为202个月（17年）和179个月（15年），比现行规定分别多32个月和40个月。薛惠元等（2019）指出，现行个人账户计发月数偏小，会导致个人账户基金提前支付完毕，在个人账户养老金支付终身和提前死亡余额可以继承的规定下，会使个人账户基金面临收不抵支的风险，进而推导出考虑调待因素下的个人账户计发月数测算公式，计算出基准情境条件下，如果不考虑待遇调整因素，55岁和60岁退休的计发月数分别为206个月（17.1年）和186个月（15.5年）；如果考虑待遇调整因素，55岁和60岁退休的计发月数分别为377个月（31.4年）和310个月（25.8年），在理想情境条件下，计发月数会相应减少。由此可见，个人账户养老金计发月数计算是个非常复杂的问题，不同作者的研究结果均不相同，但比较一致的看法是，个人账户计发月数应随着人口预期寿命的变化而调整，调整的周期为5年或10年，未来随着人口期望寿命的延长，个人账户养老金计发月数也会相应延长；个人账户计发月数的计算应考虑待遇调整的因素，从而需要延长个人账户计发月数。基于以上分析，根据前述对未来人口预期寿命的预计，结合方案二依据的延迟退休年龄方案，提出未来各年个人账户养老金计发年限假设如表②9所示。

表②9　　　　　　　　　未来各年个人账户养老金计发年限　　　　　　　　单位：年

项目	2018 年	2028 年	2038 年	2048 年	2058 年	2068 年	2078 年
男性	14	15	16	17	18	19	20
女性	19	20	21	22	23	24	25

第六章　满意状态的评估过程与结果分析

根据第二章提出的城镇职工基本养老保险基金收支精算评估方法和第五章所作的基本假设，以全国城镇职工基本养老保险为评估对象，以 2018 年末为评估时间点，以第六次全国人口普查作为普查时间点，在符合实际和满意状态下，即经过努力可以达到的状态，称为方案二（文中用表②、图②字样表示），对评估的主要过程和结果进行分析。

第一节　满意状态的未来 75 年末人口预测

一、未来 75 年人口规模预测

根据方案二精算假设，预测我国未来 75 年人口规模。预测结果显示，我国人口总量在 2026 年达到峰值 141 708 万人，在 2020～2043 年保持在 14 亿人以上，2044 年以后人口数量快速下降，2058 年降至 13 亿人，2069 年降至 12 亿人，2080 年降至 11 亿人，2095 年降至 10 亿人。方案二与方案一相比，总和生育率的目标值由 1.7282 提高到 1.8529，提高 7.21%，这一点通过调整人口政策是可以做到的；2093 年期末总人口由方案一的 94 595 万人提高到方案二的 101 501 万人，增加 6 906 万人，增加的比例为 7.30%。

分性别来看，男性人数在 2025 年达到峰值 72 184 万人，女性人数在 2027 年达到峰值 69 570 万人，男性、女性人口性别比例稳步下降，除 2048～2073 年之外，男性人数多于女性人数，一直保持在较为正常的水平。

未来 75 年末人口预测如表②10、图②1 所示。

表②10　　　　　　　　　　未来75 年末人口预测　　　　　　单位：万人

项目	2018 年	2028 年	2038 年	2048 年	2058 年	2068 年	2078 年	2093 年
总人口	139 410	141 556	141 067	138 236	130 419	120 698	111 863	101 501
男性	71 248	71 997	71 019	69 083	64 936	60 206	56 015	50 956
女性	68 162	69 559	70 047	69 153	65 483	60 491	55 847	50 545

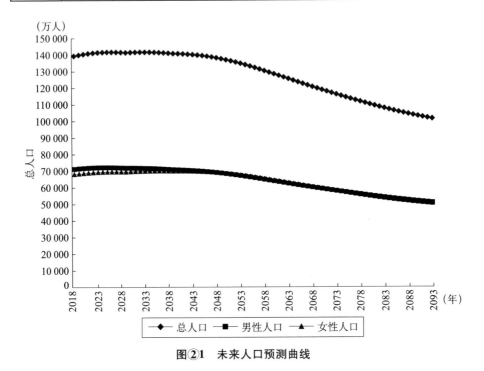

图②1　未来人口预测曲线

二、未来 75 年人口结构预测

（一）人口年龄结构金字塔

未来75 年人口年龄金字塔如图②2 所示。

（二）65 岁及以上老龄化情况

（1）65 岁及以上老龄化率。由表②11 和图②3 可知，在方案二中，我国 65 岁及以上老龄化率2060 年达到峰值32.94%（其中男性、女性65 岁及以上老龄化率同年达到峰值29.05% 和36.79%），与方案一的峰值33.58% 相比下降1.9%。2010～2060 年，人口老龄化程度不断加深，2060 年以后缓慢下降但

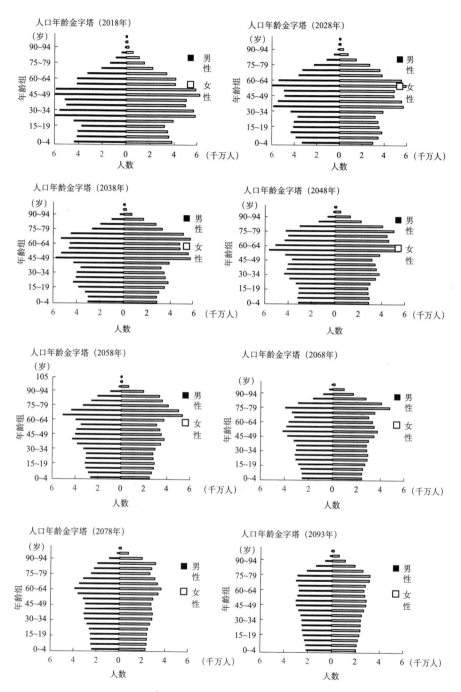

图②2　未来75年人口年龄金字塔

仍处在深度老龄化水平上。分性别来看，女性人口 65 岁及以上老龄化率一直高于男性，两者峰值相差 7.74 个百分点，主要原因是女性人口预期寿命明显高于男性。2093 年总人口、男性、女性人口 65 岁及以上老龄化率分别为 28.31%、26.20% 和 30.43%，与方案一的 30.21%、28.01% 和 32.43% 相比，分别下降 6.28%、6.46% 和 6.16%，老龄化程度略有下降。

表②11　　　　　　　　未来 75 年 65 岁及以上老龄化率　　　　　单位:%

项目	2018 年	2028 年	2038 年	2048 年	2058 年	2068 年	2078 年	2093 年
总人数	12.26	16.89	25.13	28.84	32.88	30.85	29.12	28.31
男性	11.45	15.62	22.83	25.67	28.99	27.35	26.37	26.20
女性	13.12	18.21	27.45	32.00	36.72	34.32	31.88	30.43

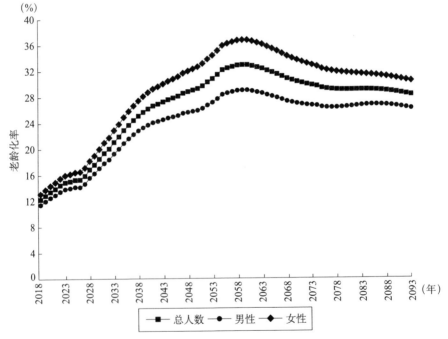

图②3　未来 75 年 65 岁及以上老龄化率预测曲线

（2）65 岁及以上老年扶养比。由表②12 和图②4 可知，在方案二中，未来 75 年 65 岁及以上老年扶养比的平均值为 2.0485，在 2058 年降至 1.50 的最低水平，2051~2074 年均在 1.75 以下，此时养老负担非常沉重。2093 年 65 岁及以上老年扶养比回升到 1.86。

表②12   未来 75 年 65 岁及以上老年扶养比

项目	2018 年	2028 年	2038 年	2048 年	2058 年	2068 年	2078 年	2093 年
总人数	4.98	3.41	2.27	1.83	1.50	1.67	1.78	1.86

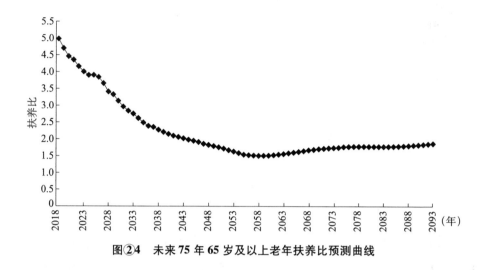

图②4 未来 75 年 65 岁及以上老年扶养比预测曲线

(三) 80 岁及以上高龄化情况

由表②13 和图②5 可知,在方案二中,我国 80 岁及以上高龄化率在 2073 年达到峰值 13.74% (其中男性、女性 80 岁及以上高龄化率峰值分别为 10.52% 和 16.96%),比方案一的峰值降低 3.44%,2010～2073 年,人口高龄化程度快速加深。2093 年总人口、男性、女性人口的高龄化率分别为 10.55%、8.66% 和 12.46%,比方案一同期下降 6.80%,2049～2093 年高龄化率均保持在 10% 以上的水平,这一时期对长期护理人员的需求较大。女性高龄化率一直高于男性,高龄化率峰值时两者相差 6.44 个百分点。

表②13   未来 75 年 80 岁及以上高龄化率   单位:%

项目	2018 年	2028 年	2038 年	2048 年	2058 年	2068 年	2078 年	2093 年
总人数	2.38	3.23	6.25	9.63	11.94	12.74	12.75	10.55
男性	2.00	2.70	4.97	7.58	9.18	9.64	9.80	8.66
女性	2.78	3.78	7.54	11.68	14.67	15.83	15.72	12.46

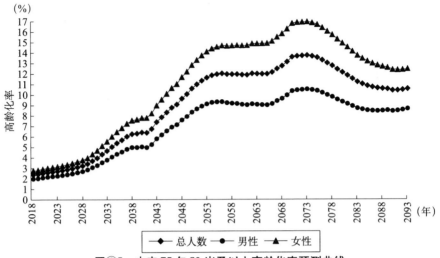

图②5　未来 75 年 80 岁及以上高龄化率预测曲线

（四）少儿抚养比

由图②6 可知，在方案二中，2018 年少儿抚养比为 3.56，2026 年降至 3.37，2038 年升至 3.72，2052 年降至 3.05，2065 年升至 3.23，2081 年降至最低点 2.97，2093 年回升至 3.06。少儿抚养比呈波浪式下降，说明未来少儿抚养负担有所加重，但幅度不大。与方案一相比，少儿抚养比略有提高。

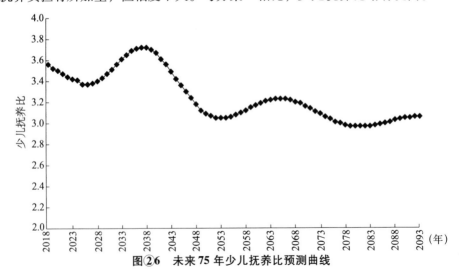

图②6　未来 75 年少儿抚养比预测曲线

（五）人口平均年龄与年龄中位数

（1）人口平均年龄。由表②14 和图②7 可知，在方案二中，2018 年末，我国人口平均年龄为 38.41 岁，此后持续上升，于 2060 年达到峰值 47.86 岁（其中男性、女性平均年龄峰值分别为 45.98 岁和 49.73 岁）；2075 年降至 46.94 岁，2093 年为 45.63 岁。2018～2060 年，人口平均年龄提高 9.45 岁，2061 年以后人口平均年龄缓慢下降。分性别来看，女性人口平均年龄一直高于男性，两者峰值水平相差 3.75 岁。与方案一相比，人口平均年龄的峰值减少 0.69 岁，评估期末人口平均年龄下降 1.43 岁，说明提高总和生育率对降低人口平均年龄有较为显著的影响。

表②14　　　　　　　　　　未来 75 年人口平均年龄　　　　　　　　　单位：岁

项目	2018 年	2028 年	2038 年	2048 年	2058 年	2068 年	2078 年	2093 年
总人数	38.41	41.71	45.00	47.02	47.84	47.54	46.65	45.63
男性	37.66	40.73	43.62	45.31	45.96	45.76	45.12	44.45
女性	39.19	42.73	46.41	48.72	49.70	49.31	48.19	46.82

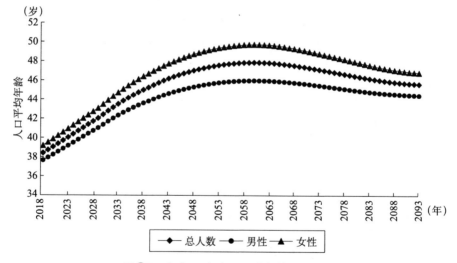

图②7　未来 75 年人口平均年龄预测曲线

（2）人口年龄中位数。由表②15 和图②8 可知，2018 年末，我国人口年龄中位数为 39 岁，2021 年为 40 岁，2024 年为 41 岁，2026 年为 42 岁，2029 年为 43 岁，2031 年为 44 岁，2033 年为 45 岁，2035 年为 46 岁，2037 年为 47 岁，2039 年 48 岁，2041 年为 49 岁，2045 年达到峰值 50 岁（其中男性、女性年龄中位数峰值分别为 47 岁和 53 岁），峰值水平持续到 2051 年，2052～2073 年人口年龄中位数为 49 岁，2074～2077 年为 48 岁，2078～2083 年为 47 岁，2084～2093 年为 46 岁。2018～2045

年，人口年龄中位数提高11岁，2052年以后人口年龄中位数缓慢下降。分性别来看，女性人口年龄中位数一直高于男性，两者峰值水平相差6岁。与方案一相比，人口年龄中位数峰值水平持续的时间减少25年，评估期末人口年龄中位数下降2岁，说明提高总和生育率对于降低人口年龄中位数具有较为显著的作用。

表②15　　　　　　　　　　未来75年人口年龄中位数　　　　　　　　单位：岁

项目	2018年	2028年	2038年	2048年	2058年	2068年	2078年	2093年
总人数	39	42	47	50	49	49	48	46
男性	38	41	46	47	47	47	46	45
女性	39	44	49	53	52	51	49	48

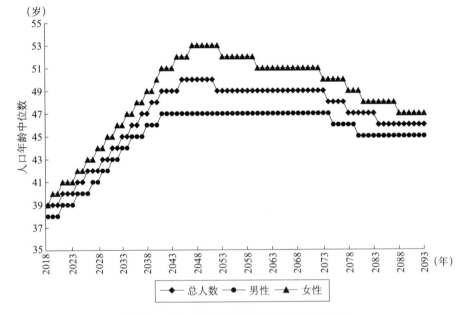

图②8　未来75年人口年龄中位数预测曲线

第二节　满意状态的未来75年参保缴费和退休领取人数预测

一、未来75年参保缴费人数预测

未来75年参保缴费人数，主要取决于未来各年劳动年龄人数、就业人数、参保职工人数和养老保险覆盖率、遵缴率等因素。

（一）未来75年劳动年龄人数预测

方案二假设，男性、女性劳动年龄均从16岁开始，按照郑秉文提出的延迟退休方案，从2018年开始实施延迟退休政策，每4年延长1岁退休年龄，到2037年男性职工、女性职工退休年龄分别为65岁和60岁。按此口径计算，由表②16可知，我国未来劳动年龄人数呈下降趋势，2010年末我国劳动年龄总人数为87 563万人，2018年为85 218万人，由于假定在2021～2037年实施延迟退休政策部分抵消了人口老龄化使劳动年龄人口减少的影响，2039年之前劳动年龄人口保持在8亿人以上。2040年以后，劳动年龄人数快速减少，2051年减少到7亿人，2074年减少到6亿人，2093年减少到5.36亿人。值得注意的是，由于男职工退休年龄高于女职工，男性劳动年龄人数一直高于女性，男性、女性劳动年龄人数差别经历了先扩大后缩小的过程，2018年末男性劳动年龄人数比女性多15.12%，2023年为20.45%，2047年为25.97%，2051年的峰值为31.80%，此后缓慢下降，2060年为25.17%，2088年为20.02%，2093年降至18.96%。在2018～2093年评估期间，全国劳动年龄年平均人数为69 945万人，其中，男性38 602万人，女性31 343万人，男性劳动年龄年平均人数比女性多23.16%。

表②16　　　　　　　　　未来75年劳动年龄人数预测　　　　　　　　单位：万人

项目	2018年	2028年	2038年	2048年	2058年	2068年	2078年	2093年
总人数	85 218	81 620	80 777	72 879	64 574	62 261	58 033	53 688
男性	45 604	44 981	44 241	40 829	36 097	34 461	32 130	29 169
女性	39 614	36 638	36 536	32 050	28 476	27 800	25 902	24 518

（二）未来75年就业人数预测

由表②17可知，在方案二中，2010年末，我国就业人数为69 664万人，2018年为69 854万人，由于实施延迟退休政策部分抵消了人口老龄化使就业人数减少的影响，2040年之前就业人数保持在6.5亿人以上。2040年以后，就业人数快速减少，2048年减少到6亿人，2054年减少到5.5亿人，2071年减少到 5 亿人，2084 年减少到 4.5 亿人，2093 年减少到 4.35 亿人。分性别来看，男性就业人数一直多于女性，男性、女性就业人数差别也经历了先扩大后缩小的过程，2018 年末男性就业人数比女性多 31.49%，2028 年达到 40%，2051 年的峰值为 51.67%，2084 年降至 40%，2093 年降至 36.39%。在 2018～2093 年评估期间，全国年平均就业人数为 57 089 万人，其中，男性 33 406 万人，女性 23 683 万人，男性年平均就业人数比女性多 41.05%。

表②17　　　　　　　　　　未来 75 年就业人数预测　　　　　　　　单位：万人

项目	2018 年	2028 年	2038 年	2048 年	2058 年	2068 年	2078 年	2093 年
总人数	69 854	66 704	65 790	59 976	52 595	50 637	47 305	43 503
男性	39 678	38 923	38 164	35 597	31 196	29 732	27 800	25 101
女性	30 175	27 780	27 626	24 378	21 399	20 905	19 504	18 402

（三）未来 75 年参保职工人数预测

根据方案二假设，未来各年养老保险覆盖率预测结果如表②18 所示。

表②18　　　　　　　　　未来 75 年养老保险覆盖率预测　　　　　　　单位：%

项目	2018 年	2028 年	2038 年	2048 年	2058 年	2068 年	2078 年	2093 年
覆盖率	43.20	54.46	60.76	63.04	63.23	63.23	63.23	63.23

根据人力资源和社会保障部发布的统计公报，2018 年末我国城职保参保职工人数为 30 104 万人，本书根据方案二假设从 2010 年开始预测，预测 2018 年末参保职工人数为 30 177 万人，预测误差为 0.24%，说明方案二的精算假设是符合实际的。根据方案二预测结果（见表②19），由于受养老保险制度覆盖率提高的影响，我国城职保参保职工人数在未来一段时期将持续增加，至 2039 年增加到 4 亿人的峰值水平，扩面工作成效显著；2040 年以后，虽然养老保险制度覆盖率仍在提高，由于就业人数迅速减少，参保职工人数至 2054 年降至 3.5 亿人，2077 年降至 3 亿人，2093 年降至 2.75 亿人。分性别来看，男性参保职工人数一直多于女性，男性、女性参保职工人数差别也经历了先扩大后缩小的过程，2018 年末男性参保职工人数比女性多 31.49%，2051 年的峰值为 51.67%，2093 年降至 36.39%。在 2018～2093 年评估期间，全国参保职工年平均人数为 34 147 万人，其中，男性 19 995 万人，女性 14 152 万人，男

性参保职工年平均人数比女性多41.28%。

表②19　　　　　　　　　未来75年参保职工人数预测　　　　　单位：万人

项目	2018 年	2028 年	2038 年	2048 年	2058 年	2068 年	2078 年	2093 年
总人数	30 177	36 333	39 977	37 814	33 260	32 022	29 914	27 510
男性	17 141	21 201	23 190	22 443	19 727	18 801	17 580	15 873
女性	13 036	15 132	16 786	15 370	13 533	13 221	12 334	11 637

（四）未来75年参保缴费人数预测

由表②20可知，在方案二中，由于受扩大养老保险覆盖面和延迟退休年龄两个主要因素的影响，参保缴费人数在2018～2040年持续增长，由2.53亿人增加到3.59亿人的峰值水平；2041～2058年快速下降至2.99亿人，2059～2073年稳定在2.80亿人以上的水平，2090年降至2.5亿人，2093年为2.47亿人。分性别来看，男性参保缴费人数一直多于女性，男性、女性参保缴费人数差别也经历了先扩大后缩小的过程，2018年末男性参保缴费人数比女性多31.49%，2051年的峰值为男性参保缴费人数比女性多51.67%，2093年降至36.39%。在2018～2093年评估期间，全国参保缴费年平均人数为30 393万人，其中，男性17 799万人，女性12 594万人，男性参保缴费年平均人数比女性多41.32%。根据评估期间参保缴费人数和参保职工人数的年平均值计算，评估期间参保职工平均遵缴率为89%，与方案二精算假设保持一致。

表②20　　　　　　　　　未来75年参保缴费人数预测　　　　　单位：万人

项目	2018 年	2028 年	2038 年	2048 年	2058 年	2068 年	2078 年	2093 年
总人数	25 349	31 246	35 179	34 032	29 934	28 819	26 923	24 759
男性	14 399	18 233	20 407	20 199	17 755	16 921	15 822	14 285
女性	10 950	13 013	14 772	13 833	12 179	11 898	11 101	10 473

未来75年男性、女性及总的劳动年龄人数、就业人数、参保职工人数和参保缴费人数预测曲线如图②9、图②10和图②11所示。总的来看，随着扩面工作的开展和职工参保意识的增强，就业人员的参保比例会趋于提高，但因为

总人口的减少和人口老龄化的影响，参保职工和参保缴费人数在2040年达到峰值后会趋于减少。

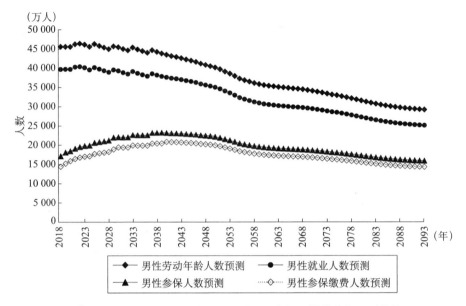

图②9　未来75年男性劳动年龄、就业、参保和缴费人数预测曲线

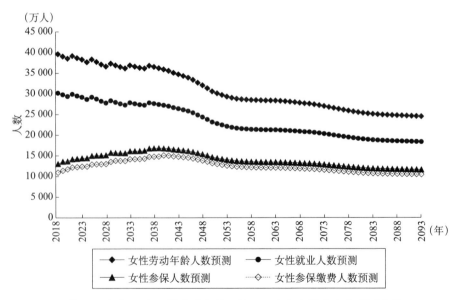

图②10　未来75年女性劳动年龄、就业、参保和缴费人数预测曲线

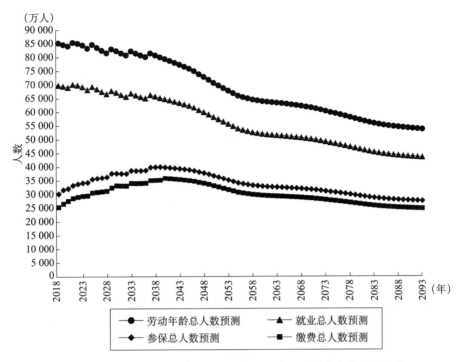

图②11 未来75年全国劳动年龄、就业、参保和缴费人数预测曲线

二、未来75年退休领取人数预测

（一）未来75年退休领取人数预测

在方案二中，根据2018年末退休领取人数及年龄分布，按照延迟退休假设，采用人口年龄移算方法，可预测未来75年退休领取人数如表②21及图②12所示。2018年退休领取人数为1.18亿人，2028年增加到1.50亿人；2043年达到2亿人，2056年达到2.43亿人的峰值水平；至2076年降至2亿人；2093年降为1.71亿人，退休领取人数经历了先升后降的过程。

此处预测的未来退休领取人数变动趋势，与前面预测的人口老龄化趋势是一致的，即在2056年之前快速增长，而在此之后缓慢下降，并长期保持在较高水平。分性别来看，由于女性人口预期寿命显著高于男性，因而未来各年女性退休领取人数均多于男性，多出的比率在22%～42%。2018～2093年评估期间，全国退休领取人数的年平均值为19 482万人，其中男性、女性人数分别为 8 440 万人和 11 042 万人，女性退休领取人数平均比男性多 30.84%。

需要说明的是，此处所用 2018 年末退休领取人数是实际数据，但退休人员的年龄分布是假设的，如果能用真实的退休人员性别、年龄分布来预测，预测结果将会更加准确。

表②21　　　　　　　　　　　未来 75 年退休领取人数预测　　　　　　　　单位：万人

项目	2018 年	2028 年	2038 年	2048 年	2058 年	2068 年	2078 年	2093 年
总人数	11 797	15 014	17 951	22 090	24 267	21 782	19 662	17 161
男性	5 162	6 306	7 781	9 391	10 614	9 484	8 539	7 720
女性	6 635	8 708	10 170	12 699	13 653	12 298	11 123	9 440

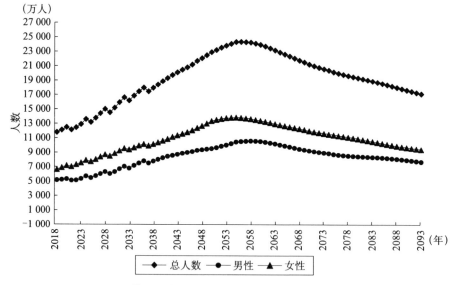

图②12　未来 75 年退休领取人数预测曲线

（二）未来 75 年制度总人数与制度抚养比预测

由表②22 和图②13 可知，在方案二中，2018 年制度总人数为 4.19 亿人，2027 年达到 5 亿人，2048 年达到峰值 5.99 亿人，随后缓慢下降，至 2064 年均保持在 5.5 亿人以上，随后快速下降，2076 年减少到 5 亿人，2093 年减少到 4.46 亿人。制度总人数占全国人口数的比例，2018 年为 30.11%，随后持续上升到 2069 年 44.58% 的峰值水平，2036 年以后一直保持在 40% 以上的水平。2019～2093 年评估期间，年平均制度总人数为 53 071 万人（其中男性、女性人数分别为 28 138 万人和 24 933 万人），占年平均总人口 127 539 万人的比例为 41.61%，说明我国城职保制度为全国 41.61% 的人口提供了基本养老保障。

表②22　　　　　　　　　未来 75 年制度总人数与制度抚养比

项目	2018 年	2028 年	2038 年	2048 年	2058 年	2068 年	2078 年	2093 年
制度总人数（万人）	41 975	51 347	57 928	59 904	57 527	53 804	49 577	44 672
其中：男性（万人）	22 304	27 507	30 971	31 834	30 341	28 285	26 120	23 593
女性（万人）	19 671	23 840	26 957	28 070	27 186	25 519	23 457	21 079
占人口比例	0.3011	0.3627	0.4106	0.4333	0.4411	0.4457	0.4431	0.4401
参保职工制度抚养比	2.55	2.42	2.22	1.71	1.37	1.47	1.52	1.60
缴费职工制度抚养比	2.15	2.08	1.96	1.54	1.23	1.32	1.37	1.44
男性	2.79	2.89	2.62	2.15	1.67	1.78	1.85	1.85
女性	1.65	1.49	1.45	1.09	0.89	0.97	1.00	1.11

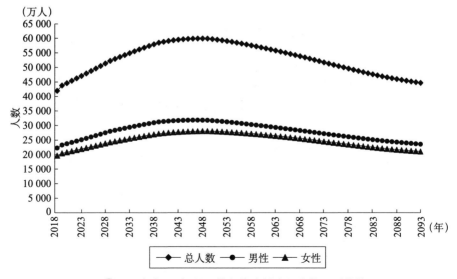

图②13　未来 75 年职工养老保险制度总人数预测曲线

　　制度抚养比中，缴费职工制度抚养比更加真实地反映了制度负担程度，根据现行的制度承诺，缴费职工制度抚养比保持在 2 以上的水平，制度本身能够实现可持续运行，如果降低到 2 以下，需要外来援助才能实现制度可持续运行。预测结果（见表②22 和图②14）显示，2018 年缴费职工制度抚养比为 2.15，2034 年降为 2.01，2049 年降至 1.49，2058 年降至最低值 1.23，随后缓慢回升，2067 年回升至 1.31，2089 年回升至 1.40，2093 年为 1.44。2018～2093 年评估期间缴费职工制度抚养比平均值为 1.56，分性别来看，男性缴费职工制度抚养比平均值为 2.10，女性为 1.14，说明男性参保缴费职工制度抚养比可以保持制度可持续运行，而女性参保缴费职工制度抚养比过低。参保职工制度抚养比略好于缴费职工制度抚养比，2018～2093 年评估期间的平均值为 1.75，其中男性、女性分别为 2.36 和 1.28。由此可见，自 2034 年以后，城职保制度养老负担开始超出制度本身的承受能力，2049 年以后，制度的养老负担非常沉重，需要提前谋划应对之策。

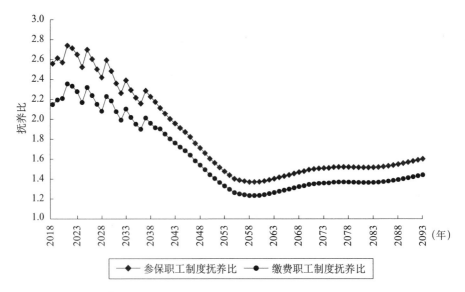

图②14　未来 75 年职工养老保险制度抚养比预测曲线

第三节 满意状态的未来 75 年缴费工资预测

一、未来 75 年人均工资预测

在方案二中，采用按《中国统计年鉴》公布的城镇非私营单位和城镇私营单位就业人员平均工资及就业人数计算的 2018 年全国全口径城镇单位就业人员年平均工资为 67 733 元，根据未来实际工资增长率和通货膨胀率假设，预测未来各年人均工资如表②23 所示。

表②23　　　　　　　　　　未来 75 年人均工资预测　　　　　　　　单位：元

项目	2018 年	2028 年	2038 年	2048 年	2058 年	2068 年	2078 年	2093 年
人均工资	67 733	154 000	318 021	599 152	1 075 918	1 850 055	3 165 823	6 638 159

二、未来 75 年缴费工资总额预测

根据方案二的假设，未来 75 年缴费工资总额预测结果如表②24 和图②15 所示，由此可知，随着经济发展和人均工资较快增长，尽管参保缴费人数在 2040 年以后持续减少，但缴费工资总额呈稳步增长趋势，在 2018～2093 年评估周期内，如果全口径城镇单位就业人员人均工资名义增长率与 GDP 同步，则缴费工资总额占 GDP 的平均比例为 17.89%。分性别来看，男性参保缴费工资总额平均比女性多 66.98%。

表②24　　　　　　　　　　未来 75 年缴费工资总额预测　　　　　　单位：亿元

项目	2018 年	2028 年	2038 年	2048 年	2058 年	2068 年	2078 年	2093 年
总额	137 145	413 707	986 227	1 795 637	2 840 596	4 680 350	7 456 021	14 332 431
男性	83 394	257 661	610 971	1 135 375	1 802 429	2 940 615	4 684 458	8 855 900
女性	53 750	156 046	375 256	660 261	1 038 167	1 739 735	2 771 563	5 476 531

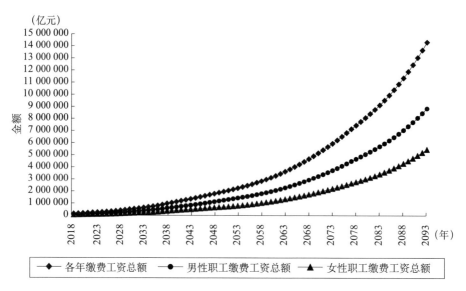

图②15　未来75年缴费工资总额预测曲线

第四节　满意状态的未来75年养老保险基金收支预测

一、未来75年养老保险基金缴费收入预测

（一）未来75年政府补贴预测

根据方案二假设，2018年各级政府对城职保的财政补贴为9 378亿元，占当年GDP总额（919 281亿元）的比例为1.02%，为应对人口老龄化带来的支付压力，为弥补企业和单位缴费比例下调而减少的统筹基金收入，为履行政府对城职保基金收支缺口兜底职责，需要提高政府补贴占GDP的比例。假设2048年以前，政府补贴的增速快于GDP增速，使政府补贴占GDP的比例达到2%以上，以后保持与GDP增速基本一致。在2018～2093年评估期间，政府补贴的精算现值为4 276 030亿元，占预测GDP现值2.1255亿元的平均比例为2.01%。未来各年政府补贴预测结果见表②25和图②16所示。

表②25　　　　　　　　　　　未来 75 年政府补贴预测

项目	2018 年	2028 年	2038 年	2048 年	2058 年	2068 年	2078 年	2093 年	精算现值
政府补贴（亿元）	9 378	26 388	67 821	158 349	320 292	547 104	930 105	1 933 621	4 276 030
占 GDP 比例（％）	1.02	1.26	1.57	1.95	2.19	2.17	2.16	2.14	2.01

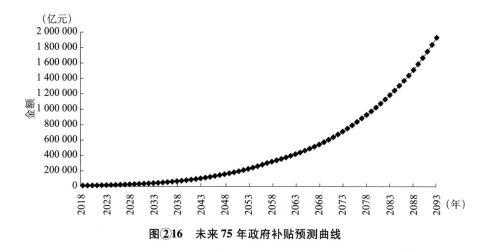

图②16　未来 75 年政府补贴预测曲线

（二）未来 75 年统筹基金缴费收入预测

在方案二中，根据国务院办公厅发布的《降低社会保险费率综合方案》规定，自 2019 年 5 月 1 日起，降低城职保单位缴费比例至 16%，个体户和灵活就业人员统筹基金缴费比例为 12%，假设未来不变。由于人均缴费工资持续增长，虽然参保缴费人数在 2040 年以后有所减少，统筹基金缴费收入仍然是持续增长的。未来 75 年统筹基金缴费收入的精算现值为 5 875 849 亿元，占同期 GDP 的平均比例为 2.76%；其中男性、女性参保职工统筹基金缴费收入的精算现值分别为 3 682 008 亿元和 2 193 841 亿元，男性职工统筹基金缴费收入比女性职工多 67.83%。按全国缴费职工人年数 227.9475 亿计算，每人年统筹基金缴费水平现值为 2.57 万元；其中，男性缴费职工人年数为 133.4925 亿，每人年统筹基金缴费水平现值为 2.75 万元；女性缴费职工人年数为 94.455 亿，每人年统筹基金缴费水平现值为

2.32 万元；男性参保职工统筹基金平均缴费水平比女性参保职工高 18.75%，预测结果如表②26 和图②17 所示。

表②26　　　　　　　　未来 75 年统筹基金缴费收入预测　　　　　　单位：亿元

项目	2019 年	2028 年	2038 年	2048 年	2058 年	2068 年	2078 年	2093 年	精算现值
总额	22 909	60 679	145 068	266 831	422 243	695 203	1 109 529	2 130 324	5 875 849
男性	13 996	37 776	89 889	168 577	268 056	436 751	697 118	1 316 431	3 682 008
女性	8 913	22 903	55 179	98 254	154 187	258 452	412 411	813 893	2 193 841

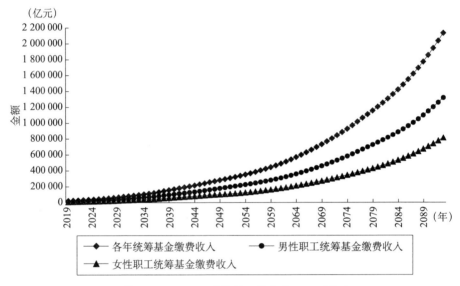

图②17　未来 75 年统筹基金缴费收入预测曲线

（三）未来 75 年个人账户缴费收入预测

在方案二中，由于人均缴费工资持续增长，虽然参保缴费人数在 2040 年以后有所减少，个人账户缴费收入仍然是持续增长的。未来 75 年个人账户缴费收入的精算现值为 3 125 429 亿元，占同期 GDP 的比例为 1.47%。其中男性、女性参保职工个人账户缴费收入的精算现值分别为 1 958 519 亿元和 1 166 910 亿元，男性职工统筹基金缴费收入比女性职工多 67.83%。按全国缴费职工人年数 227.9475 亿计算，每人年个人账户缴费水平现值为 1.37 万元；其中，男性缴费职工人年数为 133.4925 亿，每人年个人账户缴费水平现值为 1.46 万元；女性缴费职工人年数为 94.455 亿，每人年个人账户缴费水平现值

为 1.23 万元；男性参保职工个人账户平均缴费水平比女性参保职工高
18.75%，预测结果如表②27 和图②18 所示。

表②27　　　　　　　　　　**未来 75 年个人账户缴费收入预测**　　　　　　单位：亿元

项目	2019 年	2028 年	2038 年	2048 年	2058 年	2068 年	2078 年	2093 年	精算现值
总额	12 140	32 178	76 987	141 974	224 683	369 862	590 565	1 133 567	3 125 429
男性	7 415	20 030	47 706	89 677	142 655	232 355	371 056	700 503	1 958 519
女性	4 725	12 148	29 281	52 297	82 028	137 507	219 509	433 064	1 166 910

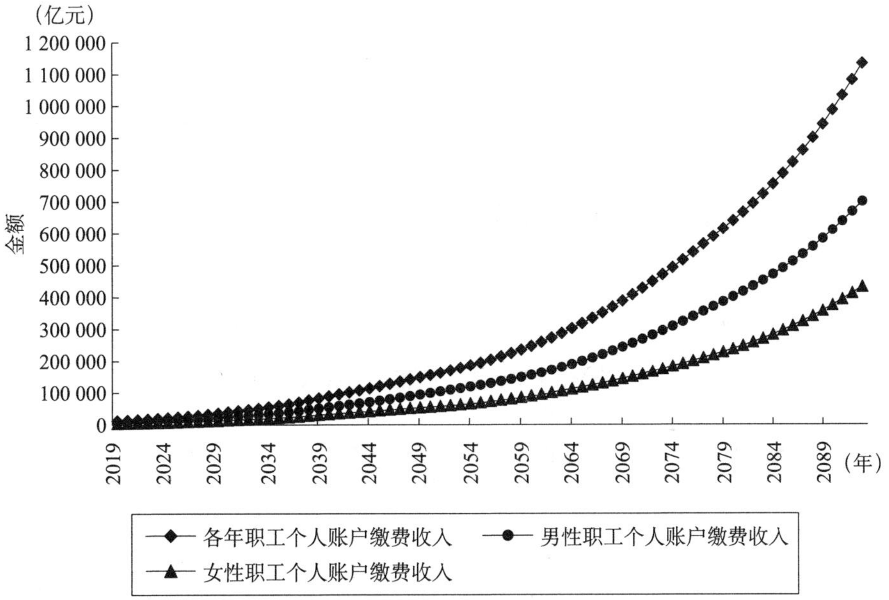

图②18　未来 75 年个人账户缴费收入预测曲线

（四）未来 75 年养老保险基金缴费收入预测

在方案二中，未来 75 年养老保险基金缴费收入的精算现值为 9 001 278 亿
元，占同期 GDP 现值的 4.23%。其中，统筹基金和个人账户缴费收入现值分
别为 5 875 849 亿元和 3 125 429 亿元，占比分别为 65.28% 和 34.72%。男性
职工和女性职工养老保险基金缴费收入占比分别为 62.66% 和 37.34%，预测
结果如表②28 和图②19 所示。

表②28 未来75年养老保险基金缴费收入预测 单位：亿元

项目	2019 年	2028 年	2038 年	2048 年	2058 年	2068 年	2078 年	2093 年	精算现值
缴费收入	35 049	92 858	222 056	408 805	646 927	1 065 065	1 700 094	3 263 892	9 001 278
男性职工	21 411	57 806	137 595	258 254	410 712	669 106	1 068 174	2 016 934	5 640 527
女性职工	13 637	35 051	84 460	150 550	236 215	395 959	631 920	1 246 958	3 360 751

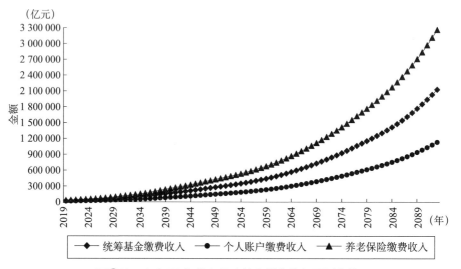

图②19 未来75年养老保险基金缴费收入预测曲线

二、未来75年养老保险基金支出预测

（一）未来各年养老金替代率预测

（1）未来各年"老人"养老金替代率预测。根据方案二假设，预测未来各年"老人"养老金替代率如表②29所示。

表②29 未来各年末"老人"养老金替代率预测 单位：%

项目	2019 年	2028 年	2038 年	2047 年
男性	65.01	57.60	57.60	57.60
女性	59.10	52.37	52.37	52.37

（2）未来各年"中人"和"新人"养老金替代率预测。根据方案二的假设，测算未来各年"中人"和"新人"统筹养老金替代率如表②30所示，个人账户养老金替代率如表②31所示。

表②30　　　　　　　　未来各年末统筹养老金替代率预测　　　　　　单位:%

项目	2019 年	2028 年	2038 年	2048 年	2058 年	2068 年	2078 年	2093 年
男性	51.45	43.33	39.50	38.80	38.80	38.80	38.80	38.80
女性	38.71	32.60	29.72	29.19	29.19	29.19	29.19	29.19

表②31　　　　　　　　未来各年末个人账户养老金替代率预测　　　　　单位:%

项目	2019 年	2028 年	2038 年	2048 年	2058 年	2068 年	2078 年	2093 年
男性	20.19	17.78	16.85	16.85	16.85	16.85	16.85	16.85
女性	13.29	11.71	11.09	11.09	11.09	11.09	11.09	11.09

（二）未来各年末"老人""中人"退休领取人数预测

（1）未来各年末"老人"退休领取人数预测。方案二与方案一相同，未来各年"老人"退休领取人呈持续减少的趋势，退休领取人年数为 5 088 万，其中女性退休人年数为男性的 3.11 倍，预测结果如表②32 和图②20 所示。

表②32　　　　　　　　未来各年末"老人"退休领取人数预测　　　　　单位：万人

项目	2019 年	2028 年	2038 年	2045 年
总人数	699.21	212.90	32.38	0.58
男性	252.44	48.56	1.15	0
女性	446.77	164.34	31.23	0.58

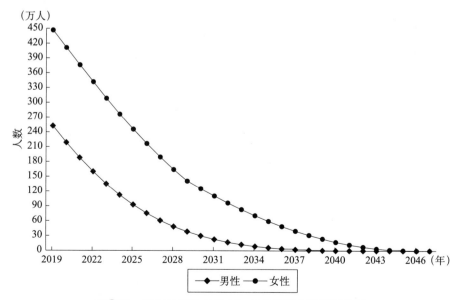

图②20　未来各年末"老人"退休领取人数预测曲线

（2）未来各年末"中人"退休领取人数预测。方案二与方案一相同，未来各年"中人"退休领取人数表现为先升后降的趋势。"中人"退休领取总人数于2036年达到峰值4607万人，之后快速下降，至2085年基本退出城职保制度。未来各年"中人"退休领取人年数为15.93亿，其中女性"中人"退休人年数比男性多24.72%。预测结果如表②33和图②21所示。

表②33　　　　　　　　　　未来各年末"中人"退休领取人数预测　　　　　　　单位：万人

项目	2019 年	2028 年	2038 年	2048 年	2058 年	2068 年	2078 年	2085 年
总人数	4 011	4 501	4 439	3 302	1 581	434	28	0.04
男性	1 970	2 117	1 939	1 500	646	143	6	0
女性	2 041	2 384	2 500	1 802	935	291	22	0.04

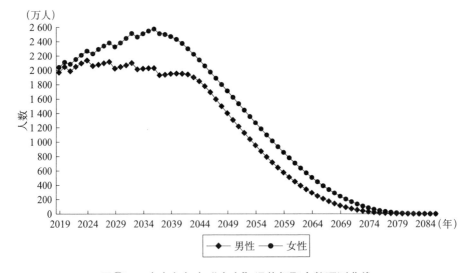

图②21　未来各年末"中人"退休领取人数预测曲线

（三）未来75年统筹基金支出预测

方案二与方案一相同，未来各年从统筹基金账户支出的项目包括"老人"养老金支出、"中人"统筹养老金支出、"新人"和扩面人员统筹养老金支出、"中人"个人账户过渡性养老金支出、"中人"和"新人"个人账户计发年限截止后的个人账户养老金支出，以上五项相加为统筹基金支出。

（1）未来各年"老人"养老金支出预测。在方案二中，由于"老人"

退休领取人数逐年减少，相应地，"老人"养老金支出也逐年下降。同时，虽然女性"老人"人均养老金低于男性，但由于女性"老人"退休领取人数多，女性"老人"养老金支出仍然高于男性。未来各年"老人"养老金支出现值为 26 191 亿元，其中女性"老人"养老金支出比男性多 141.92%。由于"老人"未缴费，其养老金支出全部由统筹基金支付。预测结果如表②34 和图②22 所示。

表②34　　　　　　　　　　未来各年"老人"养老金支出预测　　　　　　　单位：亿元

项目	2019 年	2028 年	2038 年	2045 年	精算现值
总额	3 051	1 777	583	28	26 191
男性	1 191	451	30	0	7 660
女性	1 860	1 326	553	28	18 531

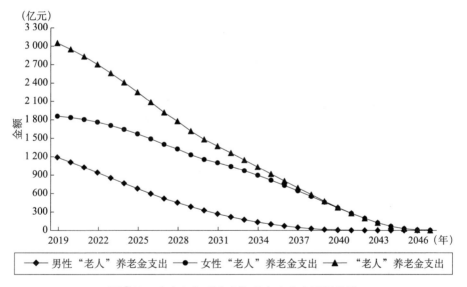

图②22　未来各年"老人"养老金支出预测曲线

（2）未来各年"中人"统筹养老金支出预测。在方案二中，未来各年"中人"统筹养老金支出也表现为先升后降的趋势，于 2049 年达到峰值 64 505 亿元，2085 年降到接近于零；其中，男性"中人"统筹养老金支出于 2048 年达到峰值 33 946 亿元，女性于 2052 年达到峰值 31 120 亿元。由于受"中人"退休领取人数、人均统筹养老金两个因素的影响，"中人"统筹养老金支出峰值到达时间比"中人"退休领取人数峰值到达的时间晚 13 年。未来各年"中人"统筹养老金支出的精算现值为 725 846 亿元，其中男性比女性支出多 6.24%。预测结果如表②35 和图②23 所示。

表②35　　　　　　　　未来各年"中人"统筹养老金支出预测　　　　单位：亿元

项目	2019 年	2028 年	2038 年	2048 年	2058 年	2068 年	2078 年	2085 年	精算现值
总额	12 089	24 186	45 088	64 377	56 000	26 933	3 357	19	725 846
男性	6 764	13 101	22 822	33 946	26 969	10 798	949	4	373 912
女性	5 325	11 085	22 266	30 431	39 031	16 135	2 408	15	351 934

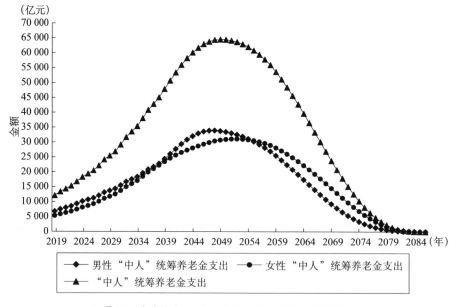

图②23　未来各年"中人"统筹养老金支出预测曲线

（3）未来 75 年"新人"和扩面人员统筹养老金支出预测。在方案二中，由于"新人"和扩面人员人数快速增加，使"新人"和扩面人员统筹养老金支出也快速增加，并成为未来统筹养老金支出的最主要部分。未来 75 年"新人"和扩面人员统筹养老金支出的精算现值为 9 181 388 亿元，其中男性、女性所占比例分别为 50.63% 和 49.37%，即男性比女性多 2.54%。预测结果如表②36 和图②24 所示。

表②36　　　　　　未来75年"新人"和扩面人员统筹养老金支出预测　　　　　单位：亿元

项目	2019 年	2028 年	2038 年	2048 年	2058 年	2068 年	2078 年	2093 年	精算现值
总额	21 590	52 765	133 875	347 461	770 528	1 255 782	1 981 489	3 651 788	9 181 388
男性	10 393	24 785	67 260	170 860	392 126	639 453	1 000 839	1 903 039	4 648 390
女性	11 197	27 980	66 615	176 601	378 402	616 329	980 650	1 748 749	4 532 998

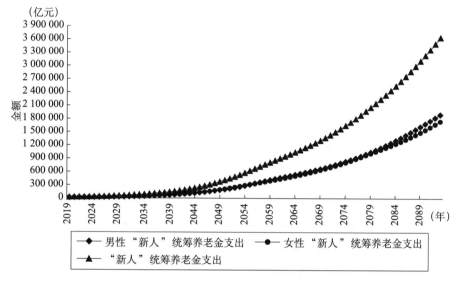

图②24　未来75年"新人"和扩面人员统筹养老金支出预测曲线

（4）未来各年"中人"个人账户过渡性养老金支出预测。在方案二中，未来各年"中人"个人账户过渡性养老金支出也表现为先升后降的过程，于2028年达到峰值3 604亿元，其中男性于2028年达到峰值2 002亿元，女性于2028年达到峰值1 602亿元。未来各年"中人"个人账户过渡性养老金支出的精算现值为50 152亿元，其中男性比女性多25.59%。预测结果如表②37和图②25所示。

表②37　　　　　未来各年"中人"个人账户过渡性养老金支出预测　　　　　单位：亿元

项目	2019 年	2028 年	2038 年	2048 年	2055 年	精算现值
总额	2 514	3 604	3 255	1 505	242	50 152
男性	1 385	2 002	1 836	830	127	27 921
女性	1 129	1 602	1 419	675	115	22 231

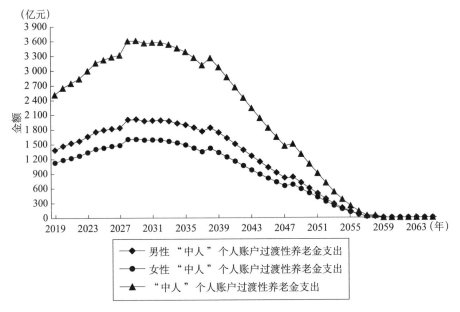

图②25　未来各年"中人"个人账户过渡性养老金支出预测曲线

（5）"中人"和"新人"个人账户养老金计发年限截止后养老金支出。按照方案二假设，未来各年"中人"和"新人"个人账户养老金计发年限截止后养老金支出的精算现值为765 022亿元，其中男性、女性所占比例基本相同。从变动趋势来看，这部分支出呈稳定上升的趋势，由2019年的2 058亿元持续增加到2093年的238 078亿元。这部分支出相当于统筹基金对个人账户的转移支付，在统筹基金支付压力巨大的条件下，这部分支出还需要压缩。若要降低未来各年"中人"和"新人"个人账户养老金计发年限截止后养老金支出，可进一步延长个人账户养老金计发年限。预测结果如表②38所示。

表②38　　　"中人"和"新人"个人账户计发年限截止后养老金支出　　单位：亿元

项目	2019年	2028年	2038年	2048年	2058年	2068年	2078年	2093年	精算现值
总额	2 058	4 745	9 364	27 160	66 735	100 223	174 291	238 078	765 022
男性	1 312	2 870	5 081	13 376	34 057	48 191	81 631	117 395	379 969
女性	746	1 875	4 283	13 784	32 678	52 032	92 660	120 683	385 053

（6）未来75年统筹基金总支出预测。在方案二中，由于退休领取人数、统筹养老金待遇水平变化的影响，未来各年统筹基金总支出表现为持续增加的

趋势。未来75年统筹基金总支出的精算现值为10 748 600亿元，占同期GDP精算现值的5.05%，其中男性统筹基金支出比女性多2.39%。从支出项目结构来看，"老人"养老金支出、"中人"统筹养老金支出、"新人"和扩面人员统筹养老金支出、"中人"个人账户过渡性养老金支出、"中人"和"新人"个人账户计发年限截止后的个人账户养老金五项支出占统筹养老金总支出的比例分别为0.24%、6.75%、85.42%、0.46%和7.12%，其中"中人"和"新人"个人账户计发年限截止后的个人账户养老金支出是统筹基金对个人账户的补贴，在统筹基金支付压力巨大的情况下，应尽量控制这部分支出，其余四项支出均为统筹基金正常支出。预测结果如表②39和图②26所示。

表②39　　　　　　　　　　未来75年统筹基金总支出预测　　　　　　　　单位：亿元

项目	2019年	2028年	2038年	2048年	2058年	2068年	2078年	2093年	精算现值
总额	41 302	87 078	192 166	440 505	893 308	1 382 939	2 159 138	3 889 866	10 748 600
男性	21 045	43 209	97 028	219 014	453 176	698 442	1 083 419	2 020 434	5 437 852
女性	20 257	43 869	95 138	221 491	440 132	684 497	1 075 719	1 869 432	5 310 748

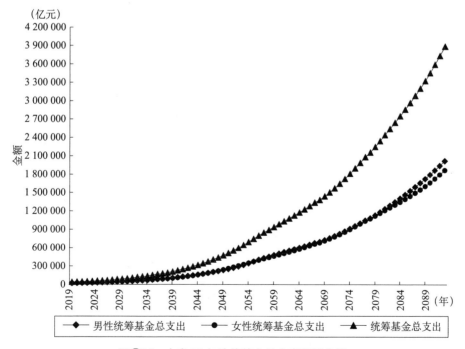

图②26　未来75年统筹基金总支出预测曲线

（四）未来 75 年个人账户支出预测

（1）未来各年"中人"个人账户支出预测。在方案二中，"中人"个人账户支出也表现为先升后降的趋势，于 2048 年达到峰值 16 296 亿元，其中男性支出的峰值为 2048 年的 9 660 亿元，女性支出的峰值为 2048 年的 6 636 亿元。未来各年"中人"个人账户支出的精算现值为 138 038 亿元，其中，男性支出比女性多 29.50%，预测结果如表②40 和图②27 所示。

表②40　　　　　　　　未来各年"中人"个人账户支出预测　　　　　　单位：亿元

项目	2019 年	2028 年	2038 年	2048 年	2058 年	2064 年	精算现值
总额	1 420	4 200	10 847	16 296	9 450	735	138 038
男性	808	2 343	5 757	9 660	5 242	414	78 042
女性	612	1 857	5 090	6 636	4 208	321	60 265

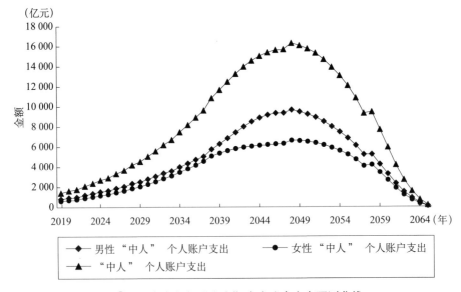

图②27　未来各年"中人"个人账户支出预测曲线

（2）未来 75 年"新人"个人账户支出预测。在方案二中，"新人"和扩面人员个人账户支出表现为持续增长的趋势。未来 75 年"新人"个人账户支出的精算现值为 3 057 597 亿元，其中，男性支出比女性多 22.05%，预测结果如表②41 和图②28 所示。

表②41　　　　　　　　未来75年"新人"个人账户支出预测　　　　　　单位：亿元

项目	2019 年	2028 年	2038 年	2048 年	2058 年	2068 年	2078 年	2093 年	精算现值
总额	6 423	17 034	48 125	122 646	260 585	422 482	634 293	1 252 828	3 057 597
男性	3 234	8 336	25 741	65 060	142 650	234 149	353 347	708 908	1 680 610
女性	3 189	8 698	22 384	57 586	117 935	188 333	280 946	543 920	1 376 987

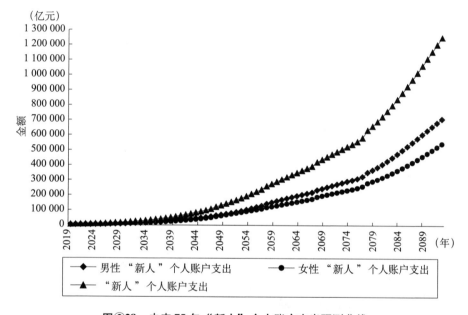

图②28　未来75年"新人"个人账户支出预测曲线

（3）未来75年个人账户总支出预测。在方案二中，未来75年个人账户总支出的精算现值为 3 195 905 亿元，占同期 GDP 精算现值的 1.50%，其中，男性个人账户总支出比女性多 22.36%，预测结果如表②42 和图②29 所示。结合表②38 来看，未来75年个人账户养老金总支出的精算现值为 3 960 927 亿元，其中由统筹基金支出的补贴额为 765 022 亿元，补贴比例为 19.31%；男性个人账户养老金总支出的精算现值为 2 138 622 亿元，其中由统筹基金支出的补贴额为 379 969 亿元，补贴比例为 17.76%；女性个人账户养老金总支出的精算现值为 1 822 305 亿元，其中由统筹基金支出的补贴额为 385 053 亿元，补贴比例为 21.13%。从城职保制度内容来看，个人账户实行完全积累制，是不需要进行财政补贴的，但在方案二中，对个人账户养老金支出的政府补贴用掉了全部政府补贴 4 276 030 亿元的 17.89%。在统筹基金支付压力日益增大的情况下，政府补贴应主要用于弥补统筹基金支付缺口，对个人账户的政府补贴还有必要进一步压缩。

表②42　　　　　　　　　　未来75年个人账户总支出预测　　　　　　　　单位：亿元

项目	2019年	2028年	2038年	2048年	2058年	2068年	2078年	2093年	精算现值
总额	7 843	21 233	58 971	138 942	270 035	422 482	634 294	1 252 828	3 195 905
男性	4 042	10 678	31 498	74 720	147 892	234 149	353 347	708 908	1 758 653
女性	3 801	10 555	27 474	64 222	122 143	188 333	280 946	543 920	1 437 252

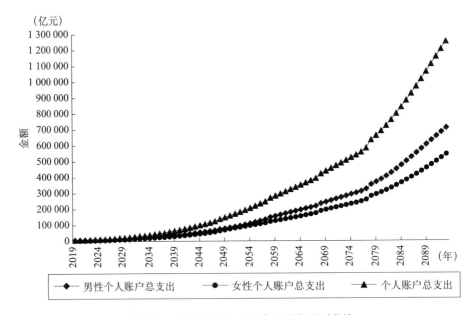

图②29　未来75年个人账户总支出预测曲线

（五）未来75年城镇职工养老保险基金总支出预测

根据方案二的假设，未来75年城镇职工基本养老保险基金总支出预测结果如表②43和图②30所示，未来75年城镇职工基本养老保险基金总支出表现为持续增加的趋势。未来75年城镇职工基本养老保险基金总支出的精算现值为 13 944 505 亿元，其中，统筹基金支出的精算现值为 10 748 600 亿元，个人账户支出的精算现值为 3 195 905 亿元。

表②43				未来75年城镇职工养老保险基金总支出预测				单位：亿元
项目	2019 年	2028 年	2038 年	2048 年	2058 年	2068 年	2078 年	2093 年	精算现值
总额	49 146	108 312	251 138	579 448	1 163 343	1 805 421	2 793 432	5 142 695	13 944 505
统筹基金	41 302	87 078	192 166	440 505	893 308	1 382 939	2 159 138	3 889 866	10 748 600
个人账户	7 844	21 234	58 972	138 943	270 035	422 482	634 294	1 252 828	3 195 905
男性	25 088	53 887	128 525	293 734	601 068	932 592	1 436 766	2 729 342	7 196 505
女性	24 058	54 425	122 613	285 714	562 275	872 829	1 356 666	2 413 353	6 748 000

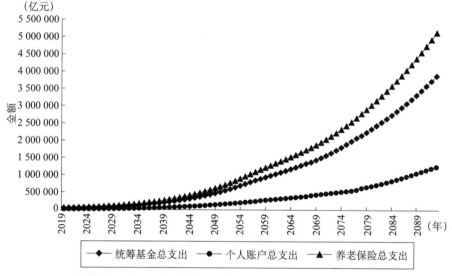

图②30　未来75年城镇职工养老保险基金总支出预测曲线

结合缴费情况来看，城职保缴费总收入的精算现值为 9 001 278 亿元，城
职保基金总支出与总缴费收入的精算现值的比值为 154.91%，可看作城职保
制度效率指数为 154.91%；统筹基金缴费收入的精算现值为 5 875 849 亿元，
统筹基金支出中扣除对个人账户的补贴支出即统筹养老金支出的精算现值为
9 983 578 亿元，统筹养老金的制度效率指数为 169.91%；个人账户缴费收入
的精算现值为 3 125 429 亿元，个人账户支出加上个人账户享受的政府补贴即
个人账户养老金支出的精算现值为 3 960 927 亿元，个人账户养老金的制度效
率指数为 126.73%。由此可见，从总体上来看，统筹养老金获得的溢价比个
人账户养老金获得的溢价高出 34.07%，原因在于统筹基金支出为保证制度承
诺的统筹养老金替代率，使统筹基金支付的退休养老金远高于职工在职时的统

筹基金缴费额，其差额是由制度内含的代际转移支付机制和政府补贴来承担，这正是我国城职保制度的优越性所在，这种制度的优越性是在设计城职保制度改革方案时必须要保留的。

分性别来看，男性参保职工缴费收入的精算现值为 5 640 527 亿元，男性退休人员养老金支出的精算现值为 7 196 505 亿元，男性职工养老保险的制度效率指数为 127.58％；男性统筹基金缴费收入的精算现值为 3 682 008 亿元，男性统筹基金支出的精算现值为 5 437 852 亿元，扣除对个人账户补贴的精算现值 379 969 亿元，男性统筹养老金支出为 5 057 883 亿元，男性统筹养老金的制度效率为 137.36％；男性个人账户缴费收入的精算现值为 1 958 519 亿元，男性个人账户支出的精算现值为 1 758 653 亿元，加上对男性个人账户养老金政府补贴精算现值 379 969 亿元，男性个人账户养老金总支出的精算现值为 2 138 622 亿元，男性个人账户养老金的制度效率为 109.19％。女性参保职工缴费收入的精算现值为 3 360 751 亿元，女性退休人员养老金支出的精算现值为 6 748 000 亿元，女性职工养老保险的制度效率指数为 200.78％；女性统筹基金缴费收入的精算现值为 2 193 841 亿元，女性统筹基金支出的精算现值为 5 310 748 亿元，扣除对个人账户补贴的精算现值 385 053 亿元，女性统筹养老金支出为 4 925 695 亿元，女性统筹养老金的制度效率为 224.52％；女性个人账户缴费收入的精算现值为 1 166 910 亿元，女性个人账户基金支出的精算现值为 1 437 252 亿元，加上对女性个人账户养老金政府补贴的精算现值 385 053 亿元，女性个人账户养老金总支出的精算现值为 1 822 305 亿元，女性个人账户养老金的制度效率为 156.16％。由此可见，女性参保职工获得的制度溢价显著高于男性参保职工，女性参保职工养老保险制度溢价比男性高 57.37％，女性职工统筹养老金制度溢价比男性高 63.45％，女性职工个人账户养老金制度溢价比男性高 43.01％。

三、未来 75 年养老保险基金总收入预测

未来各年养老保险基金总收入等于缴费收入、政府补贴和基金结余利息收入之和。

（一）未来 75 年统筹基金总收入预测

在方案二中，将 2018 年城职保累计结余 50 901 亿元全部视为当年个人账

户累计结余。从表②44 预测数据来看，统筹基金总收入主要来源于统筹基金缴费收入和政府补贴。其中，政府补贴占统筹基金缴费收入精算现值的比率为72.77%，占统筹基金总收入的比例为47.02%，发挥了显著的补充作用，但政府补贴占 GDP 的平均比例为2.01%，处于公共财政能够承受的范围之内。统筹基金利息收入长期为负值，利息收入的精算现值为 -1 057 973 亿元，用掉了政府补贴的24.74%。在前面讨论城职保精算平衡的判断标准时指出，统筹基金和个人账户的精算平衡是相对的，统筹基金的赤字可以用个人账户结余来弥补，但个人账户基金结余是有记账利率的，在个人账户为空账的情况下，个人账户利息只能由统筹基金收入或政府补贴来支付，在动用个人账户结余基金用于弥补统筹基金赤字时，统筹基金的利息收入就会为负值。

表②44　　　　　　　　　未来75年统筹基金总收入预测　　　　　　　单位：亿元

项目	2019 年	2028 年	2038 年	2048 年	2058 年	2068 年	2078 年	2093 年	精算现值
缴费收入	22 909	60 679	145 068	266 831	422 243	695 203	1 109 529	2 130 324	5 875 849
政府补贴	10 409	26 388	67 822	158 349	320 292	547 104	930 105	1 933 621	4 276 030
利息收入	0	-2 546	-1 648	4 037	-27 213	-132 975	-325 291	-950 039	-1 057 973
总收入	33 318	84 521	211 242	429 217	715 322	1 109 332	1 714 343	3 113 906	9 093 906

（二）未来75年个人账户总收入预测

在方案二中，从表②45 预测数据来看，个人账户总收入主要来源于个人账户缴费收入，但由于个人账户积累额的快速增加，个人账户利息收入占个人账户总收入的比例逐年增加，至评估期结束时，个人账户当年利息收入占缴费收入的比例达到95.71%。在评估期间，个人账户利息收入的精算现值占缴费收入精算现值的61.30%，占个人账户总收入精算现值的38.01%。

表②45　　　　　　　　　未来75年个人账户总收入预测　　　　　　　单位：亿元

项目	2019 年	2028 年	2038 年	2048 年	2058 年	2068 年	2078 年	2093 年	精算现值
缴费收入	12 140	32 178	76 988	141 974	224 684	369 862	590 565	1 133 567	3 125 429
利息收入	2 290	9 129	27 797	69 333	124 893	222 568	419 106	1 085 005	1 916 091
总收入	14 430	41 307	104 785	211 307	349 577	592 430	1 009 671	2 218 572	5 041 520

（三）未来75年养老保险基金总收入预测

在方案二中，从表②46预测数据来看，未来75年城职保总收入呈持续增加的趋势，城职保总收入的精算现值为14 135 425亿元，占同期GDP精算现值的比例为6.65%，其中，缴费收入是养老保险基金最主要的收入来源，占比为63.68%；政府补贴占比为30.25%；利息收入占比为6.07%。养老保险基金总收入的来源结构比较合理。

表②46 　　　　　　　未来75年养老保险基金总收入预测　　　　单位：亿元

项目	2019年	2028年	2038年	2048年	2058年	2068年	2078年	2093年	精算现值
缴费收入	35 049	92 858	222 056	408 805	646 927	1 065 065	1 700 095	3 263 892	9 001 278
政府补贴	10 409	26 388	67 822	158 350	320 292	547 105	930 105	1 933 621	4 276 030
利息收入	2 090	6 582	26 149	73 369	97 680	89 592	93 815	134 965	858 117
总收入	47 749	125 828	316 028	640 524	1 064 899	1 701 762	2 724 015	5 332 478	14 135 425

四、未来75年城镇职工基本养老保险基金总收入、总支出、结余预测

根据方案二的假设，分析我国城职保未来75年统筹基金、个人账户和养老保险基金总收入、总支出、结余预测结果与精算平衡情况。

（一）未来75年统筹基金总收入、总支出、结余预测

未来75年统筹基金总收入、总支出、当年结余和累计结余预测结果如表②47和图②30所示，可以看出，在未来75年的评估周期内，统筹基金总收入的精算现值为9 093 906亿元，统筹基金总支出的精算现值为10 748 600亿元，当年结余和累计结余的精算现值为－1 654 694亿元，统筹基金总收支未实现精算平衡，赤字率为15.39%。分年度来看，从评估年到2028年统筹基金当年赤字呈递减趋势，2029~2046年统筹基金当年结余为正，2047年以后统筹基金当年结余为负值且持续增加，至评估期满时达到最大值，2093年当年统筹基金赤字率为24.92%。从统筹基金累计结余来看，从评估年开始至2039年为负值，其中2019~2029年累计赤字持续增加，2030~2039年持续减少；2040~2050年转为正值，其中2040~2047年累计结余持续增加，而2048~

2050 年累计结余持续减少；2051 年至评估期满又转为负值，且累计赤字持续增加。其中 2051~2060 年累计赤字的增速在 20% 以上，2061~2069 年增速在 10% 以上，2070 年以后增速降至 10% 以下。也就是说，在目前的政府补贴水平条件下，如果没有外部资金支援，统筹基金收支无法实现精算平衡，只能正常运行到 2050 年。

表②47　　　　未来 75 年统筹基金总收入、总支出、结余预测　　单位：亿元

年份	统筹基金总收入	统筹基金总支出	当年结余	累计结余
2019	33 319	41 302	−7 984	−7 984
2020	37 277	45 193	−7 916	−16 259
2021	41 610	47 796	−6 186	−23 176
2022	46 252	50 851	−4 599	−28 818
2023	51 061	55 696	−4 636	−34 751
2024	56 088	61 823	−5 735	−42 049
2025	62 006	65 945	−3 939	−47 881
2026	68 833	70 642	−1 809	−51 844
2027	75 871	78 284	−2 413	−56 590
2028	84 521	87 079	−2 558	−61 694
2029	93 319	92 343	976	−63 494
2030	103 395	98 792	4 603	−61 749
2031	113 484	109 947	3 536	−60 992
2032	123 267	122 308	960	−62 777
2033	134 768	130 302	4 465	−61 136
2034	147 763	139 902	7 861	−56 026
2035	160 848	154 730	6 118	−52 430
2036	174 785	170 206	4 579	−50 210
2037	191 315	180 043	11 272	−41 197
2038	211 243	192 166	19 076	−23 769
2039	228 834	210 012	18 822	−5 898
2040	247 793	229 228	18 565	12 431
2041	268 081	249 682	18 399	31 327

续表

年份	统筹基金总收入	统筹基金总支出	当年结余	累计结余
2042	287 990	271 336	16 653	49 234
2043	308 807	294 254	14 553	65 757
2044	331 021	318 990	12 030	80 417
2045	354 611	346 056	8 555	92 188
2046	379 535	375 417	4 118	99 994
2047	405 398	408 478	− 3 080	100 914
2048	429 217	440 506	− 11 288	93 662
2049	453 978	476 171	− 22 193	75 216
2050	479 102	514 659	− 35 557	42 667
2051	504 840	555 472	− 50 632	− 6 258
2052	531 689	599 174	− 67 485	− 73 994
2053	559 407	645 996	− 86 589	− 163 542
2054	588 124	695 376	− 107 252	− 277 336
2055	617 650	747 848	− 130 198	− 418 628
2056	648 953	800 091	− 151 138	− 586 511
2057	682 982	850 531	− 167 549	− 777 520
2058	715 322	893 308	− 177 986	− 982 720
2059	746 135	940 847	− 194 712	− 1 211 827
2060	778 663	988 099	− 209 436	− 1 463 677
2061	812 963	1 035 000	− 222 037	− 1 736 943
2062	849 382	1 081 343	− 231 961	− 2 029 697
2063	887 833	1 129 214	− 241 381	− 2 342 117
2064	928 187	1 178 319	− 250 132	− 2 674 223
2065	970 476	1 229 145	− 258 670	− 3 026 491
2066	1 014 633	1 283 556	− 268 923	− 3 401 341
2067	1 060 828	1 339 751	− 278 922	− 3 799 310
2068	1 109 333	1 382 939	− 273 607	− 4 205 893
2069	1 160 337	1 442 670	− 282 333	− 4 635 432
2070	1 213 803	1 505 230	− 291 427	− 5 089 099

续表

年份	统筹基金总收入	统筹基金总支出	当年结余	累计结余
2071	1 269 690	1 572 262	− 302 572	− 5 569 790
2072	1 327 326	1 646 971	− 319 644	− 6 084 377
2073	1 386 902	1 727 010	− 340 108	− 6 637 438
2074	1 448 528	1 812 360	− 363 832	− 7 233 580
2075	1 513 194	1 901 154	− 387 960	− 7 874 715
2076	1 580 842	1 991 099	− 410 257	− 8 560 588
2077	1 650 654	2 084 478	− 433 824	− 9 294 033
2078	1 714 343	2 159 139	− 444 796	− 10 064 120
2079	1 779 640	2 250 929	− 471 288	− 10 887 652
2080	1 847 286	2 346 166	− 498 879	− 11 767 599
2081	1 917 634	2 443 994	− 526 360	− 12 705 826
2082	1 991 095	2 543 985	− 552 889	− 13 703 419
2083	2 068 052	2 646 043	− 577 991	− 14 761 030
2084	2 148 918	2 751 705	− 602 787	− 15 880 452
2085	2 234 205	2 859 939	− 625 734	− 17 062 002
2086	2 324 415	2 970 852	− 646 437	− 18 305 609
2087	2 419 798	3 086 178	− 666 380	− 19 612 686
2088	2 520 575	3 205 240	− 684 665	− 20 983 795
2089	2 627 058	3 328 226	− 701 168	− 22 419 396
2090	2 739 464	3 457 729	− 718 265	− 23 922 339
2091	2 857 949	3 594 502	− 736 553	− 25 496 174
2092	2 982 723	3 738 176	− 755 453	− 27 143 993
2093	3 113 906	3 889 867	− 775 961	− 28 869 993
精算现值	9 093 906	10 748 600	− 1 654 694	− 1 654 694

（二）未来 75 年个人账户总收入、总支出、结余预测

未来 75 年个人账户总收入、总支出、当年结余和累计结余预测结果如表②48 和图②32 所示，可以看出，在未来 75 年的评估周期内，个人账户总收入的精算现值为 5 041 520 亿元，个人账户总支出的精算现值为 3 195 905 亿

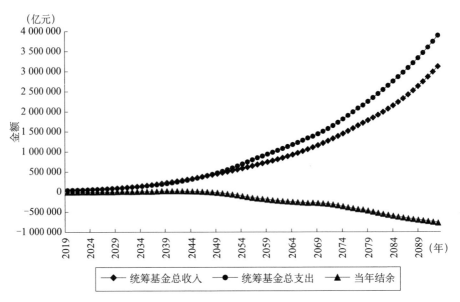

图②31 未来 75 年统筹基金总收入、总支出、结余预测曲线

元，当年结余和累计结余的精算现值为 1 845 615 亿元，个人账户累计结余持续增加，至评估期满时达到最大值，个人账户总收支能够实现精算平衡，并有36.61% 的结余。判断个人账户累计结余的合理性，如果不考虑退休职工个人账户积累余额，将评估周期结束时的个人账户累计结余 33 050 887 亿元全部看作参保职工的累计结余，根据表②26 预测结果，2093 年个人账户缴费额为1 133 567 亿元，两者相除，2093 年个人账户累计结余相当于人均 29.15 年的个人账户缴费额，也就是说，2093 年参保在职职工人均缴费时间为 29.15 年，这种结果是比较合理的。从另一个角度来看，根据表②19 预测 2093 年参保职工人数为 2.75 亿人，人均个人账户积累额为 1 201 万元，根据表②23 预测2093 年职工人均工资为 663.8 万元，相当于人均累积 1.81 年的工资，按 8%的个人账户缴费比例计算相当于 22.61 年的缴费，这样看也比较合理。因而可以判断，本方案预测的未来 75 年个人账户总收入、总支出与结余是比较合理的。

表②48　　　　　　未来 75 年个人账户总收入、总支出、结余预测　　　　单位：亿元

年份	个人账户总收入	个人账户总支出	当年结余	累计结余
2019	14 431	7 844	6 587	57 488

年份	个人账户总收入	个人账户总支出	当年结余	累计结余
2020	16 411	8 643	7 768	67 843
2021	18 702	9 150	9 552	80 448
2022	21 157	10 126	11 031	95 099
2023	23 683	11 244	12 439	111 817
2024	26 329	12 843	13 486	130 334
2025	29 440	13 607	15 833	152 032
2026	33 040	15 699	17 342	176 215
2027	36 717	18 001	18 716	202 861
2028	41 307	21 234	20 074	232 063
2029	46 045	22 433	23 613	266 118
2030	51 414	25 539	25 875	303 969
2031	56 776	29 041	27 735	345 382
2032	61 980	32 954	29 026	389 950
2033	68 048	34 876	33 172	440 669
2034	74 937	39 361	35 576	496 075
2035	81 814	44 139	37 675	556 074
2036	89 098	49 093	40 004	621 101
2037	97 704	51 814	45 890	694 941
2038	104 785	58 972	45 814	768 552
2039	113 602	64 769	48 833	848 127
2040	122 911	70 812	52 100	934 151
2041	132 904	77 501	55 403	1 026 920
2042	142 651	84 717	57 934	1 125 931
2043	152 720	92 259	60 461	1 231 429
2044	163 407	99 971	63 436	1 344 122
2045	174 708	107 388	67 320	1 465 208
2046	186 629	115 302	71 327	1 595 143
2047	198 967	124 605	74 362	1 733 311
2048	211 307	138 943	72 364	1 875 008
2049	223 981	148 843	75 138	2 025 146

续表

年份	个人账户总收入	个人账户总支出	当年结余	累计结余
2050	236 978	159 833	77 145	2 183 297
2051	250 397	170 922	79 475	2 350 104
2052	264 541	182 264	82 277	2 526 385
2053	279 350	194 305	85 045	2 712 486
2054	294 907	206 851	88 056	2 909 041
2055	311 157	220 794	90 363	3 115 766
2056	328 580	234 406	94 174	3 334 570
2057	347 701	247 262	100 438	3 568 391
2058	349 577	270 035	79 542	3 772 827
2059	367 563	283 105	84 458	3 989 334
2060	386 810	296 372	90 439	4 219 399
2061	407 359	310 212	97 147	4 464 225
2062	429 371	323 961	105 410	4 725 883
2063	452 822	337 440	115 382	5 006 671
2064	477 688	351 281	126 407	5 308 311
2065	504 008	365 563	138 445	5 632 547
2066	531 783	379 419	152 364	5 982 050
2067	561 193	393 523	167 670	6 359 092
2068	592 430	422 482	169 948	6 751 608
2069	624 882	439 394	185 488	7 173 403
2070	659 200	456 802	202 398	7 626 870
2071	695 445	473 913	221 532	8 115 343
2072	733 391	490 191	243 200	8 642 579
2073	773 308	506 778	266 530	9 211 599
2074	815 403	524 174	291 229	9 825 235
2075	860 299	539 639	320 660	10 489 778
2076	908 201	558 295	349 906	11 206 826
2077	958 675	583 276	375 399	11 974 464
2078	1 009 672	634 294	375 378	12 768 949

续表

年份	个人账户总收入	个人账户总支出	当年结余	累计结余
2079	1 061 830	661 423	400 408	13 616 269
2080	1 116 842	691 293	425 550	14 518 389
2081	1 174 954	724 295	450 659	15 477 191
2082	1 236 422	760 471	475 951	16 494 844
2083	1 301 479	799 777	501 702	17 573 866
2084	1 370 374	840 560	529 814	18 718 765
2085	1 443 490	883 060	560 430	19 934 352
2086	1 521 195	926 839	594 356	21 226 411
2087	1 603 748	971 090	632 659	22 601 994
2088	1 691 451	1 016 779	674 672	24 067 736
2089	1 784 619	1 063 961	720 658	25 630 764
2090	1 883 535	1 110 955	772 580	27 300 421
2091	1 988 558	1 157 626	830 931	29 086 867
2092	2 100 115	1 204 884	895 231	31 000 138
2093	2 218 572	1 252 828	965 744	33 050 887
精算现值	5 041 520	3 195 905	1 845 615	1 845 615

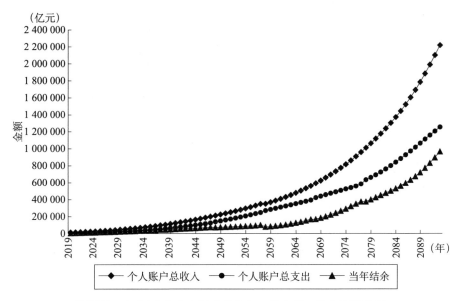

图②32　未来75年个人账户总收入、总支出、结余预测曲线

（三）未来75年城镇职工基本养老保险基金总收入、总支出、结余预测

未来75年城镇职工基本养老保险基金总收入、总支出、当年结余和累计结余预测结果如表②49和图②33所示，可以看出，在未来75年的评估周期内，养老保险基金总收入的精算现值为14 135 426亿元，占同期全国GDP精算现值的6.65%；基金总支出的精算现值为13 944 506亿元，占同期全国GDP精算现值的6.56%；当年结余和累计结余的精算现值为190 920亿元，基金结余率为1.37%，基金总收支基本能够实现精算平衡。

表②49　　　　未来75年城职保基金总收入、总支出、结余预测　　　　单位：亿元

年份	总收入	总支出	当年结余	累计结余
2019	47 749	49 146	−1 397	49 504
2020	53 688	53 835	−148	51 585
2021	60 312	56 946	3 366	57 271
2022	67 409	60 977	6 432	66 281
2023	74 743	66 940	7 803	77 066
2024	82 417	74 667	7 751	88 285
2025	91 446	79 552	11 894	104 152
2026	101 873	86 340	15 533	124 371
2027	112 588	96 285	16 303	146 271
2028	125 828	108 312	17 516	170 369
2029	139 364	114 776	24 588	202 624
2030	154 809	124 331	30 477	242 220
2031	170 259	138 989	31 271	284 390
2032	185 247	155 262	29 985	327 173
2033	202 816	165 179	37 637	379 533
2034	222 700	179 263	43 437	440 049
2035	242 662	198 869	43 793	503 644
2036	263 882	219 299	44 583	570 891
2037	289 018	231 857	57 162	653 743
2038	316 028	251 138	64 890	744 783

年份	总收入	总支出	当年结余	累计结余
2039	342 436	274 781	67 655	842 229
2040	370 704	300 040	70 664	946 583
2041	400 985	327 183	73 802	1 058 248
2042	430 641	356 053	74 587	1 175 165
2043	461 527	386 512	75 014	1 297 186
2044	494 428	418 962	75 466	1 424 539
2045	529 319	453 444	75 875	1 557 396
2046	566 164	490 718	75 445	1 695 137
2047	604 365	533 082	71 283	1 834 225
2048	640 525	579 448	61 076	1 968 670
2049	677 960	625 015	52 945	2 100 362
2050	716 080	674 492	41 588	2 225 965
2051	755 236	726 394	28 843	2 343 846
2052	796 230	781 438	14 791	2 452 391
2053	838 758	840 301	− 1 543	2 548 943
2054	883 031	902 227	− 19 196	2 631 706
2055	928 807	968 643	− 39 836	2 697 138
2056	977 533	1 034 497	− 56 964	2 748 059
2057	1 030 683	1 097 793	− 67 111	2 790 871
2058	1 064 899	1 163 344	− 98 444	2 790 107
2059	1 113 699	1 223 952	− 110 253	2 777 508
2060	1 165 473	1 284 471	− 118 998	2 755 722
2061	1 220 322	1 345 212	− 124 890	2 727 283
2062	1 278 753	1 405 304	− 126 552	2 696 186
2063	1 340 655	1 466 654	− 125 999	2 664 553
2064	1 405 875	1 529 599	− 123 724	2 634 088
2065	1 474 484	1 594 708	− 120 224	2 606 057
2066	1 546 416	1 662 975	− 116 559	2 580 710

续表

年份	总收入	总支出	当年结余	累计结余
2067	1 622 021	1 733 274	−111 253	2 559 782
2068	1 701 763	1 805 421	−103 659	2 545 716
2069	1 785 219	1 882 064	−96 845	2 537 971
2070	1 873 003	1 962 032	−89 029	2 537 771
2071	1 965 135	2 046 175	−81 040	2 545 553
2072	2 060 717	2 137 162	−76 445	2 558 203
2073	2 160 210	2 233 788	−73 578	2 574 161
2074	2 263 931	2 336 534	−72 602	2 591 655
2075	2 373 493	2 440 793	−67 300	2 615 063
2076	2 489 043	2 549 394	−60 351	2 646 239
2077	2 609 329	2 667 754	−58 425	2 680 432
2078	2 724 015	2 793 433	−69 418	2 704 829
2079	2 841 471	2 912 351	−70 881	2 728 617
2080	2 964 129	3 037 459	−73 330	2 750 789
2081	3 092 588	3 168 289	−75 701	2 771 366
2082	3 227 518	3 304 456	−76 938	2 791 425
2083	3 369 531	3 445 820	−76 289	2 812 836
2084	3 519 292	3 592 264	−72 973	2 838 313
2085	3 677 695	3 742 998	−65 304	2 872 350
2086	3 845 610	3 897 691	−52 081	2 920 801
2087	4 023 546	4 057 267	−33 721	2 989 308
2088	4 212 026	4 222 019	−9 993	3 083 941
2089	4 411 677	4 392 187	19 490	3 211 369
2090	4 622 999	4 568 684	54 315	3 378 082
2091	4 846 507	4 752 128	94 378	3 590 693
2092	5 082 838	4 943 060	139 778	3 856 146
2093	5 332 479	5 142 695	189 783	4 180 894
精算现值	14 135 426	13 944 506	190 920	190 920

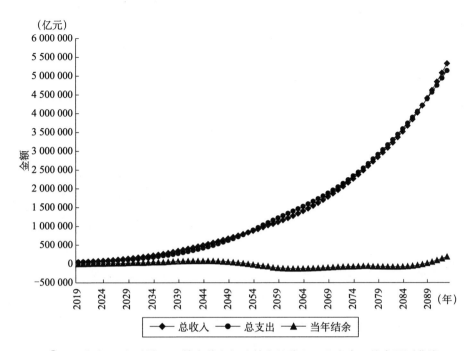

图②33　未来75年城镇职工基本养老保险基金总收入、总支出、结余预测曲线

从城镇职工基本养老保险基金当年结余来看，2021～2038年当年结余率快速上升至25.83%，2039～2052年当年结余率快速下降，2053～2061年当年结余率转为负值并上升至9.28%的赤字率峰值，2062～2088年当年赤字率稳步下降，至2089年实现当年盈余，至2093年当年盈余率回升到3.69%。因此，从方案二预测结果来看，在未来75年的评估周期内，城镇职工基本养老保险基金在2053～2088年会出现较轻的当年收不低支的情况，这与我国老龄化程度最严重的时期是一致的，需要引起注意。

从城镇职工基本养老保险基金累计结余来看，在2046年以前，累计结余率持续上升，2046年达到峰值345%；2047年以后累计结余率持续下降，其中2053年为303%，2061年为202%，2077年降到100%，2088年降为73%的最低水平，2093年累计结余率为81%。因此，从本方案预测结果来看，在未来75年的评估周期内，城镇职工基本养老保险基金累计结余均保持为正值，且在2077年之前均能满足发放一年养老保险金的需要，在2078年之后最低也能满足发放0.73年养老保险金的需要，说明城职保制度总体上具有可持续性，但精算平衡的基础比较脆弱，还需要付出艰苦的努力才能实现真正的精算平衡。

基本结论：根据方案二的精算假设，预测结果显示，我国城镇职工基本养老保险在未来 75 年内，如果能够达到精算假设要求，可以保持制度持续稳定运行，不会出现整体性制度运行危机。其中，统筹基金会出现收不抵支的比较严重的赤字，但如果将统筹基金与个人账户统一起来考察，个人账户结余能够弥补统筹基金的赤字，这是我国城职保制度所允许的，也是可以做到的。如果加上养老金战略储备，完全可以实现评估期内基金收支的精算平衡。

特别说明：本方案预测时，由于无法取得详细的真实数据，只能在已公布数据的基础上进行合理假设，预测结果可以反映总体趋势，但如果能够取得评估年度参保缴费人员、退休领取人员（包括"老人"与"中人"参保缴费与退休领取人员）的分性别年龄数据；真实的养老金替代率数据；遵缴率、缴费工资率数据，预测结果会更加准确。

第四编

精算平衡的条件与实现途径

第七章 精算平衡的条件分析

本章从我国城职保的满意状态出发，分析各主要因素变化对城职保精算平衡的影响，寻找我国城职保精算平衡的主要约束条件。

第一节 人口年龄结构变化的影响分析

对我国城职保基金收支平衡冲击最大的因素就是人口老龄化的快速加深，本章从两个方面测算和分析人口老龄化的影响：一是人口年龄结构变化的影响；二是人口期望寿命延长的影响。先分析前者的影响。

测算人口年龄结构变化对城职保基金收支的影响，是假定未来人口的年龄结构保持与评估年（2018年）一致，并假定其他精算假设保持不变，测算城职保基金收支的变化情况。假定第五章讨论的年龄结构变动情形为方案二（数据表示为表②、图②样式），固定年龄结构情形为方案三（数据表示为表③、图③样式），方案三除了人口年龄结构固定不变外，其余精算假设与方案二相同。

一、参保缴费和退休领取人数变化

在方案三的假设条件下，未来各年总人口及分性别人口数与方案二预测结果一致，但未来各年人口年龄结构固定在评估年的水平上保持不变，因而不再展示未来人口规模及结构情况。人口年龄结构变化，首要会影响未来各年参保缴费和退休领取人数，将人口年龄结构变化（方案二）和人口年龄结构固定不变（方案三）情况下的参保缴费与退休领取人数预测结果进行比较，可以分析人口年龄结构变化所产生的影响。

（一）劳动年龄人数变化

由表③1 和图③1、图③2、图③3 可知，由于人口规模和年龄结构老化的影响，使未来 75 年劳动年龄总人数由 8.52 亿人减少到 5.36 亿人，年均减少 421 万人，减少程度为 37.08%；由于人口年龄结构变化的影响，使劳动年龄人数的年平均值由 8.40 亿人减少为 6.88 亿人，减少 1.52 亿人，平均减少的程度为 18.09%，2047 年以后减少的程度均在 20% 以上，减少程度最高的是 2057 年的 26.05%。其中，男性劳动年龄人数由 4.56 亿人减少到 2.91 亿人，年均减少 220 万人，减少程度为 36.18%；男性劳动年龄人数的平均值由 4.40 亿人减少为 3.80 亿人，减少 0.60 亿人，平均减少程度为 13.63%，减少程度最高的是 2059 年的 20.41%。女性劳动年龄人数由 3.96 亿人减少到 2.45 亿人，年均减少 201 万人，减少的程度为 38.13%，高于男性；女性劳动年龄人数的平均值由 4.00 亿人减少为 3.08 亿人，减少 0.92 亿人，平均减少程度为 23%，减少程度最高的是 2055 年的 32.82%。在人口年龄结构固定不变条件下，劳动年龄人数的峰值为 2040 年的 9.42 亿人，而人口年龄结构变化情况下的劳动年龄人数的峰值为 2021 年的 8.54 亿人，由于人口年龄结构变化，使劳动年龄人数的峰值减少 0.88 亿人，减少的相对程度为 9.34%。综上所述，由于人口年龄结构老化，使未来 75 年劳动年龄人数显著减少。

表③1　　　　　　　人口年龄结构变化对劳动年龄人数的影响

项目	2018 年	2028 年	2038 年	2048 年	2058 年	2068 年	2078 年	2093 年
总人数②（万人）	85 218	81 620	80 777	72 879	64 574	62 261	58 033	53 688
总人数③（万人）	85 218	86 510	91 528	92 565	87 317	80 815	74 911	67 980
变动率（%）	0.00	−9.83	−13.19	−21.27	−26.05	−22.96	−22.53	−21.02
男性②（万人）	45 604	44 981	44 241	40 829	36 097	34 461	32 130	29 169
男性③（万人）	45 604	47 793	48 766	48 238	45 342	42 039	39 113	35 580
变动率（%）	0.00	−5.88	−9.28	−15.36	−20.39	−18.03	−17.85	−18.02
女性②（万人）	39 614	36 638	36 536	32 050	28 476	27 800	25 902	24 518
女性③（万人）	39 614	42 727	44 280	44 327	41 975	38 775	35 798	32 400
变动率（%）	0.00	−14.25	−17.49	−27.70	−32.16	−28.30	−27.64	−24.33

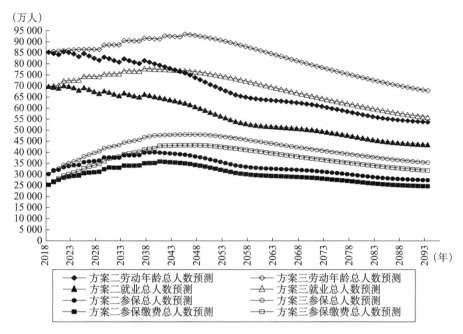

图③1 人口年龄结构变化对劳动年龄、就业、参保、参保缴费人数的影响曲线

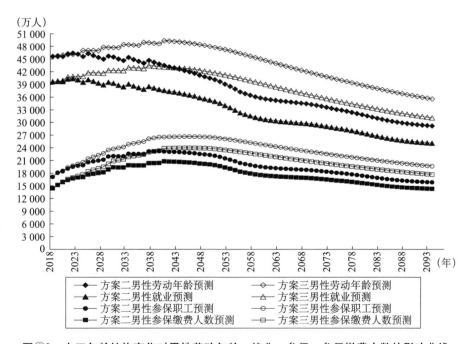

图③2 人口年龄结构变化对男性劳动年龄、就业、参保、参保缴费人数的影响曲线

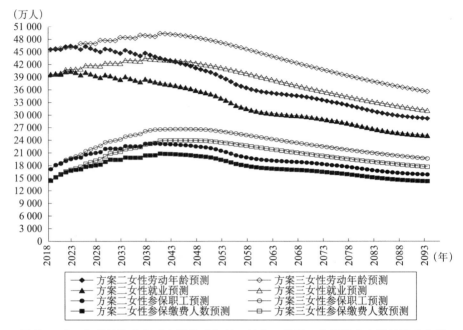

图③3　人口年龄结构变化对女性劳动年龄、就业、参保、参保缴费人数的影响曲线

（二）就业人数变化

由表③2 和图③1、图③2、图③3 可知，由于人口规模和年龄结构老化的影响，使未来 75 年就业总人数由 6.98 亿人减少到 4.35 亿人，减少程度为 37.68%，年均减少 350 万人；由于人口年龄结构变化的影响，使就业人数的平均值由 6.94 亿人减少为 5.61 亿人，减少 1.33 亿人，平均减少的程度为 19.16%，2047 年以后减少的程度均在 20% 以上，减少程度最高的是 2058 年的 26.77%。其中，男性就业人数由 3.96 亿人减少到 2.51 亿人，减少程度为 36.61%，年均减少 193 万人；男性就业人数的平均值由 3.86 亿人减少为 3.29 亿人，减少 0.57 亿人，平均减少程度为 14.77%，减少程度最高的是 2060 年的 21.39%。女性就业人数由 3.02 亿人减少到 1.84 亿人，减少程度为 39.01%，减少的相对程度高于男性，年均减少 157 万人；女性就业人数的平均值由 3.08 亿人减少为 2.33 亿人，减少 0.75 亿人，平均减少程度为 24.35%，减少程度最高的是 2055 年的 34.02%。在人口年龄结构固定不变条件下，就业人数的峰值为 2037 年的 7.79 亿人，而人口年龄结构变化情况下的就业人数的峰值为 2021 年的 7.02 亿人，由于人口年龄结构变化，使就业人数

的峰值减少0.77亿人，减少的相对程度为9.88%。综上所述，由于人口年龄结构老化的影响，使未来75年就业人数显著减少。

表③2　　　　　人口年龄结构变化对就业人数的影响

项目	2018 年	2028 年	2038 年	2048 年	2058 年	2068 年	2078 年	2093 年
总人数②（万人）	69 854	66 704	65 790	59 976	52 595	50 638	47 305	43 503
总人数③（万人）	69 854	74 339	77 779	76 158	71 823	66 482	61 641	55 947
变动率（%）	0.00	-10.27	-15.41	-21.25	-26.77	-23.83	-23.26	-22.24
男性②（万人）	39 678	38 923	38 164	35 597	31 196	29 732	27 800	25 101
男性③（万人）	39 678	41 657	43 326	42 145	39 615	36 729	34 172	31 086
变动率（%）	0.00	-6.56	-11.91	-15.54	-21.25	-19.05	-18.64	-19.25
女性②（万人）	30 175	27 780	27 626	24 378	21 399	20 905	19 505	18 403
女性③（万人）	30 175	32 682	34 453	34 013	32 208	29 753	27 469	24 861
变动率（%）	0.00	-15.00	-19.82	-28.33	-33.56	-29.73	-28.99	-25.97

（三）参保职工人数变化

由表③3和图③1、图③2、图③3可知，由于人口规模变化、年龄结构老化和养老保险制度覆盖率提高的影响，使未来75年参保职工总人数经历了先升后降的变化，2018～2039年参保职工总人数由3.02亿人增加到4.05亿人，增加的程度为34.10%，平均每年增加490万人；2040年以后持续减少至2093年的2.75亿人，减少的程度为32.10%，平均每年减少240万人；由于人口年龄结构变化的影响，使参保职工人数的平均值由4.20亿人减少为3.37亿人，减少0.83亿人，平均减少的程度为19.76%，2047年以后减少的程度均在20%以上，减少程度最高的是2058年的26.77%。其中，男性参保职工人数2018～2039年由1.71亿人增加到2.32亿人，平均每年增加290万人；2040年以后持续减少至2093年的1.58亿人，平均每年减少140万人；男性参保职工人数的平均值由2.33亿人减少为1.97亿人，减少0.36亿人，平均减少程度为15.23%，减少程度最高的是2060年的21.39%。女性参保职工人数2018～2039年由1.30亿人增加到1.68亿人，平均每年增加181万人；2040年以后持续减少至2093年的1.16亿人，平均每年减少96万人；女性参保职工人数的平均值由1.86亿人减少为1.40亿人，减少0.46亿人，平均减少程度为25.10%，减少程度最高的是2055年的34.02%。人口年龄结构固定不变条件下，参保职工人数的峰值为2046年的4.80亿人，而人口年龄结构变化情况下参保职工人数的峰值为2039年的4.00亿人，由于人口年龄结构变化，使参保职工人数的峰值减少0.80亿人，减少的相对程度为16.67%。综上所述，人口年龄结构老化对参保职工人数的影响也是显著的。

表③3　　　　　　　人口年龄结构变化对参保职工人数的影响

项目	2018年	2028年	2038年	2048年	2058年	2068年	2078年	2093年
总人数②（万人）	30 178	36 333	39 977	37 814	33 260	32 022	29 914	27 511
总人数③（万人）	30 178	40 492	47 261	48 016	45 419	42 042	38 980	35 380
变动率（%）	0.00	-10.27	-15.41	-21.25	-26.77	-23.83	-23.25	-22.24
男性②（万人）	17 142	21 201	23 190	22 443	19 728	18 802	17 580	15 873
男性③（万人）	17 142	22 690	26 326	26 571	25 051	23 226	21 610	19 658
变动率（%）	0.00	-6.56	-11.91	-15.54	-21.25	-19.05	-18.64	-19.25
女性②（万人）	13 036	15 132	16 786	15 370	13 532	13 220	12 334	11 637
女性③（万人）	13 036	17 802	20 935	21 445	20 368	18 815	17 371	15 721
变动率（%）	0.00	-15.00	-19.82	-28.33	-33.56	-29.74	-28.99	-25.98

（四）参保缴费人数变化

由表③4和图③1、图③2、图③3可知，由于人口规模变化、年龄结构老化和养老保险制度覆盖率提高的影响，使未来75年参保缴费总人数经历了先升后降的变化，2018～2040年由2.53亿人增加到3.59亿人，平均每年增加480万人；2040年以后持续减少至2093年的2.47亿人，平均每年减少211万人；由于人口年龄结构变化的影响，使参保缴费人数的平均值由3.74亿人减少为3.01亿人，减少0.73亿人，平均减少的程度为19.71%，2047年以后减少的程度均在20%以上，减少程度最高的是2058年的26.77%。其中，男性参保缴费人数2018～2040年由1.44亿人增加到2.08亿人，平均每年增加292万人；2040年以后持续减少至2093年的1.43亿人，平均每年减少122万人；男性参保缴费人数的平均值由2.08亿人减少为1.76亿人，减少0.32亿人，平均减少程度为15.38%，减少程度最高的是2060年的21.39%。女性参保缴费人数2018～2040年由1.09亿人增加到1.51亿人，平均每年增加191万人；2040年以后持续减少至2093年的1.05亿人，平均每年减少87万人；女性参保缴费人数的平均值由1.66亿人减少为1.24亿人，减少0.42亿人，平均减少程度为25.21%，减少程度最高的是2055年的34.02%。人口年龄结构固定不变条件下，参保缴费人数的峰值为2046年的4.32亿人，而人口年龄结构变化情况下的参保缴费人数的峰值为2040年的3.59亿人，由于人口年龄结构变化，使参保缴费人数的峰值减少0.73亿人，减少的相对程度为16.89%。综上所述，人口年龄结构老化对参保缴费人数的影响也是显著的。

表③4　　　　　　　人口年龄结构变化对参保缴费人数的影响

项目	2018 年	2028 年	2038 年	2048 年	2058 年	2068 年	2078 年	2093 年
总人数②（万人）	25 349	31 246	35 179	34 032	29 934	28 820	26 923	24 760
总人数③（万人）	25 349	34 823	41 590	43 214	40 877	37 838	35 082	31 842
变动率（%）	0.00	−10.27	−15.41	−21.25	−26.77	−23.83	−23.25	−22.24
男性②（万人）	14 399	18 233	20 407	20 199	17 755	16 921	15 822	14 286
男性③（万人）	14 399	19 513	23 167	23 914	22 546	20 904	19 449	17 692
变动率（%）	0.00	−6.56	−11.91	−15.54	−21.25	−19.05	−18.64	−19.25
女性②（万人）	10 950	13 013	14 772	13 833	12 179	11 898	11 101	10 474
女性③（万人）	10 950	15 309	18 423	19 300	18 331	16 933	15 633	14 149
变动率（%）	0.00	−15.00	−19.81	−28.33	−33.56	−29.73	−28.99	−25.97

（五）退休领取人数变化

由表③5和图③4可知，由于人口规模变化和年龄结构老化的影响，使未来75年退休领取总人数经历了先升后降的变化，2018～2056年由1.18亿人增加到2.43亿人，平均每年增加330万人；2056年以后持续减少至2093年的1.71亿人，平均每年减少194万人；由于人口年龄结构变化的影响，使退休领取人数的平均值由1.58亿人增加为1.93亿人，增加0.35亿人，平均增加的程度为22.35%，2040～2091年增加的程度均在20%以上，增加程度最高的是2056年的37.02%。其中，男性退休领取人数2018～2058年由0.51亿人增加到1.06亿人，平均每年增加136万人；2058年以后持续减少至2093年的0.77亿人，平均每年减少82万人；男性退休领取人数的平均值由0.73亿人增加为0.84亿人，增加0.11亿人，平均增加程度为14.74%，增加程度最高的是2058年的24.54%。女性退休领取人数2018～2055年由0.66亿人增加到1.38亿人，平均每年增加195万人；2055年以后持续减少至2093年的0.94亿人，平均每年减少126万人；女性退休领取人数的平均值由0.85亿人增加为1.09亿人，增加0.24亿人，平均增加程度为28.89%，增加程度最高的是

2056年的48.63%。人口年龄结构固定不变条件下，退休领取人数的峰值为2055年的1.77亿人，而人口年龄结构变化情况下的退休领取人数的峰值为2056年的2.43亿人，由于人口年龄结构变化，使退休领取人数的峰值增加0.66亿人。人口年龄结构变化对退休领取人数影响最大的时期是2055年前后，这也是我国人口老龄化程度最高的时期；人口年龄结构变化对女性退休领取人数的影响程度显著高于男性，女性退休领取人数的平均值比男性高30.85%；至评估期末，人口年龄结构变化对退休领取人数仍然存在较为显著的影响，其中对女性退休人数的影响远高于男性。

表③5　　　　　　　　　人口年龄结构变化对退休领取人数的影响

项目	2018年	2028年	2038年	2048年	2058年	2068年	2078年	2093年
总人数②（万人）	11 797	15 014	17 951	22 090	24 267	21 782	19 662	17 161
总人数③（万人）	11 797	14 443	15 153	17 348	17 711	16 947	15 969	14 358
变动率（%）	0.00	3.94	18.46	27.33	37.01	28.53	23.13	19.52
男性②（万人）	5 162	6 306	7 780	9 390	10 613	9 483	8 540	7 720
男性③（万人）	5 162	5 870	6 374	7 921	8 522	8 319	7 808	7 026
变动率（%）	0.00	7.42	22.05	18.54	24.54	13.99	9.37	9.88
女性②（万人）	6 635	8 708	10 170	12 699	13 653	12 298	11 123	9 440
女性③（万人）	6 635	8 573	8 779	9 426	9 188	8 627	8 161	7 386
变动率（%）	0.00	1.57	15.84	34.72	48.59	42.55	36.29	28.76

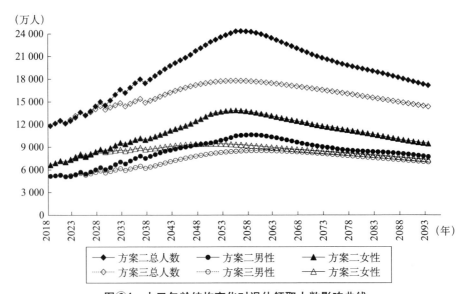

图③4　人口年龄结构变化对退休领取人数影响曲线

由此可见，人口年龄结构老化使城职保参保缴费人数减少，同时使退休领取人数增加，从以上两个方面对城职保基金收支平衡产生不利影响。

（六）制度总人数与制度抚养比变化

由表③6和图③5可知，由于人口年龄结构老化的影响，使未来75年制度总人数的年平均值由5.77亿人减少为5.31亿人，减少的人数为0.46亿人，减少的相对程度为8.14%；各年减少的程度呈缓慢上升的趋势，减少程度峰值为2087年的10.33%，其中2081～2093年保持在10%以上的水平。制度总人数的峰值由2049年的6.54亿人减少为2048年的5.99亿人，减少的人数为0.55亿人，减少的相对程度为8.41%。其中，男性制度总人数的年平均值由3.06亿人减少为2.81亿人，减少的人数为0.25亿人，减少的相对程度为8.08%；各年减少的程度呈缓慢上升的趋势，减少程度峰值为2087年的11.63%，其中2063～2093年保持在10%以上的水平。男性制度总人数的峰值由2049年的3.45亿人减少为2047年的3.18亿人，减少的人数为0.27亿人，减少的相对程度为7.83%。女性制度总人数的年平均值由2.71亿人减少为2.49亿人，减少的人数为0.22亿人，减少的相对程度为8.20%；各年减少的程度呈波动性变化，于2028年达到减少程度的峰值为9.61%，又于2068年降至7.01%，于2087年上升到8.81%，于2093年降至8.57%。其中，2027～2050年保持在9%以上的水平。女性制度总人数的峰值由2049年的3.09亿人减少为2049年的2.81亿人，减少的人数为0.28亿人，减少的相对程度为9.06%。

表③6　　　　　　人口年龄结构变化对制度总人数与制度抚养比的影响

项目	2018年	2028年	2038年	2048年	2058年	2068年	2078年	2093年
制度总人数②（万人）	41 975	51 347	57 928	59 904	57 527	53 804	49 577	44 672
制度总人数③（万人）	41 975	54 936	62 415	65 364	63 130	58 988	54 949	49 737
变动率（%）	0	-6.53	-7.19	-8.35	-8.87	-8.79	-9.78	-10.18
参保职工制度抚养比②	2.55	2.42	2.23	1.71	1.37	1.47	1.52	1.60
参保职工制度抚养比③	2.55	2.80	3.12	2.77	2.56	2.48	2.44	2.46
变动率（%）	0	-13.68	-28.59	-38.15	-46.55	-40.74	-37.67	-34.94

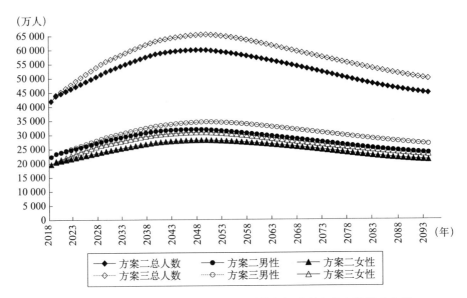

图③5　未来 75 年人口年龄结构变化对养老保险制度总人数影响曲线

制度抚养比中，主要比较参保职工制度抚养比。由表③6 和图③6 可知，由于人口年龄结构老化的影响，使未来 75 年参保职工总平均人数由 4.20 亿人下降为 3.37 亿人，而退休领取总平均人数由 1.58 亿人上升为 1.93 亿人，制度抚养比的平均值由 2.66 下降至 1.75，下降程度为 34.30%。其中，男性参保职工总平均人数由 2.33 亿人下降为 1.98 亿人，而男性退休领取总平均人数由 0.73 亿人上升为 0.84 亿人，男性参保职工制度抚养比的平均值由 3.20 下

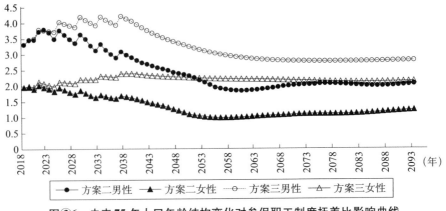

图③6　未来 75 年人口年龄结构变化对参保职工制度抚养比影响曲线

降至 2.36，下降程度为 26.12%。女性参保职工总平均人数由 1.87 亿人下降为 1.40 亿人，而女性退休领取总平均人数由 0.85 亿人上升为 1.09 亿人，女性参保职工制度抚养比的平均值由 2.20 下降至 1.28，下降程度为 41.88%。由此可见，由于人口年龄结构老化的影响，使参保职工制度抚养比下降了1/3，其中女性参保职工制度抚养比下降的程度显著高于男性。人口年龄结构老化使城职保制度的养老负担变得更加沉重。

二、养老保险基金收入、支出变化

（一）养老保险基金缴费收入变化

由表③7 和图③7 可知，由于人口年龄结构老化的影响，使参保缴费人数减少，从而使未来 75 年养老保险基金缴费收入的精算现值由 11 416 925 亿元减少为 9 001 278 亿元，减少的相对程度为 21.15%，2048 年以后每年减少的幅度均在 20% 以上，减少程度的峰值为 2058 年的 25.96%，与人口老龄化的高峰期一致。由于人口年龄结构老化的影响，未来 75 年统筹基金缴费收入的精算现值由 7 452 833 亿元减少为 5 875 849 亿元，减少的程度为 21.15%，变动过程与养老保险基金缴费收入保持一致。未来 75 年个人账户缴费收入的精算现值由 3 964 092 亿元减少为 3 125 429 亿元，减少的程度为 21.15%，变动过程与养老保险基金缴费收入保持一致。

表③7　　　　　　　人口年龄结构变化对养老基金缴费收入的影响

项目	2019 年	2028 年	2038 年	2048 年	2058 年	2068 年	2078 年	2093 年	精算现值
总收入② （亿元）	35 049	92 858	222 056	408 806	646 927	1 065 065	1 700 094	3 263 892	9 001 278
总收入③ （亿元）	35 293	100 983	257 917	511 677	873 795	1 391 441	2 210 146	4 200 704	11 416 925
变动率（%）	-0.69	-8.05	-13.90	-20.10	-25.96	-23.45	-23.07	-22.30	-21.15
统筹基金② （亿元）	22 908	60 679	145 068	266 831	422 243	695 204	1 109 529	2 130 324	5 875 849
统筹基金③ （亿元）	23 060	66 001	168 503	334 036	570 326	908 185	1 442 438	2 741 660	7 452 833
变动率(%)	-0.66	-8.06	-13.91	-20.12	-25.96	-23.45	-23.08	-22.30	-21.15
个人账户② （亿元）	12 140	32 178	76 987	141 975	224 684	369 862	590 566	1 133 567	3 125 429
个人账户③ （亿元）	12 232	34 981	89 413	177 641	303 468	483 256	767 708	1 459 044	3 964 092
变动率（%）	-0.75	-8.01	-13.90	-20.08	-25.96	-23.46	-23.07	-22.30	-21.15

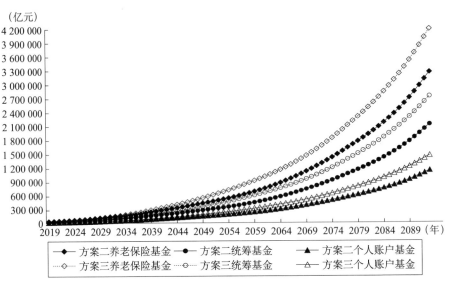

图③7 人口年龄结构变化对养老保险基金缴费收入影响曲线

分性别来看，由于受人口年龄结构老化的影响，男性参保职工养老保险基金缴费收入的精算现值由 6 792 003 亿元减少为 5 640 527 亿元，减少的程度为 16.95%，2019～2060 年减少的程度持续上升到 20.82% 的峰值水平，随后一直保持在 18% 以上的较高水平，评估期结束时为 19.42%，其中，2055～2067 年、2080～2093 年两个时期均保持在 19% 以上的较高水平。女性参保职工养老保险基金缴费收入的精算现值由 4 624 921 亿元减少为 3 360 750 亿元，减少的程度为 27.33%，2019～2056 年减少的程度持续上升到 34.09% 的峰值水平，随后一直保持在 26% 以上的高水平，评估期结束时为 26.53%，2050～2068 年减少的程度均在 30% 以上，与人口老龄化的高峰期一致。人口年龄结构老化对男性、女性参保职工统筹基金、个人账户缴费收入的影响程度与男性、女性参保职工养老保险基金缴费总收入的影响基本一致。人口年龄结构老化对女性参保职工缴费收入精算现值的负面影响比男性参保职工高 10 个百分点，说明女性老龄化程度更深，影响更大，如表③8 和图③8、图③9、图③10 所示。

表③8　　　　　人口年龄结构变化对男性、女性职工养老基金缴费收入的影响

项目	2019 年	2028 年	2038 年	2048 年	2058 年	2068 年	2078 年	2093 年	精算现值
男性职工②（亿元）	21 411	57 806	137 595	258 255	410 712	669 107	1 068 175	2 016 934	5 640 527

续表

项目	2019 年	2028 年	2038 年	2048 年	2058 年	2068 年	2078 年	2093 年	精算现值
男性职工③（亿元）	21 519	60 732	154 103	303 846	517 187	824 557	1 313 847	2 503 257	6 792 003
变动率（%）	−0.50	−4.81	−10.71	−15.00	−20.58	−18.85	−18.70	−19.42	−16.95
女性职工②（亿元）	13 637	35 051	84 461	150 550	236 215	395 959	631 919	1 246 957	3 360 750
女性职工③（亿元）	13 773	40 250	103 815	207 829	356 608	566 884	896 298	1 697 446	4 624 921
变动率（%）	−0.98	−12.91	−18.64	−27.56	−33.76	−30.15	−29.49	−26.53	−27.33

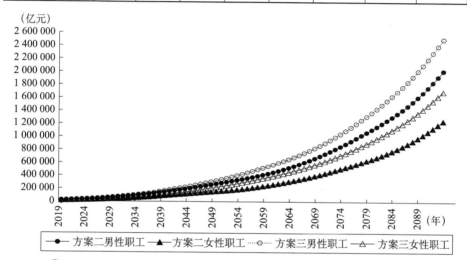

图③8　人口年龄结构变化对男性、女性职工养老保险基金缴费收入影响曲线

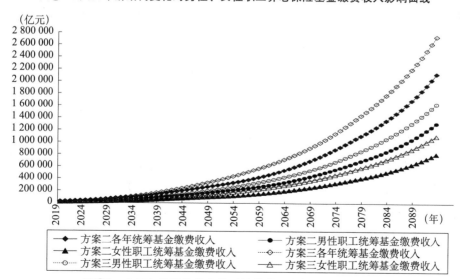

图③9　人口年龄结构统变化对统筹基金缴费收入影响曲线

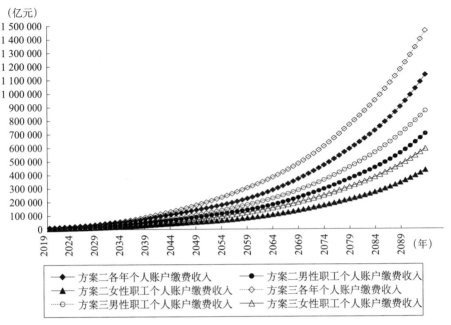

（亿元）

图③10　人口年龄结构变化对个人账户缴费收入影响曲线

（二）养老保险基金总收入变化

由表③9和图③11可知，由于人口年龄结构老化使得养老保险基金缴费收入减少，从而使基金结余的利息收入减少，使养老保险基金总收入的精算现值由25 575 937亿元减少为14 135 425亿元，减少的程度为44.73%，减少的幅度显著高于缴费收入精算现值减少的幅度，2062年以后，各年基金总收入减少的幅度均在40%以上，而且逐年增大，至评估期末的2093年达到减少62.47%的最大值，说明此时人口老龄化对养老保险基金总收入的负面影响仍然显著。统筹基金总收入精算现值由17 010 937亿元减少为9 093 906亿元，减少的程度为46.54%，略高于养老保险基金总收入精算现值减少的程度，2061年以后，各年统筹基金总收入减少的程度均在40%以上，而且逐年增大，至评估期末的2093年达到减少66.64%的最大值。而个人账户基金总收入的精算现值由8 564 999亿元减少为5 041 520亿元，减少的程度为41.13%，减少的程度略低于养老保险基金总收入减少的程度，2064年以后，各年个人账户基金总收入减少的程度均在40%以上，而且逐年增大，至评估期末的2093年达到减少54.48%的最大值，减少的程度也呈持续递增的变动趋势。

表③9　　　　　　　人口年龄结构变化对养老基金总收入的影响

项目	2019 年	2028 年	2038 年	2048 年	2058 年	2068 年	2078 年	2093 年	精算现值
总收入② (亿元)	47 749	125 828	316 028	640 525	1 064 899	1 701 762	2 724 014	5 332 478	14 135 425
总收入③ (亿元)	47 993	135 127	373 437	860 041	1 681 289	3 088 111	5 706 193	14 209 998	25 575 937
变动率（%）	- 0.51	- 6.88	- 15.37	- 25.52	- 36.66	- 44.89	- 52.26	- 62.47	- 44.73
统筹基金② (亿元)	33 318	84 521	211 243	429 217	715 322	1 109 332	1 714 342	3 113 906	9 093 906
统筹基金③ (亿元)	33 470	90 617	249 380	576 249	1 133 007	2 063 390	3 788 301	9 335 810	17 010 937
变动率（%）	- 0.45	- 6.72	- 15.29	- 25.51	- 36.86	- 46.23	- 54.74	- 66.64	- 46.54
个人账户② (亿元)	14 430	41 307	104 785	211 307	349 577	592 430	1 009 671	2 218 572	5 041 520
个人账户③ (亿元)	14 522	44 509	124 057	283 792	548 282	1 024 721	1 917 891	4 874 187	8 564 999
变动率（%）	- 0.63	- 7.19	- 15.53	- 25.54	- 36.24	- 42.18	- 47.35	- 54.48	- 41.13

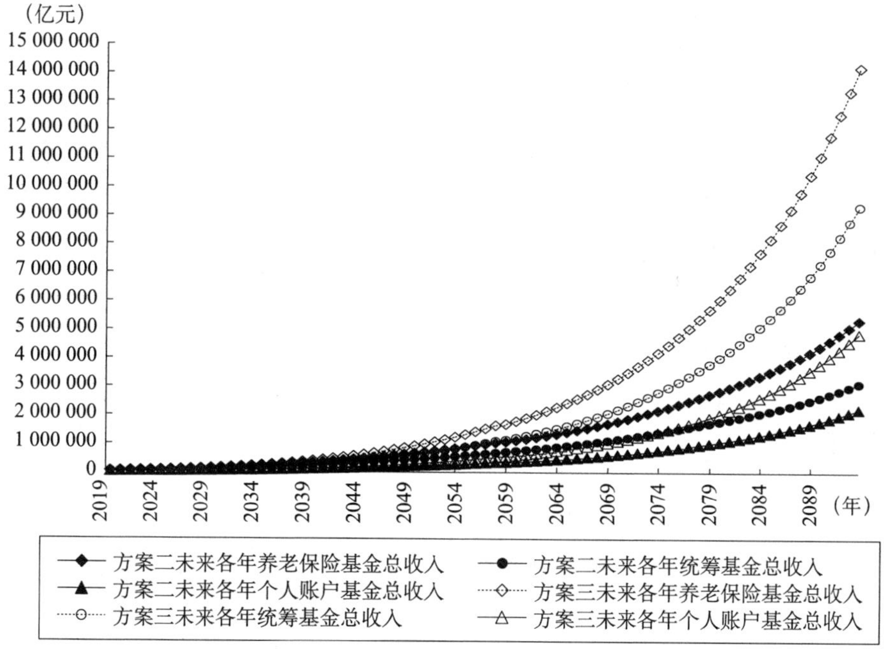

图③11　人口年龄结构变化对养老基金总收入影响曲线

（三）养老保险基金总支出变化

由表③10 和图③12 可知，由于人口年龄结构老化的影响，使退休领取人数增加，从而使养老保险基金总支出的精算现值由 11 372 207 亿元增加到

13 944 505 亿元，增加的程度为 22.62%，2040～2087 年增加的程度均保持在
20% 以上，2048～2069 年老龄化严重的时期保持在 25% 以上，增加的峰值为
2058 年的 35.07%，2088 年降至 20% 以下并持续下降至评估期结束时的
18.16%。人口年龄结构变动对统筹养老金、个人账户养老金支出的影响程度
与对养老保险基金总支出的影响程度基本一致，但变化过程并不同步。由于人
口年龄结构老化的影响，统筹基金总支出的精算现值由 8 766 154 亿元增加到
10 748 600 亿元，增加的程度为 22.61%，2043～2087 年增加的程度均保持在
20% 以上，2049～2070 年老龄化严重的时期保持在 25% 以上，增加的峰值为
2058 年的 34.66%，2088 年降至 20% 以下并持续下降至评估期结束时的
17.70%，统筹基金支出增加的程度表现为先升后降的趋势，与养老保险基金
总支出增加程度变动的趋势一致。由于人口年龄结构老化的影响，个人账户基
金总支出的精算现值由 2 606 052 亿元增加到 3 195 905 亿元，增加的程度为
22.63%，2035～2072 年、2089～2092 年增加的程度均保持在 20% 以上，
2040～2068 年女性人口老龄化严重的时期保持在 25% 以上，增加的峰值为
2055 年的 38.20%，2073～2088 年经历了增加程度先降后升的过程，其中，
2079 年增加程度降至 13.77% 的谷底水平，个人账户基金支出增加的程度具有
起伏波动大、经历了两升两降的变动趋势。

表③10　　　　　　　　人口年龄结构变化对养老基金总支出的影响

项目	2019 年	2028 年	2038 年	2048 年	2058 年	2068 年	2078 年	2093 年	精算现值
总支出②（亿元）	49 146	108 312	251 138	579 448	1 163 343	1 805 421	2 793 432	5 142 695	13 944 505
总支出③（亿元）	49 146	104 362	212 284	461 405	861 286	1 424 312	2 307 810	4 352 195	11 372 207
变动率（%）	0.00	3.78	18.30	25.58	35.07	26.75	21.04	18.16	22.62
统筹基金②（亿元）	41 302	87 078	192 166	440 506	893 308	1 382 939	2 159 138	3 889 866	10 748 600
统筹基金③（亿元）	41 302	84 262	164 491	354 892	663 362	1 087 428	1 750 311	3 304 860	8 766 154
变动率（%）	0.00	3.34	16.82	24.12	34.66	27.17	23.35	17.70	22.61
个人账户②（亿元）	7 843	21 233	58 971	138 943	270 035	422 482	634 294	1 252 828	3 195 905
个人账户③（亿元）	7 843	20 099	47 793	106 513	197 923	336 884	557 499	1 047 334	2 606 052
变动率（%）	0.00	5.64	23.39	30.44	36.43	25.40	13.77	19.62	22.63

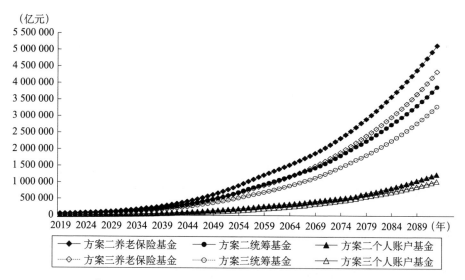

（亿元）

图例	图例	图例
◆ 方案二养老保险基金	● 方案二统筹基金	▲ 方案二个人账户基金
◇ 方案三养老保险基金	○ 方案三统筹基金	△ 方案三个人账户基金

图③12　人口年龄结构变化对养老保险基金总支出影响曲线

分性别来看，由表③11 和图③13 可知，受人口年龄结构老化的影响，男性退休职工养老金支出的精算现值由 6 288 198 亿元增加到 7 196 505 亿元，增加的程度为 14.44%，其中，2019～2040 年增加的程度持续上升到 22.60%，随后增加的程度于 2051 年降至 17.78% 后再次提高至 2058 年的 24.47% 的峰值水平，然后持续下降，2073 年之后稳定在 10% 左右的水平上，峰值到达的时间与人口老龄化的进展保持一致。分账户来看，男性统筹基金和个人账户基金支出的变动程度基本一致，但变动过程略有差异。男性统筹基金支出增加的程度在 2019～2040 年持续上升至 20.68%，随后于 2050 年下降至 17.59%，然后于 2058 年上升到 25.04% 的峰值水平，随后下降至 2093 年的 9.87%，表现为双峰变动趋势，峰值水平出现的时间与人口老龄化程度保持一致。而男性个人账户基金支出增加的程度在 2019～2040 年持续上升至 28.85% 的峰值水平，随后于 2051 年下降至 17.59%，然后于 2059 年上升到 22.91% 的阶段性高点，随后波动下降至 2093 年的 11.80%，也表现为双峰变动趋势，但峰值水平出现的时间早于人口老龄化程度最深的时间。

由于受人口年龄结构老化的影响，女性退休职工养老金支出的精算现值由 5 084 009 亿元增加为 6 748 000 亿元，增加的程度为 32.73%，说明女性老龄化程度不仅高于男性，而且女性老龄化进程也快于男性。其中，2019～2057

年增加的程度持续上升到48.62%的峰值水平，随后增加的程度持续下降至2093年的28.30%，2047～2089年增加的程度均在30%以上，增加程度和峰值到达的时间与人口老龄化的进展保持一致。分账户来看，女性统筹基金和个人账户基金支出的变动程度基本一致，但变动过程略有差异。女性统筹基金支出增加的程度在2019～2061年持续上升至46.16%的峰值水平，随后下降至2093年的28.04%，2048～2078年增加的程度均在30%以上，增加程度和峰值到达的时间与人口老龄化的进展基本保持一致。女性个人账户基金支出增加的程度在2019～2054年持续上升至66.25%的峰值水平，随后下降至2093年的31.61%，2044～2074年增加的程度均在30%以上，增加程度和峰值到达的时间与人口老龄化的进展保持一致。

表③11　　　人口年龄结构变化对男性、女性退休人员养老金支出的影响

项目	2019年	2028年	2038年	2048年	2058年	2068年	2078年	2093年	精算现值
男性②（亿元）	25 088	53 887	128 526	293 735	601 069	932 592	1 436 766	2 729 343	7 196 505
男性③（亿元）	25 088	50 507	105 765	247 173	482 904	813 384	1 313 925	2 478 906	6 288 198
变动率（%）	0.00	6.69	21.52	18.83	24.47	14.65	9.35	10.10	14.44
女性②（亿元）	24 057	54 424	122 612	285 713	562 275	872 829	1 356 665	2 413 351	6 748 000
女性③（亿元）	24 057	53 854	106 519	214 232	378 382	610 929	993 885	1 873 288	5 084 009
变动率（%）	0.00	1.06	15.10	33.36	48.60	42.87	36.50	28.83	32.73

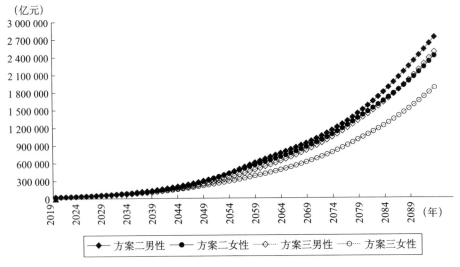

图③13　人口年龄结构变化对男性、女性退休养老金支出影响曲线

（四）养老保险基金收支结余变化

（1）统筹基金收支结余变化。由表③12和图③14可知，在人口年龄结构固定不变的情况下，未来75年统筹基金总收入的精算现值为17 010 937亿元，总支出精算现值为8 766 154亿元，结余精算现值为8 244 783亿元，结余率为48.46%。统筹基金当年结余率在2026年转为正值后持续增加，于2093年达到最大值64.60%；统筹基金累计结余率在2031年转为正值后持续增加，于2093年达到最大值1 540.83%。也就是说，如果人口年龄结构保持在2018年末的水平上，统筹基金即使在没有政府补贴的情况下也可以实现精算平衡。在人口年龄结构变化的情况下（方案二），未来75年统筹基金总收入的精算现值为9 093 906亿元，统筹基金总支出的精算现值为10 748 600亿元，当年结余和累计结余的精算现值为−1 654 694亿元，统筹基金总收支未实现精算平衡，赤字率为15.39%。由此可见，由于人口年龄结构老化的影响，使未来75年统筹基金总收入的精算现值减少7 917 031亿元，减少的程度为46.54%；总支出的精算现值增加1 982 446亿元，增加的相对程度为22.61%，统筹基金结余由正变负。因此，人口年龄结构老化对统筹基金收支平衡的不利影响是最大的。由图③14可知，在人口年龄结构固定不变的情况下，未来各年统筹基金总收入均大于总支出，城职保制度完全可以保证持续运行。但由于人口年龄结构老化的影响，使统筹基金收支出现较为严重的赤字。

表③12　　　固定年龄结构统筹基金收入、支出、结余预测　　单位：亿元

项目	2019年	2028年	2038年	2048年	2058年	2068年	2078年	2093年	精算现值
总收入	33 470	90 617	249 379	576 249	1 133 007	2 063 390	3 788 301	9 335 810	17 010 937
总支出	41 302	84 262	164 491	354 892	663 362	1 087 428	1 750 311	3 304 860	8 766 154
当年结余	−7 831	6 354	84 888	221 357	469 645	975 962	2 037 990	6 030 949	8 244 783
累计结余	−7 831	−34 805	424 301	2 401 811	7 637 448	18 958 341	43 903 981	143 849 432	8 244 783

（2）个人账户收支结余变化。由表③13和图③15可知，在人口年龄结构固定不变的情况下，未来75年个人账户总收入的精算现值为8 564 999亿元，总支出的精算现值为2 606 052亿元，结余的精算现值为5 958 946亿元，结余率为69.57%，未来各年当年结余率的波动范围在46%～78%，并

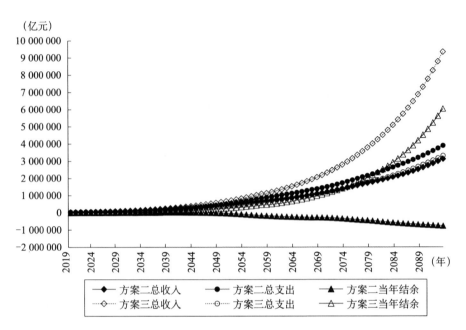

图③14　人口年龄结构变化对统筹基金收入、支出、结余影响曲线

呈稳步递增的变动趋势。在人口年龄结构变化的情况下（方案二），未来 75 年个人账户总收入的精算现值为 5 041 520 亿元，个人账户总支出的精算现值为 3 195 905 亿元，当年结余和累计结余的精算现值为 1 845 615 亿元，个人账户总收支实现精算平衡，并有 36.61% 的结余。因此，由于人口年龄结构老化的影响，使未来 75 年个人账户总收入的精算现值减少 3 523 479 亿元，减少的程度为 41.13%，总支出的精算现值增加 589 853 亿元，增加的程度为 22.63%，个人账户结余率下降 32.96 个百分点。

表③13　　　　　固定年龄结构个人账户收入、支出、结余预测　　　　单位：亿元

项目	2019 年	2028 年	2038 年	2048 年	2058 年	2068 年	2078 年	2093 年	精算现值
总收入	14 522	44 509	124 056	283 791	548 281	1 024 721	1 917 891	4 874 187	8 564 999
总支出	7 843	20 099	47 793	106 512	197 923	336 884	557 498	1 047 334	2 606 052
当年结余	6 679	24 409	76 263	177 279	350 358	687 836	1 360 393	3 826 853	5 958 946
累计结余	57 580	245 663	976 989	2 937 208	7 589 838	16 699 749	35 372 983	104 817 532	5 958 946

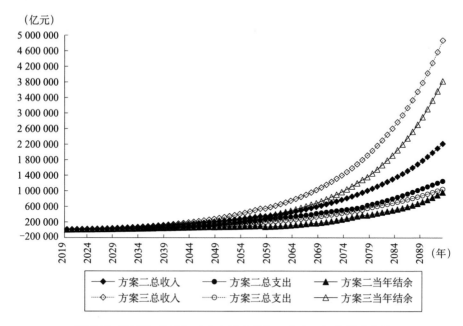

图③15 固定年龄结构对个人账户收入、支出、结余影响曲线

（3）养老保险基金收支结余变化。由表③14和图③16可知，在人口年龄结构固定不变的情况下，未来75年城镇职工基本养老保险基金总收入的精算现值为25 575 937亿元，总支出的精算现值为11 372 207亿元，结余的精算现值为14 203 730亿元，结余率为55.53％，未来各年当年结余率持续上升，2030年超过30％，2037年超过40％，2061年超过50％，2093年达到峰值69.37％。在人口年龄结构变化的情况下（方案二），未来75年养老保险基金总收入的精算现值为14 135 426亿元，基金总支出的精算现值为13 944 506亿元，当年结余和累计结余的精算现值为190 920亿元，基金结余率为1.37％，基金总收支基本能够实现精算平衡。由此可见，由于人口年龄结构老化的影响，使未来75年养老保险基金总收入的精算现值减少11 440 511亿元，减少的程度为44.73％；总支出的精算现值增加2 572 299亿元，增加的程度为22.62％，养老保险基金结余率下降54.16个百分点。

表③14 固定年龄结构养老保险基金总收入、总支出、结余预测

单位：亿元

项目	2019年	2028年	2038年	2048年	2058年	2068年	2078年	2093年	精算现值
总收入	47 993	135 126	373 436	860 041	1 681 289	3 088 111	5 706 193	14 209 998	25 575 937
总支出	49 145	104 361	212 284	461 404	861 285	1 424 312	2 307 809	4 352 195	11 372 207
当年结余	-1 152	30 764	161 152	398 636	820 003	1 663 798	3 398 383	9 857 803	14 203 730
累计结余	49 748	210 858	1 401 290	5 339 020	15 227 287	35 658 090	79 276 964	248 666 965	14 203 730

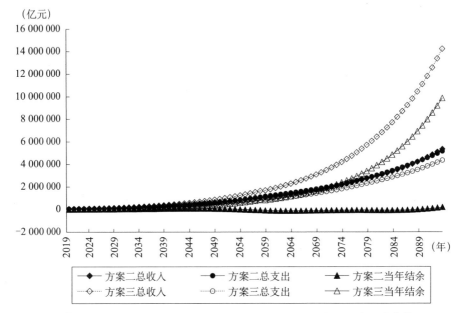

图③16 固定年龄结构对养老保险基金总收入、总支出、结余影响曲线

综上所述，由于人口年龄结构老化的影响，使城职保参保职工人数的平均值由 4.20 亿人减少为 3.37 亿人，减少 0.83 亿人，平均减少的程度为 19.76%；退休领取人数的平均值由 1.58 亿人增加为 1.93 亿人，增加 0.35 亿人，平均增加的程度为 22.35%；参保职工制度抚养比的平均值由 2.66 下降至 1.75，下降程度为 34.30%。使未来 75 年养老保险基金缴费收入的精算现值由 11 416 925 亿元减少为 9 001 278 亿元，减少的相对程度为 21.15%；使养老保险基金总收入的精算现值由 25 575 937 亿元减少为 14 135 425 亿元，减少的程度为 44.73%，减少的幅度显著高于缴费收入精算现值减少的幅度；使养老保险基金总支出的精算现值由 11 372 207 亿元增加到 13 944 505 亿元，增加的程度为 22.62%。使未来 75 年统筹基金总收入的精算现值减少 7 917 031 亿元，

减少的程度为 46.54%；总支出的精算现值增加 1 982 446 亿元，增加的相对程度为 22.61%，统筹基金结余率由 48.46% 变为赤字率 15.39%；使未来 75 年个人账户总收入的精算现值减少 3 523 479 亿元，减少的程度为 41.13%，总支出的精算现值增加 589 853 亿元，增加的程度为 22.63%，个人账户结余率由 69.57% 下降为 36.61%，下降 32.96 个百分点；使未来 75 年养老保险基金总收入的精算现值减少 11 440 511 亿元，减少的程度为 44.73%；总支出的精算现值增加 2 572 299 亿元，增加的程度为 22.62%，养老保险基金结余率由 55.53% 下降为 1.37%，下降 54.16 个百分点。人口年龄结构老化对女性养老保险基金收支的不利影响显著大于男性。

第二节　人口期望寿命延长的影响分析

为测算人口期望寿命延长对城职保基金收支的影响，假定未来 75 年我国人口期望寿命不变，均采用由第六次全国人口普查数据编制的 2010 年男女国民生命表，其他精算假设保持不变，本情形称为方案四（数据表示为表④、图④样式），测算城职保基金收支的变化情况。

一、未来人口变化

假设未来人口期望寿命固定在 2010 年的水平上保持不变，则未来各年人口预测结果与前述基本情景相比会发生变化，从而引起参保缴费和退休领取人数变化，进而引起养老保险基金收支情况变化。

（一）人口数量变化

由表④1 和图④1 可知，在方案二和方案四假设条件下，由于人口期望寿命延长的影响，未来 75 年年均总人口由 12.15 亿人增加到 12.75 亿人，增加 0.60 亿人，增加的程度为 4.91%；评估期末总人口由 9.40 亿人上升到 10.15 亿人，增加 0.75 亿人，总人口增长程度的峰值为 2076 年的 8.42%。其中，男性人口平均值由 6.14 亿人增加到 6.40 亿人，增加 0.26 亿人，增加的程度为 4.23%；评估期末男性人口由 4.74 亿人上升到 5.09 亿人，增加 0.35 亿人，男性人口增长程度的峰值为 2077 年的 7.32%。女性人口平均值由 6.01 亿人增加到6.34亿人，增加了0.33亿人，增加的程度为5.61%；评估期末女性人口由4.66亿人上升到5.05亿人，增加了0.39亿人，女性人口增长程度的峰值为2074年的9.57%。人口期望寿命延长对人口数量的影响发生在2030年以后，随着人口期望寿命的延长，人口数量增加的程度也越来越高。

表④1　　　　　　　　人口期望寿命变化对未来人口数量的影响

项目	2018年	2028年	2038年	2048年	2058年	2068年	2078年	2093年
总人数②（万人）	139 410	141 556	141 067	138 236	130 419	120 698	111 863	101 501
总人数④（万人）	139 410	141 556	138 100	131 376	121 466	111 544	103 199	94 051
变动率（%）	0	0	2.15	5.22	7.37	8.21	8.40	7.92
男性②（万人）	71 248	71 997	71 020	69 083	64 936	60 206	56 015	50 956
男性④（万人）	71 248	71 997	69 822	66 150	61 127	56 267	52 193	47 439
变动率（%）	0	0	1.72	4.43	6.23	7.00	7.32	7.41
女性②（万人）	68 162	69 559	70 047	69 153	65 483	60 491	55 847	50 545
女性④（万人）	68 162	69 559	68 277	65 225	60 339	55 276	51 005	46 612
变动率（%）	0	0	2.59	6.02	8.53	9.43	9.49	8.44

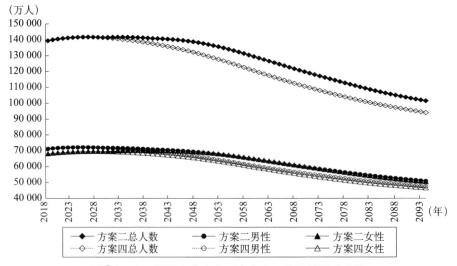

图④1　人口期望寿命变化对未来人口数量的影响曲线

（二）人口年龄结构变化

由表④2和图④2可知，人口期望寿命延长使65岁及以上年均人数由2.85亿人增加到3.36亿人，65岁及以上老龄化率的平均值由23.46%上升到26.34%，上升的程度为12.26%，上升程度的峰值为2076年的18.79%；65

岁及以上老龄化率的峰值由 2058 年的 28.81% 提高至 2060 年的 32.94%。其中，65 岁及以上男性年平均人数由 1.32 亿人增加到 1.52 亿人，男性 65 岁及以上老龄化率的平均值由 21.43% 上升到 23.71%，上升的程度为 10.62%，上升程度的峰值为 2076 年的 16.23%；男性 65 岁及以上老龄化率的峰值由 2058 年的 25.75% 提高至 2060 年的 29.05%。65 岁及以上女性年平均人数由 1.53 亿人增加到 1.84 亿人，女性 65 岁及以上老龄化率的平均值由 25.53% 上升到 28.99%，上升的程度为 13.54%，上升程度的峰值为 2077 年的 20.81%；女性 65 岁及以上老龄化率的峰值由 2058 年的 31.91% 提高至 2059 年的 36.80%。人口期望寿命延长对女性老龄化程度的影响大于男性。

表④2　　　　　人口期望寿命变化对 65 岁及以上老龄化率的影响　　　单位:%

项目	2018 年	2028 年	2038 年	2048 年	2058 年	2068 年	2078 年	2093 年
总人数②	12.26	16.89	25.13	28.84	32.88	30.85	29.12	28.31
总人数④	12.26	16.89	23.87	25.85	28.81	26.30	24.54	24.26
变动率	0	0	5.26	11.54	14.11	17.31	18.67	16.70
男性②	11.45	15.62	22.83	25.67	29.00	27.35	26.37	26.20
男性④	11.45	15.62	21.94	23.33	25.75	23.75	22.72	22.72
变动率	0	0	4.07	10.00	12.59	15.20	16.07	15.34
女性②	13.11	18.21	27.45	32.00	36.73	34.32	31.88	30.43
女性④	13.11	18.21	25.85	28.41	31.91	28.90	26.40	25.82
变动率	0	0	6.20	12.65	15.09	18.79	20.75	17.84

图④2　人口期望寿命变化对 65 岁及以上老龄化率影响曲线

二、参保缴费和退休领取人数变化

（一）劳动年龄人数变化

由表④3可知，人口期望寿命延长使未来各年劳动年龄人数略有增加，影响程度很小，基本可以忽略不计。其中，2010～2029年因为采用相同的国民生命表，因而劳动年龄人数保持不变。

表④3　　　　　人口期望寿命延长对劳动年龄人数的影响

项目	2018年	2028年	2038年	2048年	2058年	2068年	2078年	2093年
总人数②（万人）	85 218	81 620	80 777	72 879	64 574	62 261	58 033	53 688
总人数④（万人）	85 218	81 620	80 406	72 134	63 730	61 270	56 940	52 506
变动率（%）	0	0	0.46	1.03	1.32	1.62	1.92	2.25
男性②（万人）	45 604	44 981	44 241	40 829	36 097	34 461	32 130	29 169
男性④（万人）	45 604	44 981	43 967	40 245	35 445	33 720	31 333	28 361
变动率（%）	0	0	0.62	1.45	1.84	2.20	2.54	2.85
女性②（万人）	39 614	36 638	36 536	32 050	28 476	27 800	25 902	24 518
女性④（万人）	39 614	36 638	36 438	31 888	28 285	27 549	25 606	24 145
变动率（%）	0	0	0.27	0.51	0.68	0.91	1.16	1.54

（二）就业人数变化

由表④4可知，人口期望寿命延长使未来各年就业人数略有增加，影响程度很小，基本可以忽略不计。其中，2010～2029年因为采用相同的国民生命表，因而就业人数保持不变。

表④4　　　　　人口期望寿险延长对就业人数的影响

项目	2018年	2028年	2038年	2048年	2058年	2068年	2078年	2093年
总人数②（万人）	69 854	66 704	65 790	59 976	52 595	50 637	47 305	43 503
总人数④（万人）	69 854	66 704	65 468	59 328	51 870	49 788	46 373	42 510
变动率（%）	0	0	0.49	1.09	1.40	1.71	2.01	2.34
男性②（万人）	39 678	38 923	38 164	35 597	31 196	29 732	27 800	25 101
男性④（万人）	39 678	38 923	37 920	35 075	30 614	29 072	27 092	24 387
变动率（%）	0	0	0.64	1.49	1.90	2.27	2.61	2.93
女性②（万人）	30 175	27 780	27 626	24 378	21 399	20 905	19 504	18 402
女性④（万人）	30 175	27 780	27 548	24 253	21 256	20 715	19 281	18 122
变动率（%）	0	0	0.28	0.52	0.67	0.92	1.16	1.55

（三）参保职工人数变化

由表④5 可知，人口期望寿命延长使未来各年参保职工人数略有增加，影响程度很小，基本可以忽略不计。其中，2010～2029 年因为采用相同的国民生命表，因而参保人数保持不变。

表④5　　　　　人口期望寿命延长对参保职工人数的影响

项目	2018 年	2028 年	2038 年	2048 年	2058 年	2068 年	2078 年	2093 年
总人数②（万人）	30 177	36 333	39 977	37 814	33 260	32 022	29 914	27 510
总人数④（万人）	30 177	36 333	39 781	37 405	32 801	31 485	29 325	26 882
变动率（%）	0	0	0.49	1.09	1.40	1.71	2.01	2.34
男性②（万人）	17 141	21 201	23 190	22 443	19 727	18 801	17 580	15 873
男性④（万人）	17 141	21 201	23 041	22 114	19 359	18 385	17 132	15 422
变动率（%）	0	0	0.65	1.49	1.90	2.26	2.61	2.92
女性②（万人）	13 036	15 132	16 786	15 370	13 532	13 220	12 334	11 637
女性④（万人）	13 036	15 132	16 739	15 291	13 441	13 100	12 193	11 460
变动率（%）	0	0	0.28	0.52	0.68	0.92	1.16	1.54

（四）参保缴费人数变化

由表④6 和图④3 可知，人口期望寿命延长使未来各年参保缴费人数略有增加，影响程度很小，基本可以忽略不计。其中，2010～2029 年因为采用相同的国民生命表，因而参保缴费人数保持不变。

表④6　　　　　人口期望寿命延长对参保缴费人数的影响

项目	2018 年	2028 年	2038 年	2048 年	2058 年	2068 年	2078 年	2093 年
总人数②（万人）	25 349	31 246	35 179	34 032	29 934	28 819	26 923	24 759
总人数④（万人）	25 349	31 246	35 007	33 665	29 521	28 336	26 392	24 194
变动率（%）	0	0	0.49	1.09	1.40	1.71	2.01	2.34
男性②（万人）	14 399	18 233	20 407	20 199	17 755	16 921	15 822	14 285
男性④（万人）	14 399	18 233	20 276	19 903	17 423	16 546	15 419	13 880
变动率（%）	0	0	0.65	1.49	1.91	2.27	2.62	2.93
女性②（万人）	10 950	13 013	14 772	13 833	12 179	11 898	11 100	10 473
女性④（万人）	10 950	13 013	14 730	13 762	12 097	11 790	10 973	10 314
变动率（%）	0	0	0.29	0.52	0.68	0.92	1.17	1.55

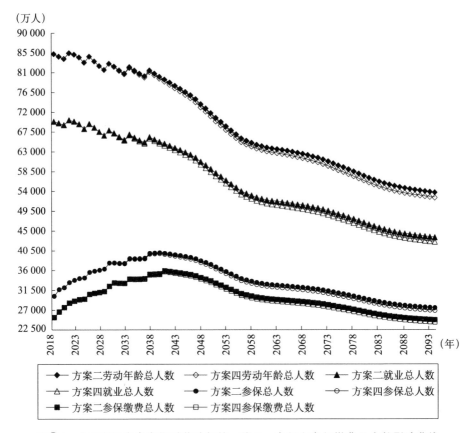

图④3　人口期望寿命变化对劳动年龄、就业、参保和参保缴费总人数影响曲线

（五）退休领取人数变化

由表④7和图④4可知，由于人口期望寿命延长的影响，使未来75年退休领取总人数明显增加，退休领取总人数的平均值由1.67亿人增加为1.93亿人，增加0.26亿人，平均增加的程度为15.60%，2060年以后增加的程度均在20%以上，增加程度最高的是2076年的25.52%。其中，男性退休领取人数的平均值由0.72亿人增加为0.83亿人，增加0.11亿人，平均增加程度为15.31%，增加程度最高的是2076年的24.72%。女性退休领取人数的平均值由0.94亿人增加为1.09亿人，增加0.15亿人，平均增加程度为15.82%，增加程度最高的是2076年的26.14%。人口期望寿命不变的情况下，退休领取人数的峰值为2055年的2.06亿人，而人口期望寿命延长情况下退休领取人数的

峰值为2056年的2.43亿人，由于人口期望寿命延长，使退休领取人数的峰值增加0.37亿人。人口期望寿命延长对退休领取人数影响最大的是2068年的0.42亿人；人口期望寿命延长对女性退休领取人数的影响程度略高于男性；至评估期末，人口期望寿命延长对退休领取人数仍然存在较为显著的影响。

表④7　　　　　　　　人口期望寿命延长对退休领取人数的影响

项目	2018年	2028年	2038年	2048年	2058年	2068年	2078年	2093年
总人数②（万人）	11 797	15 014	17 951	22 090	24 267	21 782	19 662	17 161
总人数④（万人）	11 797	15 014	16 909	19 357	20 328	17 570	15 681	13 885
变动率（%）	0	0	6.17	14.12	19.38	23.97	25.39	23.60
男性②（万人）	5 162	6 306	7 780	9 390	10 613	9 483	8 539	7 720
男性④（万人）	5 162	6 306	7 380	8 240	8 919	7 701	6 855	6 231
变动率（%）	0	0	5.42	13.96	18.99	23.14	24.56	23.90
女性②（万人）	6 635	8 707	10 170	12 699	13 653	12 298	11 123	9 440
女性④（万人）	6 635	8 707	9 528	11 117	11 408	9 869	8 826	7 653
变动率（%）	0	0	6.74	14.23	19.68	24.61	26.01	23.35

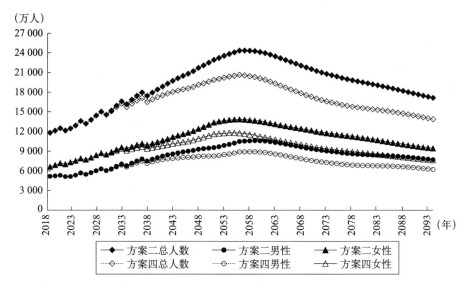

图④4　人口期望寿命延长对退休领取人数影响曲线

（六）制度总人数与制度抚养比变化

由表④8和图④5可知，由于人口期望寿命延长的影响，使未来75年制度总人数的年平均值由 5.01 亿人增加为 5.31 亿人，增加的人数为 0.30 亿人，增加的相对程度为 5.96%；各年增加的程度呈缓慢上升的趋势，增加程度峰值为 2077 年的 10.16%，其中，2057 年以后增加程度保持在 8% 以上的水平。制度总人数的峰值由 2042 年的 5.73 亿人增加为 2048 年的 5.99 亿人，增加的人数为 0.26 亿人，增加的相对程度为 4.53%。其中，男性制度总人数的年平均值由 2.67 亿人增加为 2.81 亿人，增加的人数为 0.14 亿人，增加的相对程度为 5.25%；各年增加的程度呈缓慢上升的趋势，增加程度峰值为 2078 年的 8.89%，其中，2064 年以后保持在 8% 以上的水平。男性制度总人数的峰值由 2042 年的 3.07 亿人增加为 2047 年的 3.18 亿人，增加的人数为 0.11 亿人，增加的相对程度为 3.58%。女性制度总人数的年平均值由 2.33 亿人增加为 2.49 亿人，增加的人数为 0.16 亿人，增加的相对程度为 6.78%；各年增加的程度呈缓慢上升的趋势，于 2076 年达到增加程度的峰值 11.62%，于 2093 年降至 10.28%。其中，2061 年以后保持在 10% 以上的水平。女性制度总人数的峰值由 2043 年的 2.66 亿人增加为 2049 年的 2.81 亿人，增加的人数为 0.15 亿人，增加的相对程度为 5.63%。

表④8　　　　　人口期望寿命延长对制度总人数与制度抚养比的影响

项目	2018 年	2028 年	2038 年	2048 年	2058 年	2068 年	2078 年	2093 年
制度总人数② （万人）	41 975	51 347	57 928	59 904	57 527	53 804	49 577	44 672
制度总人数④ （万人）	41 975	51 347	56 690	56 763	53 129	49 056	45 008	40 767
变动率（%）	0	0	2.18	5.53	8.27	9.67	10.15	9.57
参保职工制度 抚养比②	2.55	2.42	2.23	1.71	1.37	1.47	1.52	1.60
参保职工制度 抚养比④	2.55	2.42	2.35	1.93	1.61	1.79	1.87	1.93
变动率（%）	0	0	−5.10	−11.39	−14.90	−17.87	−18.71	−17.09

制度抚养比中，主要比较参保职工制度抚养比。由表④8 和图④6 可知，由于人口期望寿命延长的影响，使未来 75 年参保职工总平均人数由 3.33 亿人增加为 3.37 亿人，而退休领取总平均人数由 1.67 亿人上升为 1.93 亿人，制度抚养比的平均值由 1.99 下降至 1.75，下降程度为 12.23%。其中，男性参保职工总平均人数由 1.95 亿人增加为 1.98 亿人，而男性退休领取总平均人数由 0.73 亿人上升为 0.84 亿人，男性参保职工制度抚养比的平均值由 2.67 下

降至 2.36，下降程度为 11.72%。女性参保职工总平均人数由 1.39 亿人增加为 1.40 亿人，而女性退休领取总平均人数由 0.95 亿人上升为 1.10 亿人，女性参保职工制度抚养比的平均值由 1.47 下降至 1.28，下降程度为 13.12%。由此可见，由于人口期望寿命延长的影响，使参保职工制度抚养比下降了 12.23%，其中，女性参保职工制度抚养比下降的程度略高于男性。人口期望寿命延长也明显加重了城职保制度的养老负担。

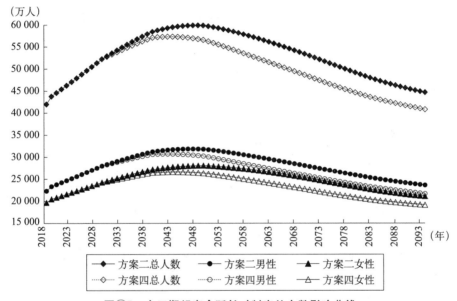

图④5　人口期望寿命延长对制度总人数影响曲线

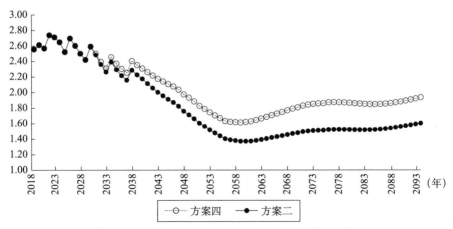

图④6　人口期望寿命延长对参保职工制度抚养比影响曲线

三、养老保险基金收入、支出变化

（一）养老保险基金缴费收入变化

由表④9和图④7可知，由于人口期望寿命延长的影响，使参保缴费人数略有增加，从而使未来75年养老保险基金缴费收入的精算现值由8 862 406亿元增加为9 001 278亿元，增加的相对程度为1.56%。由于人口期望寿命延长的影响，未来75年统筹基金缴费收入的精算现值由5 785 175亿元增加为5 875 849亿元，增加的程度为1.56%，变动过程与养老保险基金缴费收入保持一致。未来75年个人账户缴费收入的精算现值由3 077 230亿元增加为3 125 429亿元，增加的程度为1.56%，变动过程与养老保险基金缴费收入保持一致。

表④9　　　　　　　人口期望寿命延长对养老保险缴费收入的影响

项目	2019年	2028年	2038年	2048年	2058年	2068年	2078年	2093年	精算现值
总收入②（亿元）	35 049	92 858	222 056	408 806	646 927	1 065 065	1 700 094	3 263 892	9 001 278
总收入④（亿元）	35 049	92 858	220 927	404 117	637 386	1 046 106	1 664 526	3 185 569	8 862 406
变动率（%）	0	0	0.51	1.16	1.49	1.81	2.13	2.45	1.56
统筹基金②（亿元）	22 908	60 679	145 068	266 831	422 243	695 204	1 109 529	2 130 324	5 875 849
统筹基金④（亿元）	22 908	60 679	144 329	263 768	416 014	682 823	1 086 311	2 079 194	5 785 175
变动率（%）	0	0	0.51	1.16	1.49	1.81	2.13	2.45	1.56
个人账户②（亿元）	12 140	32 178	76 987	141 975	224 684	369 862	590 566	1 133 567	3 125 429
个人账户④（亿元）	12 140	32 178	76 597	140 349	221 371	363 282	578 214	1 106 375	3 077 230
变动率（%）	0	0	0.51	1.16	1.49	1.81	2.13	2.45	1.56

分性别来看，由于受人口期望寿命延长的影响，男性参保职工养老保险基金缴费收入的精算现值由5 529 555亿元增加为5 640 527亿元，增加的程度为2.01%，增加程度呈缓慢递增的变动趋势，评估期结束时增加程度为3.04%。女性参保职工养老保险基金缴费收入的精算现值由3 332 850亿元增加为3 360 750亿元，增加的程度为0.84%，增加程度呈缓慢递增的变动趋势，评估期结束时增加程度为1.54%。人口期望寿命延长对男性、女性参保职工统筹基金、个人账户缴费收入的影响程度与男性、女性参保职工养

老保险基金缴费总收入的影响基本一致。人口期望寿命延长对男性参保职工
缴费收入精算现值的正面影响比女性参保职工略高，如表④10 和图④8、
图④9 所示。

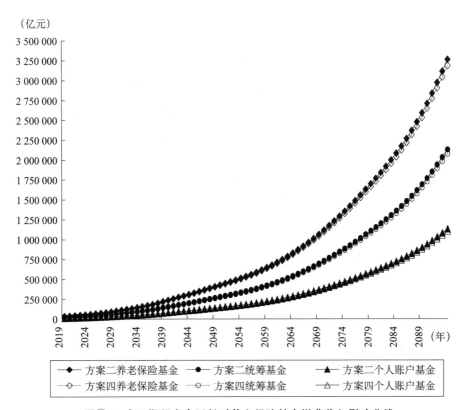

图④7　人口期望寿命延长对养老保险基金缴费收入影响曲线

表④10 人口期望寿命延长对男女职工养老基金缴费收入的影响

项目	2019 年	2028 年	2038 年	2048 年	2058 年	2068 年	2078 年	2093 年	精算现值
男职工②（亿元）	21 411	57 806	137 595	258 255	410 712	669 107	1 068 175	2 016 934	5 640 527
男职工④（亿元）	21 411	57 806	136 702	254 360	402 746	653 710	1 039 816	1 957 506	5 529 555
变动率（％）	0	0	0.65	1.53	1.98	2.36	2.73	3.04	2.01
女职工②（亿元）	13 637	35 051	84 461	150 550	236 215	395 959	631 919	1 246 957	3 360 750
女职工④（亿元）	13 637	35 051	84 224	149 758	234 640	392 397	624 710	1 228 063	3 332 850
变动率（％）	0	0	0.28	0.53	0.67	0.91	1.15	1.54	0.84

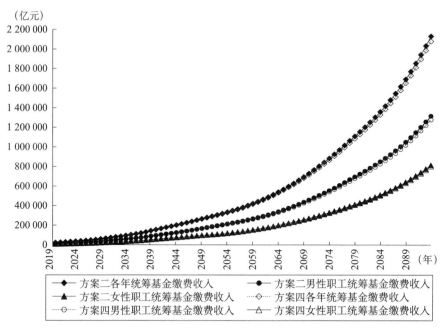

图④8　人口期望寿命延长对统筹基金缴费收入预测曲线

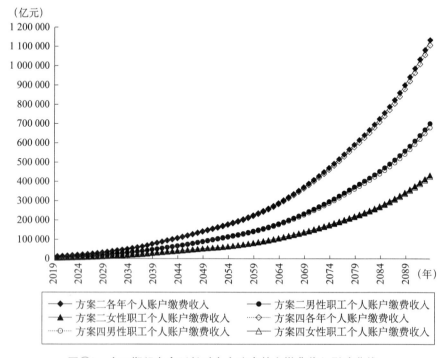

图④9　人口期望寿命延长对个人账户基金缴费收入影响曲线

(二) 养老保险基金总收入变化

由表④11 和图④10 可知，由于人口期望寿命延长使得养老保险基金支出增加，从而使基金结余的利息收入减少，使养老保险基金总收入的精算现值由 16 717 316 亿元减少为 14 135 425 亿元，减少的程度为 15.44%，呈逐年增大的变动趋势，至评估期末的 2093 年达到减少 32.39% 的最大值，说明此时人口期望寿命延长对养老保险基金总收入的负面影响仍然显著。统筹基金总收入精算现值由 11 334 538 亿元减少为 9 093 906 亿元，减少的程度为 19.77%，高于养老保险基金总收入精算现值减少的程度，减少程度呈逐年增大的变动趋势，至评估期末的 2093 年达到减少 42.01% 的最大值。而个人账户基金总收入的精算现值由 5 382 777 亿元减少为 5 041 520 亿元，减少的程度为 6.34%，减少的程度低于养老保险基金总收入减少的程度，减少程度呈逐年增大的变动趋势，至评估期末的 2093 年达到减少 14.02% 的最大值。

表④11　　　　　　　　人口期望寿命延长对养老基金总收入的影响

项目	2019 年	2028 年	2038 年	2048 年	2058 年	2068 年	2078 年	2093 年	精算现值
总收入② (亿元)	47 749	125 828	316 028	640 525	1 064 899	1 701 762	2 724 014	5 332 478	14 135 425
总收入④ (亿元)	47 749	125 828	316 819	656 405	1 146 773	1 975 103	3 458 015	7 950 654	16 717 316
变动率 (%)	0	0	−0.25	−2.42	−7.14	−13.84	−21.23	−32.93	−15.44
统筹基金② (亿元)	33 318	84 521	211 243	429 217	715 322	1 109 332	1 714 342	3 113 906	9 093 906
统筹基金④ (亿元)	33 318	84 521	212 209	443 885	787 553	1 347 597	2 350 392	5 370 181	11 334 538
变动率 (%)	0	0	−0.46	−3.30	−9.17	−17.68	−27.06	−42.01	−19.77
个人账户② (亿元)	14 430	41 307	104 785	211 307	349 577	592 430	1 009 671	2 218 572	5 041 520
个人账户④ (亿元)	14 430	41 307	104 609	212 520	359 220	627 505	1 107 623	2 580 472	5 382 777
变动率 (%)	0	0	0.17	−0.57	−2.68	−5.59	−8.84	−14.02	−6.34

(三) 养老保险基金总支出变化

由表④12 和图④11 可知，由于人口期望寿命延长的影响，使退休领取人数增加，从而使养老保险基金总支出的精算现值由 11 749 828 亿元增加到 13 944 505 亿元，增加的程度为 18.68%，2060 年以后增加的程度均保持在 20% 以上，增加程度的峰值为 2076 年的 25.41%，随后持续下降至评估期结束时的 23.57%，仍然保持在较高的增加程度。由于人口期望寿命延长的影响，

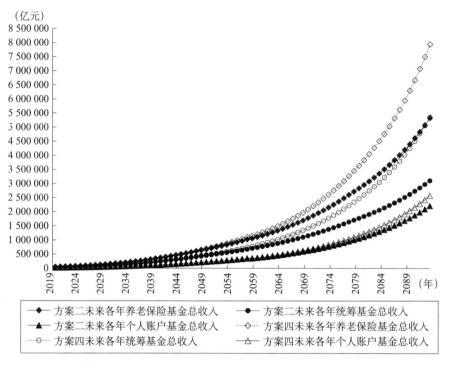

图④10　人口期望寿命延长对养老保险基金总收入影响曲线

统筹基金总支出的精算现值由 8 903 066 亿元增加到10 748 600 亿元，增加的程度为20.73%，2056 年以后增加的程度均保持在20%以上，增加程度的峰值为 2077 年的 28.63%，随后持续下降至评估期结束时的 26.02%，仍然保持在较高的增加程度。由于人口期望寿命延长的影响，个人账户基金总支出的精算现值由 2 846 762 亿元增加到 3 195 905 亿元，增加的程度为 12.26%，2068 年以后增加的程度均保持在 15% 以上，增加程度的峰值为评估期结束时的16.53%，增加程度呈现出持续小幅波动上升的趋势。

表④12　　　　　　　　人口期望寿命延长对养老基金总支出的影响

项目	2019 年	2028 年	2038 年	2048 年	2058 年	2068 年	2078 年	2093 年	精算现值
总支出②（亿元）	49 146	108 312	251 138	579 448	1 163 343	1 805 421	2 793 432	5 142 695	13 944 505
总支出④（亿元）	49 146	108 312	237 343	509 434	976 868	1 460 118	2 229 190	4 161 829	11 749 828
变动率（%）	0	0	5.81	13.74	19.09	23.65	25.31	23.57	18.68
统筹基金②（亿元）	41 302	87 078	192 166	440 506	893 308	1 382 939	2 159 138	3 889 866	10 748 600

项目	2019 年	2028 年	2038 年	2048 年	2058 年	2068 年	2078 年	2093 年	精算现值
统筹基金④（亿元）	41 302	87 078	180 434	382 445	735 656	1 095 198	1 681 332	3 086 702	8 903 066
变动率（%）	0	0	6.50	15.18	21.43	26.27	28.42	26.02	20.73
个人账户②（亿元）	7 843	21 233	58 971	138 943	270 035	422 482	634 294	1 252 828	3 195 905
个人账户④（亿元）	7 843	21 233	56 909	126 989	241 212	364 920	547 857	1 075 126	2 846 762
变动率（%）	0	0	3.62	9.41	11.95	15.77	15.78	16.53	12.26

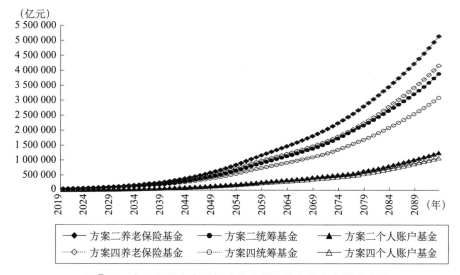

图④11　人口期望寿命延长对养老保险基金总支出影响曲线

分性别来看，由表④13 和图④12 可知，由于受人口期望寿命延长的影响，男性退休职工养老金支出的精算现值由 6 080 410 亿元增加为 7 196 505 亿元，增加的程度为 18.35%，其中，2061 年以后增加的程度均在 20%以上，增加程度的峰值为 2076 年的 24.71%，评估期末增加的程度仍然保持在 23.77%的较高水平。分账户来看，男性统筹基金支出的精算现值由 4 533 223 亿元增加到 5 437 852 亿元，增加的程度为 19.95%，增加的程度在 2057 年以后均保持在 20%以上，增加程度的峰值为 2077 年的 27.34%，随后下降至 2093 年的 25.74%。而男性个人账户基金支出的精算现值由 1 547 187 亿元增加到 1 758 652 亿元，增加的程度为 13.67%，增加的程度在 2064 年以后均保持在 15%以上并呈上升的趋势，增加程度的峰值为 2093 年的 18.48%。男性统筹基金支出增加的程度高于个人账户，变动过程略有差异。

由于受人口期望寿命延长的影响，女性退休职工养老金支出的精算现值由 5 669 418 亿元增加为 6 748 000 亿元，增加的程度为 19.02%，增加程度与男性基本持平。其中，2060 年以后增加的程度均在 20% 以上，增加程度的峰值为 2076 年的 26.15%，评估期末增加的程度仍然保持在 23.34% 的较高水平。分账户来看，女性统筹基金支出的精算现值由 4 369 842 亿元增加到 5 310 747 亿元，增加的程度为 21.53%，增加的程度在 2055 年以后均保持在 20% 以上，增加程度的峰值为 2077 年的 29.96%，随后下降至 2093 年的 26.32%。而女性个人账户基金支出的精算现值由 1 299 575 亿元增加到 1 437 252 亿元，增加的程度为 10.59%，增加的程度在 2063 年以后均保持在 12% 以上并呈波动上升的趋势，增加程度的峰值为 2071 年的 14.71%，2093 年仍然保持在 14.08% 的较高水平。女性统筹基金支出增加的程度显著高于个人账户基金支出，变动过程也略有差异。

表④13　　　　　　人口期望寿命延长对男女退休人员养老金支出的影响

项目	2019 年	2028 年	2038 年	2048 年	2058 年	2068 年	2078 年	2093 年	精算现值
男性②（亿元）	25 088	53 887	128 526	293 735	601 069	932 592	1 436 766	2 729 343	7 196 505
男性④（亿元）	25 088	53 887	122 172	258 703	505 927	758 679	1 152 942	2 205 132	6 080 410
变动率（%）	0	0	5.20	13.54	18.81	22.92	24.62	23.77	18.35
女性②（亿元）	24 057	54 424	122 612	285 713	562 275	872 829	1 356 665	2 413 351	6 748 000
女性④（亿元）	24 057	54 424	115 171	250 732	470 942	701 439	1 076 247	1 956 697	5 669 418
变动率（%）	0	0	6.46	13.95	19.39	24.43	26.06	23.34	19.02

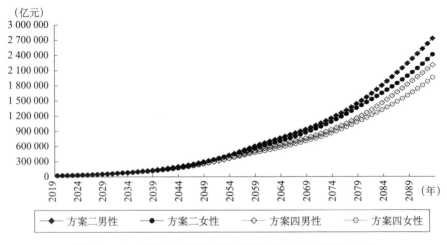

图④12　人口期望寿命延长对男女退休养老金支出影响曲线

（四）养老保险基金收支结余变化

（1）统筹基金收入、支出、结余变化。由表④14和图④13可知，由于人口期望寿命延长的影响，未来75年统筹基金总收入的精算现值由11 334 538亿元减少到9 093 906亿元，减少的金额为2 240 632亿元，减少的程度为19.77%，由于统筹基金收不抵支导致的负利息不断增加，使统筹基金总收入减少的程度呈递增的趋势，至2093年达到峰值42.01%；统筹基金总支出的精算现值由8 903 066亿元增加为10 748 600亿元，增加的金额为1 845 534亿元，增加的程度为20.73%，增加的程度经历了先升后降的过程，2030～2077年增加的程度持续上升到峰值28.63%，随后缓慢下降至2093年的26.02%。也就是说，人口期望寿命延长对统筹基金收支的影响至评估期结束时仍然显著。由于人口期望寿命延长的影响，未来75年统筹基金当年结余和累计结余的精算现值由2 431 472亿元减少为－1 654 694亿元，统筹基金由结余21.45%转变为赤字15.39%，使统筹基金由完全持续稳定运行转变为只能正常运行至2050年。

表④14　　　　　期望寿命延长对统筹基金收入、支出、结余的影响

项目	2019年	2028年	2038年	2048年	2058年	2068年	2078年	2093年	精算现值
总收入②（亿元）	33 318	84 520	211 242	429 217	715 322	1 109 332	1 714 342	3 113 906	9 093 906
总收入④（亿元）	33 318	84 520	212 209	443 885	787 553	1 347 597	2 350 392	5 370 181	11 334 538
变动率（%）	0	0	－0.46	－3.30	－9.17	－17.68	－27.06	－42.01	－19.77
总支出②（亿元）	41 302	87 078	192 166	440 505	893 308	1 382 939	2 159 138	3 889 866	10 748 600
总支出④（亿元）	41 302	87 078	180 434	382 445	735 656	1 095 198	1 681 332	3 086 702	8 903 066
变动率（%）	0	0	6.50	15.18	21.43	26.27	28.42	26.02	20.73
累计结余②（亿元）	－7 983	－61 693	－23 768	93 662	－982 719	－4 205 892	－10 064 119	－28 869 992	－1 654 694
累计结余④（亿元）	－7 983	－61 693	33 293	627 372	1 567 326	3 732 038	10 545 201	42 422 694	2 431 472

（2）个人账户收入、支出、结余变化。由表④15和图④14可知，由于人口期望寿命延长的影响，未来75年个人账户总收入的精算现值由5 382 777亿元减少到5 041 519亿元，减少的金额为341 258亿元，减少的程度为6.34%，由于个人账户收入减少导致的利息减少，使个人账户总收入减少的程度呈递增的趋势，至2093年达到峰值14.02%；个人账户总支出的精算现值由

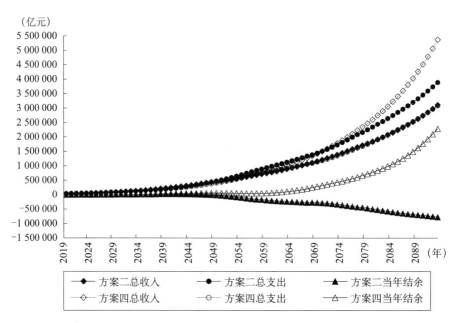

图④13　人口期望寿命延长对统筹基金收入、支出、结余影响曲线

2 846 762 亿元增加为 3 195 905 亿元，增加的金额为 349 143 亿元，增加的程度为 12.26%，增加的程度经历了波动上升的过程，2030～2071 年增加的程度持续上升到 16.44%，随后波动上升至 2093 年的 16.53% 的峰值。也就是说，人口期望寿命延长对个人账户收支的影响至评估期结束时仍然显著。由于人口期望寿命延长的影响，未来 75 年个人账户当年结余和累计结余的精算现值由 2 536 015 亿元减少为 1 845 614 亿元，减少的程度为 27.22%，个人账户结余率由 47.11% 减少为 36.60%，减少 10.51 个百分点。

表④15　　　　期望寿命延长对个人账户收入、支出、结余的影响

项目	2019 年	2028 年	2038 年	2048 年	2058 年	2068 年	2078 年	2093 年	精算现值
总收入②（亿元）	14 430	41 307	104 785	211 307	349 577	592 430	1 009 671	2 218 572	5 041 519
总收入④（亿元）	14 430	41 307	104 609	212 520	359 220	627 505	1 107 623	2 580 472	5 382 777
变动率（%）	0	0	0.17	−0.57	−2.68	−5.59	−8.84	−14.02	−6.34
总支出②（亿元）	7 843	21 233	58 971	138 942	270 035	422 482	634 293	1 252 828	3 195 905
总支出④（亿元）	7 843	21 233	56 909	126 989	241 212	364 920	547 857	1 075 126	2 846 762
变动率（%）	0	0	3.62	9.41	11.95	15.77	15.78	16.53	12.26

续表

项目	2019 年	2028 年	2038 年	2048 年	2058 年	2068 年	2078 年	2093 年	精算现值
累计结余② （亿元）	57 487	232 062	768 551	1 875 007	3 772 826	6 751 608	12 768 948	33 050 887	1 845 614
累计结余④ （亿元）	57 487	232 062	775 996	1 961 994	4 194 384	8 076 044	16 215 132	45 096 527	2 536 015
变动率（%）	0	0	-0.96	-4.43	-10.05	-16.40	-21.25	-26.71	-27.22

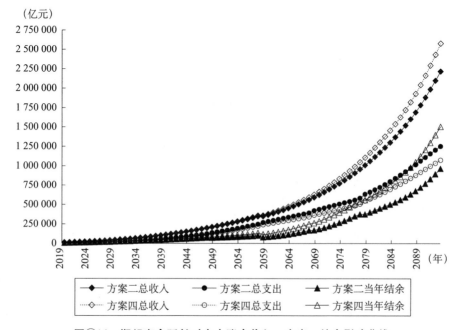

图④14　期望寿命延长对个人账户收入、支出、结余影响曲线

（3）养老保险基金总收入、总支出、结余变化。由表④16 和图④15 可知，由于人口期望寿命延长的影响，未来 75 年养老保险总收入的精算现值由 16 717 316 亿元减少到 14 135 425 亿元，减少的金额为 2 581 891 亿元，减少的程度为 15.44%，养老保险总收入减少的程度呈递增的趋势，至 2093 年达到峰值 32.93%；养老保险总支出的精算现值由 11 749 828 亿元增加为 13 944 505 亿元，增加的金额为 2 194 677 亿元，增加的程度为 18.68%，增加的程度经历了先升后降的过程，2030～2076 年增加的程度持续上升到峰值 25.41%，随后缓慢下降至 2093 年的 23.57%，2060 年以后增加的程度均在 20% 以上。也就是说，人口期望寿命延长对养老保险基金收支的影响至

评估期结束时仍然显著。由于人口期望寿命延长的影响，未来75年养老保险基金当年结余和累计结余的精算现值由4 967 487亿元减少为190 920亿元，养老保险基金结余率由29.71%下降为1.35%，下降28.36个百分点。说明人口期望寿命延长是导致养老金支出增加的最主要的影响因素之一。

表④16　　　　　　期望寿命延长对养老保险基金收入、支出、结余的影响

项目	2019年	2028年	2038年	2048年	2058年	2068年	2078年	2093年	精算现值
总收入②(亿元)	47 749	125 828	316 028	640 524	1 064 899	1 701 762	2 724 014	5 332 478	14 135 425
总收入④(亿元)	47 749	125 828	316 819	656 405	1 146 773	1 975 103	3 458 015	7 950 654	16 717 316
变动率（%）	0	0	-0.25	-2.42	-7.14	-13.84	-21.23	-32.93	-15.44
总支出②(亿元)	49 145	108 312	251 138	579 448	1 163 343	1 805 421	2 793 432	5 142 695	13 944 505
总支出④(亿元)	49 145	108 312	237 343	509 434	976 868	1 460 118	2 229 190	4 161 829	11 749 828
变动率（%）	0	0	5.81	13.74	19.09	23.65	25.31	23.57	18.68
累计结余②(亿元)	49 504	170 369	744 782	1 968 670	2 790 107	2 545 715	2 704 828	4 180 894	190 920
累计结余④(亿元)	49 504	170 369	809 290	2 589 367	5 761 710	11 808 083	267 603 344	87 519 222	4 967 487
变动率（%）	0	0	-7.97	-23.97	-51.58	-78.44	-98.99	-95.22	-96.16

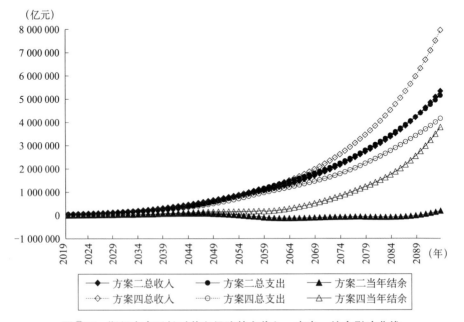

图④15　期望寿命延长对养老保险基金收入、支出、结余影响曲线

第三节 延迟退休年龄的影响分析

为测算延迟退休政策对城职保基金收支的影响,假定未来 75 年我国仍然采取目前男性、女性职工分别在 60 岁、55 岁退休,其他精算假设与方案二相同,本情形称为方案五(数据表示为表⑤、图⑤样式),测算延迟退休年龄对城职保基金收支的影响情况。

一、参保缴费和退休领取人数变化

(一)劳动年龄人数变化

由表⑤1 和图⑤1 可知,由于延迟退休年龄的影响,使未来 75 年劳动年龄总人数的平均值由 6.17 亿人增加为 6.88 亿人,增加 0.71 亿人,平均增加的程度为 11.46%,2033 年以后增加的程度均在 10% 以上,增加程度最高的是 2050 年的 17.26%,随后波动下降至 2093 年的 12.01%。其中,男性劳动年龄人数的平均值由 3.43 亿人增加为 3.80 亿人,增加 0.37 亿人,平均增加程度为 10.64%,2033 年以后增加的程度均在 10% 以上,增加程度最高的是 2051 年的 16.94%,随后波动下降至 2093 年的 11.05%。女性劳动年龄人数的平均值由 2.74 亿人增加为 3.08 亿人,增加 0.34 亿人,平均增加程度为 12.48%,2033 年以后增加的程度均在 10% 以上,增加程度最高的是 2046 年的 22.10%,随后波动下降至 2093 年的 13.17%。由此可见,延迟退休年龄可使未来 75 年劳动年龄人数显著增加,男性劳动年龄平均人数增加的数量高于女性,但女性劳动年龄平均人数增加的程度明显高于男性,延迟退休年龄可以有效减缓劳动年龄人数下降速度。

表⑤1　　　　　　　　　延迟退休年龄对劳动年龄人数的影响

项目	2018 年	2028 年	2038 年	2048 年	2058 年	2068 年	2078 年	2093 年
总人数②(万人)	85 218	81 620	80 777	72 879	64 574	62 261	58 033	53 688
总人数⑤(万人)	85 218	77 083	71 351	62 257	57 489	55 113	50 689	47 932
变动率(%)	0	5.89	13.21	17.06	12.32	12.97	14.49	12.01
男性②(万人)	45 604	44 981	44 241	40 829	36 097	34 461	32 130	29 169
男性⑤(万人)	45 604	42 747	39 592	35 761	32 100	30 751	28 166	26 266

续表

项目	2018 年	2028 年	2038 年	2048 年	2058 年	2068 年	2078 年	2093 年
变动率（%）	0	5.23	11.74	14.17	12.45	12.06	14.07	11.05
女性②（万人）	39 614	36 638	36 536	32 050	28 476	27 800	25 902	24 518
女性⑤（万人）	39 614	34 336	31 758	26 495	25 389	24 362	22 523	21 665
变动率（%）	0	6.70	15.05	20.97	12.16	14.11	15.00	13.17

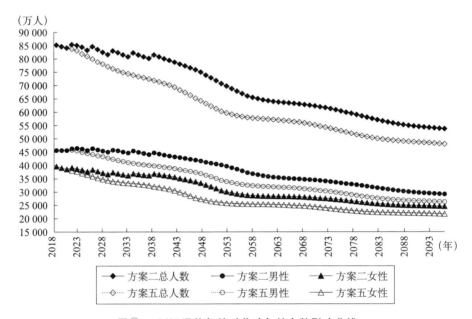

图⑤1　延迟退休年龄对劳动年龄人数影响曲线

（二）就业人数变化

由表⑤2 和图⑤2 可知，由于延迟退休年龄的影响，使未来 75 年就业人数的平均值由 5.00 亿人增加为 5.61 亿人，增加 0.61 亿人，平均增加的程度为 12.29%，2033 年以后增加的程度均在 10% 以上，增加程度最高的是 2050 年的 18.50%，随后波动下降至 2093 年的 12.98%。其中，男性就业人数的平均值由 2.96 亿人增加为 3.29 亿人，增加 0.33 亿人，平均增加的程度为 11.29%，增加程度最高的是 2051 年的 17.90%，随后波动下降至 2093 年的 11.81%。女性就业人数的平均值由 2.05 亿人增加为 2.33 亿人，增加 0.28 亿人，平均增加的程度为 13.73%，增加程度最高的是 2046 年的 24.27%，随后波动下降至 2093 年的 14.61%。由此可见，延迟退休年龄可使未来 75 年就业人数显著增加，男性平均就业人数增加的数量高于女性，但女性平均就业人数增加的程度明显高于男性，延迟退休年龄可以有效减缓就业人数下降速度。

表⑤2　　　　　　　　延迟退休年龄对就业人数的影响

项目	2018 年	2028 年	2038 年	2048 年	2058 年	2068 年	2078 年	2093 年
总人数②（万人）	69 854	66 704	65 790	59 976	52 595	50 637	47 305	43 503
总人数⑤（万人）	69 854	62 774	57 617	50 780	46 406	44 423	40 906	38 507
变动率（%）	0	6.26	14.19	18.11	13.34	13.99	15.64	12.97
男性②（万人）	39 678	38 923	38 164	35 597	31 196	29 732	27 800	25 101
男性⑤（万人）	39 678	36 884	33 918	30 968	27 544	26 343	24 179	22 449
变动率（%）	0	5.53	12.52	14.95	13.26	12.86	14.98	11.81
女性②（万人）	30 175	27 780	27 626	24 378	21 399	20 905	19 504	18 402
女性⑤（万人）	30 175	25 890	23 699	19 812	18 862	18 079	16 727	16 057
变动率（%）	0	7.30	16.57	23.05	13.45	15.63	16.60	14.60

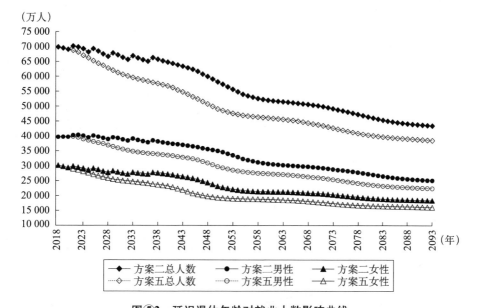

图⑤2　延迟退休年龄对就业人数影响曲线

（三）参保职工人数变化

由表⑤3 和图⑤3 可知，由于延迟退休年龄的影响，使未来 75 年参保职工总人数的平均值由 2.99 亿人增加为 3.37 亿人，增加 0.38 亿人，平均增加的程度为 12.67%，2033 年以后增加的程度均在 12% 以上，增加程度最高的是 2050 年的 18.50%，随后波动下降至 2093 年的 12.98%。其中，男性参保职工人数的平均值由 1.77 亿人增加为 1.98 亿人，增加 0.21 亿人，平均增加的程度为 11.64%，增加程度最高的是 2051 年的 17.90%，随后波动下降至 2093年的 11.81%。女性参保职工人数的平均值由 1.22 亿人增加为 1.39 亿人，增加 0.17 亿人，平均增加的程度为 14.15%，增加程度最高的是 2046 年的 24.27%，随后波动下降至 2093 年的 14.61%。由此可见，延迟退休年龄可使未来 75 年参保职工人数显著增加，男性平均参保职工人数增加的数量高于女性，但女性平均参保职工人数增加的程度明显高于男性，延迟退休年龄可以有效减缓参保职工人数下降速度。

表⑤3　　　　　　　　　　延迟退休年龄对参保职工人数的影响

项目	2018 年	2028 年	2038 年	2048 年	2058 年	2068 年	2078 年	2093 年
总人数②（万人）	30 177	36 333	39 977	37 814	33 260	32 022	29 914	27 510
总人数⑤（万人）	30 177	34 192	35 010	32 016	29 346	28 092	25 868	24 350
变动率（%）	0	6.26	14.19	18.11	13.34	13.99	15.64	12.98
男性②（万人）	17 141	21 201	23 190	22 443	19 727	18 801	17 580	15 873
男性⑤（万人）	17 141	20 090	20 610	19 525	17 418	16 659	15 290	14 196
变动率（%）	0	5.53	12.52	14.94	13.26	12.86	14.98	11.81
女性②（万人）	13 036	15 132	16 786	15 370	13 533	13 221	12 334	11 637
女性⑤（万人）	13 036	14 102	14 400	12 491	11 927	11 433	10 577	10 154
变动率（%）	0	7.30	16.57	23.05	13.47	15.64	16.61	14.61

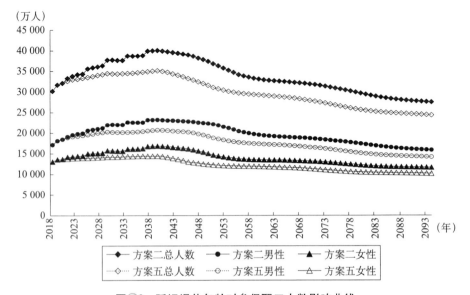

图⑤3　延迟退休年龄对参保职工人数影响曲线

（四）参保缴费人数变化

由表⑤4和图⑤4可知，由于延迟退休年龄的影响，使未来75年参保缴费人数的平均值由2.66亿人增加为3.00亿人，增加了0.34亿人，平均增加的程度为12.74%，2033年以后增加的程度均在12%以上，增加程度最高的是2050年的18.50%，随后波动下降至2093年的12.98%。其中，男性参保缴费人数的平均值由1.58亿人增加为1.76亿人，增加了0.18亿人，平均增加的程度为11.70%，2033年以后增加的程度均在11%以上，增加程度最高的是2051年的17.90%，随后波动下降至2093年的11.81%。女性参保缴费人数的平均值由1.08亿人增加为1.24亿人，增加了0.16亿人，平均增加的程度为14.23%，2037年以后增加的程度均在13%以上，增加程度最高的是2046年的24.27%，随后波动下降至2093年的14.61%。由此可见，延迟退休年龄可使未来75年参保缴费人数显著增加，男性平均参保缴费人数增加的数量高于女性，但女性平均参保缴费人数增加的程度明显高于男性，延迟退休年龄可以有效减缓参保缴费人数下降速度。

表⑤4 　　　　　　　延迟退休年龄对参保缴费人数的影响

项目	2018年	2028年	2038年	2048年	2058年	2068年	2078年	2093年
总人数②（万人）	25 349	31 246	35 179	34 032	29 934	28 819	26 923	24 759
总人数⑤（万人）	25 349	29 405	30 809	28 814	26 411	25 282	23 281	21 915
变动率（%）	0	6.26	14.18	18.11	13.34	13.99	15.64	12.98
男性②（万人）	14 399	18 233	20 407	20 199	17 755	16 921	15 822	14 285
男性⑤（万人）	14 399	17 277	18 136	17 572	15 676	14 993	13 761	12 776
变动率（%）	0	5.53	12.52	14.95	13.26	12.86	14.98	11.81
女性②（万人）	10 950	13 013	14 772	13 833	12 179	11 898	11 101	10 473
女性⑤（万人）	10 950	12 098	12 662	11 316	10 737	10 289	9 252	9 138
变动率（%）	0	7.56	16.66	22.24	13.43	15.64	19.98	14.61

（五）退休领取人数变化

由表⑤5和图⑤5可知，由于延迟退休年龄的影响，使未来75年退休领取总人数的平均值由2.27亿人减少为1.93亿人，减少了0.34亿人，平均减少的程度为14.91%，减少程度最高的是2037年的20.09%，因为该年是最后一次延迟退休年龄，随后波动下降至2093年的15.08%。其中，男性退休领取人

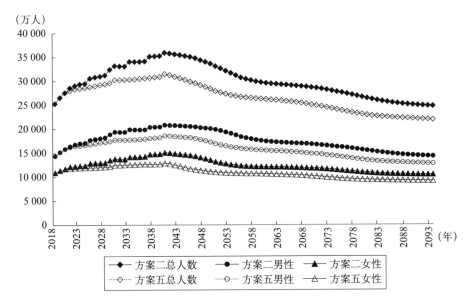

图⑤4 延迟退休年龄对参保缴费人数影响曲线

数的平均值由 1.02 亿人减少为 0.84 亿人，减少了 0.18 亿人，平均减少的程度为 18.21%，减少程度最高的是 2037 年的 23.65%，随后波动下降至 2093 年的 17.24%。女性退休领取人数的平均值由 1.25 亿人减少为 1.09 亿人，减少了 0.16 亿人，平均减少的程度为 12.20%，减少程度最高的是 2045 年的 18.92%，随后波动下降至 2093 年的 13.24%。在不延迟退休年龄的情况下，退休领取人数的峰值为 2053 年的 2.82 亿人，而延迟退休年龄情况下的退休领取人数的峰值为 2056 年的 2.44 亿人，由于延迟退休年龄，使退休领取人数的峰值下降 0.38 亿人。延迟退休年龄对退休领取人数的显著影响是长期存在的，至评估期末仍然存在较为显著的影响。

表⑤5　　　　　　　　延迟退休年龄对退休领取人数的影响

项目	2018 年	2028 年	2038 年	2048 年	2058 年	2068 年	2078 年	2093 年
总人数②（万人）	11 797	15 014	17 951	22 090	24 267	21 782	19 662	17 161
总人数⑤（万人）	11 797	16 896	22 231	27 070	27 541	25 341	23 517	20 208
变动率（%）	0	−11.14	−19.25	−18.40	−11.89	−14.04	−16.39	−15.08
男性②（万人）	5 162	6 306	7 781	9 391	10 614	9 484	8 539	7 720
男性⑤（万人）	5 162	7 283	9 994	11 905	12 640	11 480	10 741	9 328
变动率（%）	0	−13.41	−22.14	−21.12	−16.03	−17.39	−20.50	−17.24

续表

项目	2018 年	2028 年	2038 年	2048 年	2058 年	2068 年	2078 年	2093 年
女性② (万人)	6 635	8 708	10 170	12 699	13 653	12 298	11 123	9 440
女性⑤ (万人)	6 635	9 613	12 237	15 165	14 900	13 860	12 776	10 880
变动率 (%)	0	-9.41	-16.89	-16.26	-8.37	-11.27	-12.94	-13.24

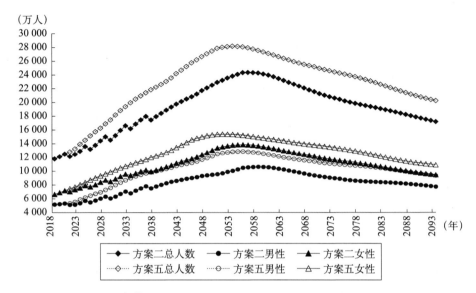

图⑤5 延迟退休年龄对退休领取人数影响曲线

二、养老保险基金收入、支出变化

(一) 养老保险基金缴费收入变化

由表⑤6 和图⑤6 可知,由于延迟退休年龄的影响,使参保缴费人数明显增加,从而使未来 75 年养老保险基金缴费收入的精算现值由 7 890 942 亿元增加为 9 001 278 亿元,增加的金额为 1 110 336 亿元,增加的相对程度为 14.07%,2037 年以后增加的程度均在 13% 以上,增加程度的峰值为 2051 年的 18.92%,随后波动下降至 2093 年的 13.36%。未来 75 年统筹基金缴费收入的精算现值由 5 151 017 亿元增加为 5 875 849 亿元,增加的程度为 14.07%,变动程度、变动过程与养老保险基金缴费收入保持一致。未来 75 年个人账户缴费收入的精算现值由 2 739 924 亿元增加为 3 125 429 亿元,增加的程度为 14.07%,变动程度、变动过程与养老保险基金缴费收入保持一致。

表⑤6　　　　　　　延迟退休年龄对养老保险缴费收入的影响

项目	2019 年	2028 年	2038 年	2048 年	2058 年	2068 年	2078 年	2093 年	精算现值
总收入②（亿元）	35 049	92 858	222 056	408 806	646 927	1 065 065	1 700 094	3 263 892	9 001 278
总收入⑤（亿元）	35 049	87 409	194 344	345 713	566 858	933 718	1 462 649	2 879 231	7 890 942
变动率（%）	0	6.23	14.26	18.25	14.13	14.07	16.23	13.36	14.07
统筹基金②（亿元）	22 908	60 679	145 068	266 831	422 243	695 204	1 109 529	2 130 324	5 875 849
统筹基金⑤（亿元）	22 908	57 119	126 940	225 641	370 015	609 434	954 565	1 879 251	5 151 017
变动率（%）	0	6.23	14.28	18.25	14.12	14.07	16.23	13.36	14.07
个人账户②（亿元）	12 140	32 178	76 987	141 975	224 684	369 862	590 566	1 133 567	3 125 429
个人账户⑤（亿元）	12 140	30 290	67 404	120 072	196 843	324 284	508 083	999 980	2 739 924
变动率（%）	0	6.23	14.22	18.24	14.14	14.05	16.23	13.36	14.07

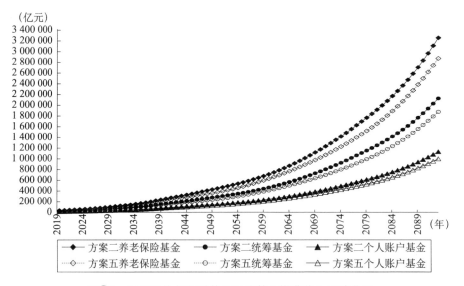

图⑤6　延迟退休年龄对养老保险基金缴费收入影响曲线

　　分性别来看，由表⑤7 和图⑤7、图⑤8 可知，由于延迟退休年龄的影响，男性参保职工养老保险基金缴费收入的精算现值由 5 006 249 亿元增加为5 640 527 亿元，增加的金额为 634 278 亿元，增加的程度为 12.67%，2034 年以后增加的程度均在 11% 以上，增加程度的峰值为 2052 年的 17.74%，随后波动下降至 2093 年的 11.88%。女性参保职工养老保险基金缴费收入的精算现值由 2 884 692 亿元增加为 3 360 750 亿元，增加的金额为 476 058 亿元，增加的程度为 16.50%，2037 年以后增加的程度均在 14% 以上，增加程度的峰值为 2046 年的 26.27%，随后波动下降至 2093 年的 15.83%。延迟退休年龄对男性、女性参保职工统筹基金、个人账户缴费收入的影响程度与男性、女性参保职工养老保险基金缴费总收入的影响基本一致。延迟退休年龄使男性参保职工缴费收入精算现值增加的金额高于女性，但女性参保职工缴费收入精算现值增加的相对程度显著高于男性。从变动过程来看，男性、女性参保职工缴费收入增加程度较高的时期正好是老龄化程度最深的时期，由此可见，延迟退休年龄可以有效缓解人口老龄化对城职保制度运行的不利影响。

表⑤7　　　　延迟退休年龄对男性、女性职工养老基金缴费收入的影响

项目	2019 年	2028 年	2038 年	2048 年	2058 年	2068 年	2078 年	2093 年	精算现值
男性职工②（亿元）	21 411	57 806	137 595	258 255	410 712	669 107	1 068 175	2 016 934	5 640 527
男性职工⑤（亿元）	21 411	54 918	122 309	225 907	361 302	594 757	929 266	1 802 695	5 006 249
变动率（%）	0	5.26	12.50	14.32	13.68	12.50	14.95	11.88	12.67
女性职工②（亿元）	13 637	35 051	84 461	150 550	236 215	395 959	631 919	1 246 957	3 360 750
女性职工⑤（亿元）	13 637	32 491	72 035	119 805	205 555	338 960	533 382	1 076 535	2 884 692
变动率（%）	0	7.88	17.25	25.66	14.92	16.82	18.47	15.83	16.50

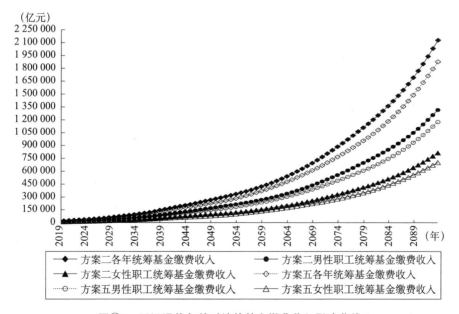

图⑤7　延迟退休年龄对统筹基金缴费收入影响曲线

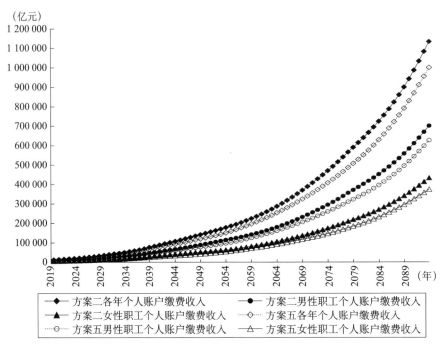

图⑤8　延迟退休年龄对个人账户基金缴费收入影响曲线

（二）养老保险基金总收入变化

由表⑤8 和图⑤9 可知，由于延迟退休年龄使养老保险基金收入增加，从而使基金结余的利息收入增加，使养老保险基金总收入的精算现值由 5 093 518 亿元增加为 14 135 425 亿元，增加的金额为 9 041 907 亿元，增加的程度为 177.52%，增加程度呈逐年增大的变动趋势，在不延迟退休年龄的情况下，由于负利息的影响，使养老保险基金总收入在 2084～2093 年变为负数并逐年增大。统筹基金总收入的精算现值由 1 820 704 亿元增加为 9 093 906 亿元，增加的金额为 7 273 202 亿元，增加的程度为 399.47%，增加程度呈逐年增大的变动趋势，在不延迟退休年龄的情况下，由于负利息的影响，使养老保险基金总收入在 2076～2093 年变为负数并逐年增大。而个人账户基金总收入的精算现值由 3 272 813 亿元增加为 5 041 520 亿元，增加的金额为 1 768 707 亿元，增加的程度为 54.04%，增加的程度呈逐年上升的趋势，至 2093 年达到 127.97% 的峰值水平。个人账户基金总收入的精算现值增加的程度低于养老保险基金总收入和统筹基金总收入精算现值增加的程度，但均显著高于养老保险基金缴费收入增加的程度，原因在于利息收入的变化产生了巨大的影响，由此也可以看出，延迟退休年龄对增加城职保基金总收入的作用十分显著。

表⑤8　　　　　　　　延迟退休年龄对养老基金总收入的影响

项目	2019 年	2028 年	2038 年	2048 年	2058 年	2068 年	2078 年	2093 年	精算现值
总收入②（亿元）	47 749	125 828	316 028	640 525	1 064 899	1 701 762	2 724 014	5 332 478	14 135 425
总收入⑤（亿元）	47 749	116 698	254 094	432 171	593 255	655 962	410 479	−1 629 366	5 093 518
变动率（%）	0	7.82	24.37	48.21	79.50	159.43	563.62		177.52
统筹基金②（亿元）	33 318	84 521	211 243	429 217	715 322	1 109 332	1 714 342	3 113 906	9 093 906
统筹基金⑤（亿元）	33 318	78 057	166 313	271 451	344 304	270 227	−166 482	−2 602 568	1 820 704
变动率（%）	0	8.28	27.02	58.12	107.76	310.52			399.47
个人账户②（亿元）	14 430	41 307	104 785	211 307	349 577	592 430	1 009 671	2 218 572	5 041 520
个人账户⑤（亿元）	14 430	38 640	87 895	160 720	248 951	385 735	576 961	973 202	3 272 813
变动率（%）	0	6.90	19.22	31.48	40.42	53.58	75.00	127.97	54.04

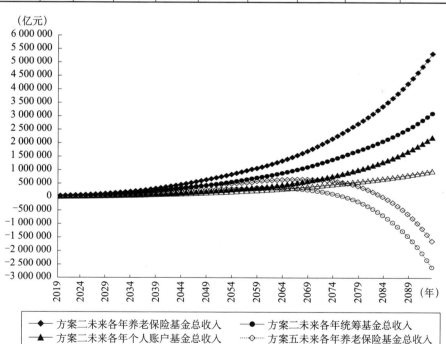

图⑤9　延迟退休年龄对养老保险基金总收入影响曲线

（三）养老保险基金总支出变化

由表⑤9 和图⑤10 可知，由于延迟退休年龄的影响，使退休领取人数减少，从而使未来 75 年养老保险基金总支出的精算现值由 16 502 685 亿元减少到 13 944 505 亿元，减少的金额为 2 558 180 亿元，减少的程度为 15.50%，减少程度的峰值为 2038 年的 20.13%，随后波动下降至 2093 年的 15.34%。由于延迟退休年龄的影响，统筹基金总支出的精算现值由 13 116 040 亿元减少到 10 748 600 亿元，减少的金额为 2 367 440 亿元，减少的程度为 18.05%，减少程度的峰值为 2046 年的 22.17%，随后波动下降至 2093 年的 18.23%。由于延迟退休年龄的影响，个人账户基金总支出的精算现值由 3 386 645 亿元减少到 3 195 905 亿元，减少的金额为 190 740 亿元，减少的程度为 5.63%，减少程度的峰值为 2029 年的 16.01%，随后波动下降至 2093 年的 4.91%。综上所述，由于延迟退休年龄的影响，使统筹基金支出的精算现值减少的程度显著高于个人账户基金支出的精算现值减少的程度，原因在于个人账户是完全积累制，其收支之间是自我平衡的；而统筹基金是现收现付制，退休年龄延长会使统筹基金支出相应减少。

表⑤9　　　　　　　　延迟退休年龄对养老基金总支出的影响

项目	2019 年	2028 年	2038 年	2048 年	2058 年	2068 年	2078 年	2093 年	精算现值
总支出②（亿元）	49 146	108 312	251 138	579 448	1 163 343	1 805 421	2 793 432	5 142 695	13 944 505
总支出⑤（亿元）	49 146	122 401	314 437	713 620	1 333 470	2 105 607	3 365 614	6 074 630	16 502 685
变动率（%）	0	-11.51	-20.13	-18.80	-12.76	-14.26	-17.00	-15.34	-15.50
统筹基金②（亿元）	41 302	87 078	192 166	440 506	893 308	1 382 939	2 159 138	3 889 866	10 748 600
统筹基金⑤（亿元）	41 302	98 742	246 433	562 844	1 055 503	1 677 909	2 678 600	4 757 064	13 116 040
变动率（%）	0	-11.81	-22.02	-21.74	-15.37	-17.58	-19.39	-18.23	-18.05
个人账户②（亿元）	7 843	21 233	58 971	138 943	270 035	422 482	634 294	1 252 828	3 195 905
个人账户⑤（亿元）	7 843	23 659	68 003	150 776	277 967	427 698	687 014	1 317 565	3 386 645
变动率（%）	0	-10.25	-13.28	-7.85	-2.85	-1.22	-7.67	-4.91	-5.63

分性别来看，由表⑤10 和图⑤11 可知，由于延迟退休年龄的影响，男性退休职工养老金支出的精算现值由 8 814 917 亿元减少为 7 196 505 亿元，减少的金额为 1 618 412 亿元，减少的程度为 18.36%，2029 年以后减少的程度基

本都在 15% 以上，减少程度的峰值为 2034 年的 23.47%，次高点为 2051 年的 23.39%，2093 年减少的程度仍然保持在 17.20% 的较高水平。分账户来看，男性统筹基金支出的精算现值由 6 887 337 亿元减少到 5 437 852 亿元，减少的金额为 1 449 485 亿元，减少的程度为 21.04%，减少的程度在 2029 年以后均保持在 17% 以上，减少程度的峰值为 2051 年的 26.41%，随后波动下降至 2093 年的 20.34%。而男性个人账户基金支出的精算现值由 1 927 579 亿元减少到 1 758 652 亿元，减少的金额为 168 927 亿元，减少的程度为 8.76%，减少的程度呈波动性变化，减少程度的峰值为 2029 年的 19.26%，随后波动下降至 2093 年的 6.73%。男性统筹基金支出减少的程度显著高于个人账户，变动过程也有明显差异。

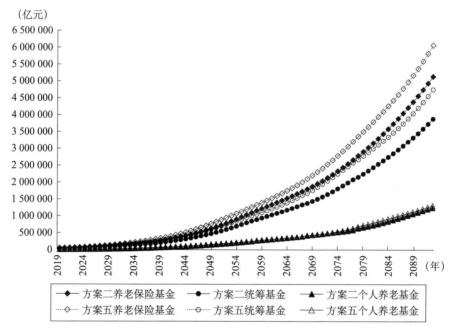

图⑤10 延迟退休年龄对养老保险基金总支出影响曲线

由于延迟退休年龄的影响，女性退休职工养老金支出的精算现值由 7 687 768 亿元减少为 6 748 000 亿元，减少的金额为 939 768 亿元，减少的程度为 12.22%，减少程度明显低于男性。减少的程度呈波动性变化，减少程度的峰值为 2046 年的 18.62%，评估期末减少的程度仍然保持在 13.13% 的较高水平。分账户来看，女性统筹基金支出的精算现值由 6 228 702 亿元减少到 5 310 747 亿元，减少的金额为 917 955 亿元，减少的程度为 14.73%，减少的程度在 2029 年以后均保持在 11% 以上，减少程度的峰值为 2046 年的 20.89%，随后波动下降至 2093 年的 15.82%。而女性个人账户基金支出的精算现值由 1 459 066 亿元减少到 1 437 252 亿元，减少的金额为 21 814 亿元，减少的程度为 1.49%，减少程度的峰值为 2029 年的 12.50%，2093 年减少的程度为 2.44%，与前面不同的是，在延迟退休年龄条件下，女性个人账户基金支出的变化有增有减。女性统筹基金支出减少的程度显著高于个人账户基金支出，变动过程也有明显差异。

表⑤10　　　　　　延迟退休年龄对男性、女性退休人员养老金支出的影响

项目	2019 年	2028 年	2038 年	2048 年	2058 年	2068 年	2078 年	2093 年	精算现值
男性②（亿元）	25 088	53 887	128 526	293 735	601 069	932 592	1 436 766	2 729 343	7 196 505
男性⑤（亿元）	25 088	62 152	166 685	370 587	719 197	1 123 787	1 806 063	3 296 498	8 814 917
变动率（%）	0.00	−13.30	−22.89	−20.74	−16.42	−17.01	−20.45	−17.20	−18.36
女性②（亿元）	24 057	54 424	122 612	285 713	562 275	872 829	1 356 665	2 413 351	6 748 000
女性⑤（亿元）	24 057	60 249	147 752	343 033	614 273	981 820	1 559 551	2 778 131	7 687 768
变动率（%）	0.00	−9.67	−17.01	−16.71	−8.46	−11.10	−13.01	−13.13	−12.22

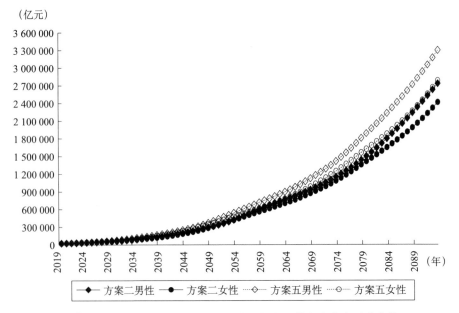

图⑤11　延迟退休年龄对男性、女性退休人员养老金支出影响曲线

综上所述，延迟退休年龄对统筹基金支出的影响显著大于对个人账户基金支出的影响，对男性养老金支出的影响显著大于对女性养老金支出的影响。

（四）养老保险基金收支结余变化

1. 统筹基金收入、支出、结余变化

由表⑤11 和图⑤12 可知，在不延迟退休的情况下（男性、女性职工的退休年龄分别为 60 岁、55 岁），未来 75 年统筹基金总收入精算现值为 1 820 704 亿元，总支出精算现值为 13 116 040 亿元，累计结余精算现值为 –11 295 336 亿元，赤字率为 86.11%。具体而言，统筹基金从评估年开始就出现当年收不抵支，以后当年赤字逐年增加，于评估周期结束时达到峰值 7 359 633 亿元；统筹基金累计结余也从评估年开始出现负值，以后累计赤字逐年增大，至评估周期结束时达到峰值 197 073 419 亿元。如此庞大的赤字，很难去弥补。

由表⑤11 和图⑤12 可知，在延迟退休年龄的情况下，未来 75 年统筹基金总收入的精算现值为 9 093 906 亿元，总支出精算现值为 10 748 600 亿元，累计结余精算现值为 –1 654 694 亿元，赤字率为 15.39%。因此，由于延迟退休年龄的影响，使未来 75 年统筹基金总收入的精算现值增加 399.47%，总支出的精算现值减少 18.05%，统筹基金赤字的精算现值减少 85.35%。

表⑤11　　　　延迟退休年龄对统筹基金收入、支出、结余的影响

项目	2019 年	2028 年	2038 年	2048 年	2058 年	2068 年	2078 年	2093 年	精算现值
总收入②（亿元）	33 318	84 521	211 243	429 217	715 322	1 109 332	1 714 342	3 113 906	9 093 906
总收入⑤（亿元）	33 318	78 057	166 313	271 451	344 304	270 227	–166 482	–2 602 568	1 820 704
变动率（%）	0.00	8.28	27.02	58.12	107.76	310.52			399.47
总支出②（亿元）	41 302	87 078	192 166	440 506	893 308	1 382 939	2 159 138	3 889 866	10 748 600
总支出⑤（亿元）	41 302	98 742	246 433	562 844	1 055 503	1 677 909	2 678 600	4 757 064	13 116 040
变动率（%）	0.00	–11.81	–22.02	–21.74	–15.37	–17.58	–19.39	–18.23	–18.05
累计结余②（亿元）	–7 983	–61 693	–23 768	93 662	–982 719	–4 205 892	–10 064 119	–28 869 992	–1 654 694
累计结余⑤（亿元）	–7 983	–147 238	–819 778	–3 217 427	–10 943 006	–27 617 183	–63 500 605	–197 073 419	–11 295 336
变动率（%）	0.00	–58.10	–97.10	–102.91	–91.02	–84.77	–84.15	–85.35	–85.35

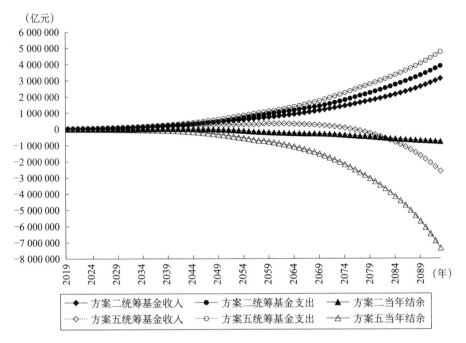

图⑤12　延迟退休年龄对统筹基金收入、支出、结余影响曲线

2. 个人账户收入、支出、结余变化

由表⑤12和图⑤13可知，在不延迟退休年龄的情况下，未来75年个人账户总收入的精算现值为3 272 813亿元，总支出精算现值为3 386 645亿元，累计结余精算现值为－113 831亿元，赤字率为3.36%，在2090年以后，累计结余转变为负数，这样的结果看起来不符合个人账户累计结余不能为负的准则，其原因在于延迟退休年龄与否会影响个人账户养老金替代率，而此处旨在分析延迟退休年龄这一因素的影响，需要假设其他条件不变，因而未调整个人账户养老金替代率，从而导致出现个人账户累计结余为负，它不影响分析结论。由表⑤12可知，延迟退休年龄的情况下，未来75年个人账户总收入的精算现值为5 041 520亿元，总支出精算现值为3 195 905亿元，累计结余精算现值为1 845 614亿元，结余率为36.60%。因此，由于延迟退休年龄的影响，使未来75年个人账户总收入的精算现值增加54.04%，总支出的精算现值减少5.63%，个人账户结余率提高39.96个百分点。

表⑤12　　　　　　延迟退休年龄对个人账户收入、支出、结余的影响

项目	2019 年	2028 年	2038 年	2048 年	2058 年	2068 年	2078 年	2093 年	精算现值
总收入② (亿元)	14 430	41 307	104 785	211 307	349 577	592 430	1 009 671	2 218 572	5 041 520
总收入⑤ (亿元)	14 430	38 640	87 895	160 720	248 951	385 735	576 961	973 202	3 272 813
变动率（%）	0	6.90	19.22	31.48	40.42	53.58	75.00	127.97	54.04
总支出② (亿元)	7 843	21 233	58 971	138 943	270 035	422 482	634 294	1 252 828	3 195 905
总支出⑤ (亿元)	7 843	23 659	68 003	150 776	277 967	427 698	687 014	1 317 565	3 386 645
变动率（%）	0	− 10.25	− 13.28	− 7.85	− 2.85	− 1.22	− 7.67	− 4.91	− 5.63
累计结余② (亿元)	57 487	232 062	768 551	1 875 007	3 772 826	6 751 608	12 768 948	33 050 887	1 845 614
累计结余⑤ (亿元)	57 487	208 885	552 666	1 066 779	1 511 885	1 775 238	1 926 764	-1 136 216	-113 831
变动率（%）	0	11.10	39.06	75.76	149.54	280.32	562.71		

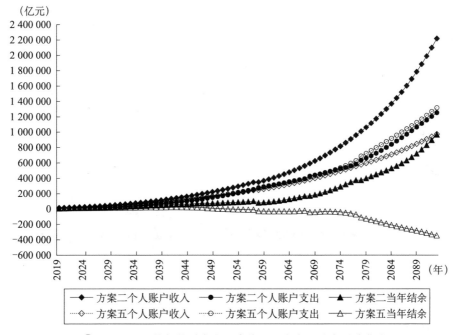

图⑤13　延迟退休年龄对个人账户收入、支出、结余影响曲线

3. 养老保险基金总收入、总支出、结余变化

由表⑤13 和图⑤14 可知，在不延迟退休的情况下，未来 75 年城镇职工基本养老保险基金总收入的精算现值为 5 093 518 亿元，总支出的精算现值为 16 502 685 亿元，累计结余精算现值为 − 11 409 167 亿元，赤字率为 69.13%。

具体而言，城镇职工基本养老保险基金从评估年开始出现当年收不抵支，收支缺口逐年增大，至评估周期结束时达到峰值 7 703 996 亿元；养老保险基金累计结余于2032年用完，以后累计缺口逐年增大，至评估周期结束时达到峰值 198 209 636 亿元，如此大的收支缺口，难以弥补。因此，如果不延迟退休年龄，我国城镇职工基本养老保险制度可能只能正常运行到2032年。

表⑤13　　　　延迟退休年龄对养老保险基金收入、支出、结余的影响

项目	2019年	2028年	2038年	2048年	2058年	2068年	2078年	2093年	精算现值
总收入② (万人)	47 749	125 828	316 028	640 525	1 064 899	1 701 762	2 724 014	5 332 478	14 135 425
总收入⑤ (万人)	47 749	116 698	254 094	432 171	593 255	655 962	410 479	-1 629 366	5 093 518
变动率（%）	0	7.82	24.37	48.21	79.50	159.43	563.62		177.52
总支出② (万人)	49 146	108 312	251 138	579 448	1 163 343	1 805 421	2 793 432	5 142 695	13 944 505
总支出⑤ (万人)	49 146	122 401	314 437	713 620	1 333 470	2 105 607	3 365 614	6 074 630	16 502 685
变动率（%）	0	-11.51	-20.13	-18.80	-12.76	-14.26	-17.00	-15.34	-15.50
累计结余② (万人)	49 504	170 369	744 782	1 968 670	2 790 107	2 545 715	2 704 828	4 180 894	190 920
累计结余⑤ (万人)	49 504	61 647	-267 111	-2 150 648	-9 431 120	-25 841 945	-61 573 841	-198 209 636	-11 409 167
变动率（%）	0	176.36							

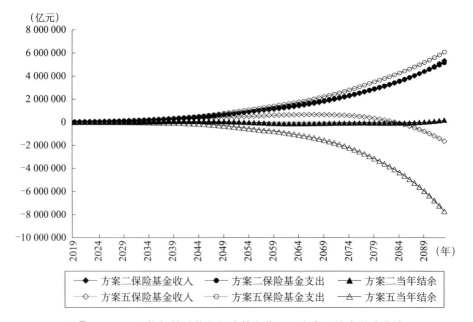

图⑤14　延迟退休年龄对养老保险基金收入、支出、结余影响曲线

由表⑤13 可知，在延迟退休年龄的情况下，未来 75 年养老保险基金总收入的精算现值为 14 135 425 亿元，总支出的精算现值为 13 944 505 亿元，累计结余精算现值为 190 920 亿元，结余率为 1.35%。因此，由于延迟退休年龄的影响，使未来 75 年养老保险基金总收入的精算现值增加 177.52%，总支出的精算现值减少 15.50%，养老保险基金总收支的差额率由 69.13% 的赤字率转变为 1.35% 的结余率，使我国城镇职工基本养老保险制度基本可以持续稳定运行下去。

综上所述，延迟退休年龄是应对人口老龄化对城职保基金带来的巨大的支付压力，保持城职保制度持续稳定运行最有力、最有效的政策措施。

第四节　制度转轨的隐性债务分析

一、企业职工养老保险制度转轨的隐性债务

1997 年建立城职保新制度时，主要对象是城镇企业职工，对当时的职工实行新老划断，将当时的参保人员分为"老人""中人""新人"三种类别，"老人"未缴费，直接领取退休养老金；"中人"在新制度建立前未缴费的工龄，看作视同缴费。"老人"未缴费和"中人"视同缴费所对应的未来领取养老金的权益，就是城职保制度转轨的隐性债务，《社会保险法》明确规定，这部分债务由政府承担。此处以 2000 年末为评估时间点，根据方案六（数据表示为表⑥样式）的精算假设，测算 2000 年末的隐性债务余额，再调整为 2018 年末本次评估时间点的价值。

（一）"老人"养老金隐性债务测算

1. "老人"养老金隐性债务测算方法

"老人"未缴纳养老保险费，"老人"未来领取的养老金全部视为制度转轨的隐性债务。测算方法是以 1997 年末"老人"人数为基础，以 2000 年末为评估时间点，根据相应年度的国民生命表计算未来各年"老人"生存人数，根据未来工资增长率和"老人"养老金替代率假设计算未来各年"老人"人均养老金水平，将未来各年"老人"人数和人均养老金水平相乘即为未来各

年"老人"养老金总额，根据未来各年贴现率假设计算"老人"养老金精算现值，即为"老人"养老金隐性债务。

2. "老人"养老金隐性债务测算的精算假设

2000年末为评估时间点，未来75年为预测期间，分7个区间，前6个区间各为10年，第7个区间为15年。

（1）1997年末"老人"分性别、年龄人数假设。1997年末参保退休职工人数为2 533万人，全部视为"老人"，根据第五次人口普查结果中，男60岁及以上、女55岁及以上各年龄人口比例，计算"老人"分性别、年龄人口数。

（2）死亡率假设。2000～2009年，采用第五次人口普查数据编制的生命表；2010～2029年，采用第六次人口普查数据编制的生命表；2030～2039年，用中国香港地区2001年的生命表；2040年以后，采用中国香港地区2010年生命表。

（3）"老人"养老金替代率假设。男性、女性"老人"养老金替代率分别为0.525和0.475，假定未来保持不变。

（4）实际工资增长率假设，如下所示。

项目	2000年	2010年	2020年	2030年	2040年	2050年	2060年
增长率	0.1246	0.07	0.055	0.05	0.045	0.04	0.035

（5）通货膨胀率假设，如下所示。

项目	2000年	2010年	2020年	2030年	2040年	2050年	2060年
通货膨胀率	0.02	0.02	0.018	0.016	0.014	0.012	0.011

（6）贴现率假设，如下所示。

项目	2000年	2010年	2020年	2030年	2040年	2050年	2060年
贴现率	0.04	0.035	0.035	0.03	0.03	0.025	0.025

3. "老人"养老金隐性债务测算结果

（1）"老人"退休领取人数预测。由方案六表⑥1可知，2000年以后，"老人"退休领取人数逐年快速减少，到2045年基本上全部退出城职保制度。

表⑥1　　　　　　　　未来各年"老人"退休领取人数预测　　　　　　　单位：万人

项目	2000 年	2010 年	2020 年	2030 年	2040 年	2045 年
总人数	2 310	1 460	644	157	17.14	0.58
男性	1 208	674	225	30	0.14	0
女性	1 102	786	419	127	17	0.58

（2）"老人"养老金隐性债务预测。由表⑥2 可知，虽然"老人"退休领取人数是逐年递减的，但由于养老金待遇的提高，未来各年"老人"养老金支出却经历了一个先升后降的过程；由于女性职工期望寿命高于男性职工，在2010 年以后，女性职工退休养老金支出均高于男性职工。"老人"由于未缴费，未来各年"老人"养老金支出全部需要城职保制度承担，"老人"养老金隐性债务在 2000 年的精算现值为 38 498 亿元，基本反映了制度转轨造成的"老人"养老金全部债务。

表⑥2　　　　　　　　未来各年"老人"隐性债务预测　　　　　　　单位：亿元

项目	2000 年	2010 年	2020 年	2030 年	2040 年	2045 年	精算现值
总支出	1 062	2 406	2 579	1 299	302	22	38 498
男性	579	1 180	980	289	5	0	—

（二）"中人"过渡性养老金隐性债务测算

1. "中人"过渡性养老金隐性债务测算方法

"中人"在制度转轨前的工龄视为视同缴费年限，由此获得的养老金领取权利为"中人"养老金隐性债务。测算方法是以 1997 年末"中人"人数为基础，以 2000 年末为评估时间点，根据相应年度的国民生命表计算未来各年"中人"生存人数，根据未来工资增长率和"中人"统筹基金、个人账户养老金替代率假设计算未来各年"中人"人均统筹养老金、个人账户养老金水平，乘以未来各年"中人"人数和视同缴费年限占全部缴费年限比例，计算未来各年"中人"过渡性养老金总额，根据未来各年贴现率假设计算"中人"过渡性养老金精算现值，即为"中人"过渡性养老金隐性债务。

2. "中人"过渡性养老金隐性债务测算的精算假设

死亡率、实际工资增长率、通货膨胀率、贴现率假设与"老人"养老金隐性债务测算的精算假设相同。

（1）1997年末"中人"分性别、年龄人数假设。1997年末参保在职职工人数为8 671万人，全部视为"中人"，根据第五次人口普查结果中男性16～59岁、女性16～54岁各年龄就业人口比例，计算"中人"分性别、年龄人口数。

（2）退休年龄假设。按照郑秉文（2015）提出的延迟退休方案，从2018年开始提高退休年龄，在目前男性、女性职工退休年龄的基础上，每4年提高1岁，到2037年男性、女性职工退休年龄分别为65岁和60岁。

（3）统筹养老金替代率假设。2000年男性、女性统筹养老金替代率分别为0.36和0.33，考虑到延迟退休年龄会增加缴费年限从而提高替代率水平，统筹养老金替代率变动率假设如下。

项目	2000年	2010年	2020年	2030年	2040年	2050年	2060年
变动率	1	1	1.006	1.005	1.003	1	1

（4）个人账户养老金替代率假设。2000年男性、女性个人账户养老金替代率分别为0.17和0.15，考虑到延迟退休年龄会增加缴费年限从而提高替代率水平，而随着期望寿命的延长会相应延长个人账户计发年限从而降低替代率，个人账户养老金替代率变动率假设如下。

项目	2000年	2010年	2020年	2030年	2040年	2050年	2060年
变动率	1	1	1.004	1.005	1.002	1.001	1

（5）个人账户计发年限假设，如下所示。

项目	2000年	2010年	2020年	2030年	2040年	2050年	2060年
男性	12	12	12	13	13	14	14
女性	14	14	14	15	15	16	16

3. "中人"过渡性养老金隐性债务测算结果

（1）"中人"退休领取人数预测。由表⑥3可知，2000年以后，"中人"退休领取人数快速增加，到2040年前后达到峰值，随后逐年减少，到2075年基本上全部退出城职保制度。2010年以后，女性职工退休领取人数均多于男性职工。

表⑥3　　　　　　　　未来 75 年"中人"退休领取人数预测　　　　　　单位：万人

项目	2000 年	2010 年	2020 年	2030 年	2040 年	2050 年	2060 年	2075 年
总人数	411	2 190	4 177	4 444	4 502	2 936	1 293	85
男性	219	1 055	2 060	2 056	2 052	1 311	512	21
女性	192	1 135	2 117	2 388	2 450	1 625	781	64

（2）"中人"过渡性养老金隐性债务。"中人"过渡性养老金隐性债务，是"中人"视同缴费所对应的过渡性养老金领取权益，包括统筹基金过渡性养老金和个人账户过渡性养老金支出。由表⑥4 可知，从 2000 年开始，由于退休领取人数的增加和养老金待遇提高，"中人"过渡性养老金支出快速增加，于 2040 年前后达到峰值，随后快速减少，至 2075 年只剩下少量支出。"中人"养老金隐性债务在 2000 年的精算现值为 172 606 亿元。

表⑥4　　　　　　　　未来 75 年"中人"过渡性养老金支出　　　　　　单位：亿元

项目	2000 年	2010 年	2020 年	2030 年	2040 年	2050 年	2060 年	2075 年	精算现值
总额	162	2 568	8 864	13 426	15 258	10 279	3 897	57	172 606
男性	89	1 323	4 578	6 701	7 120	4 127	1 298	10	
女性	73	1 244	4 286	6 725	8 137	6 151	2 598	46	
统筹基金	111	1 807	6 931	11 182	13 965	10 061	3 897	57	
个人账户	51	761	1 933	2 244	1 293	218	0	0	

（三）企业职工基本养老保险隐性债务

由表⑥5 可知，根据方案六的基本假设，测算的 2000 年末城镇企业职工基本养老保险制度转轨的隐性债务为 210 875 亿元，相当于我国当年 GDP 总量 99 776 亿元的 2.11 倍，由此可见，我国城镇企业职工基本养老保险制度转轨的隐性债务是非常沉重的，这是过去多年积累的历史包袱。从隐性债务余额的角度来看，根据 2000～2018 年各年居民消费价格指数进行调整，2000 年 210 875 亿元的隐性债务调整为 2018 年的价格水平，为 316 356 亿元；2001～2018 年，各级政府对城镇企业职工基本养老保险的补贴按当年价格计算累计达到 38 552 亿元，按 2018 年价格计算，各级政府已偿还隐性债务总额为 43 011 亿元，因此，我国城镇企业职工基本养老保险 2018 年末的隐性债务余额为 273 345 亿元，占我国当年 GDP 总量 676 708 亿元的 40.39%，因此，随着我国经济增长和政府财政补贴的增加，我国城镇企业职工基本养老保险制度转轨的隐性债务负担逐年减轻。

表⑥5　　　　　　　　　未来各年养老金隐性债务余额　　　　　　单位：亿元

项目	2000年	2010年	2020年	2030年	2040年	2050年	2060年	2075年
未缴费支出	1 300	4 975	11 444	14 726	15 561	10 279	3 897	57
隐性债务余额	210 875	190 024	143 699	90 524	43 304	13 677	2 399	0

二、机关事业单位职工养老保险制度并轨的隐性债务

2015年1月，国务院颁布《国务院关于机关事业单位工作人员养老保险制度改革的决定》以下简称《决定》，决定自2014年10月起，针对按照公务员法管理的单位、参照公务员法管理的机关（单位）、事业单位及其编制内的工作人员，实行社会统筹与个人账户相结合的基本养老保险制度。对《决定》实施前已经退休的人员（称为"老人"），继续按照国家规定的原待遇标准发放基本养老金，同时执行基本养老金调整办法。对《决定》实施前参加工作、实施后退休且缴费年限（含视同缴费年限，下同）累计满15年的人员（称为"中人"），按照合理衔接、平稳过渡的原则，在发给基础养老金和个人账户养老金的基础上，再依据视同缴费年限长短发给过渡性养老金。养老保险制度并轨后，机关事业单位职工养老保险制度中的"老人"养老金和"中人"视同缴费形成的过渡性养老金，都是没有缴费的养老金领取权益，可以看作机关事业单位职工养老保险制度并轨的隐性债务。根据《决定》，这部分隐性债务也应由政府承担。

自《决定》颁布以来，机关事业单位工作人员陆续加入机关事业单位职工养老保险制度，总参保人数由2014年底的2 178.5万人增加到2018年底的5 418.6万人，2019年开始进入正常增加阶段。因此，此处以2020年末为评估时间点，根据方案七（数据表示为表⑦样式）的精算假设，测算2020年末的隐性债务余额。

（一）"老人"养老金隐性债务测算

1. "老人"养老金隐性债务测算方法

机关事业单位职工养老保险制度中，"老人"未缴纳养老保险费，"老人"

未来领取的养老金全部视为制度转轨的隐性债务。测算方法是以 2018 年末"老人"人数为基础，以 2020 年末为评估时间点，根据相应年度的国民生命表计算未来各年"老人"生存人数，根据未来工资增长率和"老人"养老金替代率假设计算未来各年"老人"人均养老金水平，将未来各年"老人"人数和人均养老金水平相乘即为未来各年"老人"养老金总额，根据未来各年贴现率假设计算"老人"养老金精算现值，即为"老人"养老金隐性债务。

2. "老人"养老金隐性债务测算的精算假设

2020 年末为评估时间点，未来 75 年为预测期间，分 7 个区间，前 6 个区间各为 10 年，第 7 个区间为 15 年。

（1）2018 年末"老人"分性别、年龄人数假设。2018 年末机关事业单位职工养老保险参保退休职工人数为 1 817.2 万人，全部视为"老人"，根据第六次人口普查结果中，男性 60 岁及以上、女性 55 岁及以上各年龄人口比例，计算"老人"分性别、年龄人口数。

（2）死亡率假设。2010~2029 年，采用第六次人口普查数据编制的生命表；2030~2039 年，用中国香港地区 2001 年的生命表；2040 年以后，采用中国香港地区 2010 年生命表。采用的国民生命表与方案二相同。

（3）"老人"养老金替代率假设。《决定》规定，对本决定实施前已经退休的人员（称为"老人"），继续按照国家规定的原待遇标准发放基本养老金，同时执行基本养老金调整办法。机关事业单位男性、女性"老人"养老金替代率会保持较高的替代率水平，因此，假设 2020 年机关事业单位男性、女性"老人"养老金替代率分别为 0.99 和 0.88。考虑到未来的替代率将会下降，假设 2020~2030 年、2030~2040 年养老金替代率变动率分别为 0.998 和 0.995，之后保持不变。

（4）实际工资增长率假设，如下所示。

项目	2020 年	2030 年	2040 年	2050 年	2060 年	2070 年	2080 年
增长率	0.055	0.05	0.045	0.04	0.035	0.035	0.035

（5）通货膨胀率假设，如下所示。

项目	2020 年	2030 年	2040 年	2050 年	2060 年	2070 年	2080 年
通货膨胀率	0.03	0.025	0.02	0.02	0.02	0.02	0.02

（6）贴现率假设，如下所示。

项目	2020 年	2030 年	2040 年	2050 年	2060 年	2070 年	2080 年
贴现率	0.045	0.045	0.04	0.04	0.035	0.035	0.035

3. "老人"养老金隐性债务测算结果

（1）"老人"退休领取人数预测。由表⑦1可知，2020年机关事业单位"老人"退休领取人数为 1 658 万人，随后退休领取人数逐年快速减少，到2065年基本上全部退出城职保制度。

表⑦1　　　　　　未来各年"老人"退休领取人数预测　　　　　单位：万人

项目	2020 年	2030 年	2040 年	2050 年	2060 年	2065 年
总人数	1 658	1 049	463	154	116.12	0.51
男性	867	484	162	27	0.12	0
女性	791	565	301	127	16	0.51

（2）"老人"养老金隐性债务预测。由表⑦2可知，虽然"老人"退休领取人数是逐年递减的，但由于养老金待遇的提高，未来各年"老人"养老金支出却经历了一个先升后降的过程；由于女性职工期望寿命高于男性职工，在2030年以后，女性职工退休养老金支出均高于男性职工。"老人"由于未缴费，未来各年"老人"养老金支出全部需要城职保制度承担，"老人"养老金隐性债务在2020年的精算现值为 316 077 亿元，基本反映了制度转轨造成的"老人"养老金全部债务。

表⑦2　　　　　　未来各年"老人"隐性债务预测　　　　　　单位：亿元

项目	2020 年	2030 年	2040 年	2050 年	2060 年	2065 年	精算现值
总支出	14 871	20 685	19 239	12 153	2 181	175	316 077
男性	8 181	10 237	7 390	2 485	36	0	
女性	6 690	10 448	11 849	9 668	2 145	175	

（二）"中人"过渡性养老金隐性债务测算

1. "中人"过渡性养老金隐性债务测算方法

"中人"在制度转轨前的工龄视为视同缴费年限，由此获得的养老金领取权利为"中人"养老金隐性债务。测算方法是以 2018 年末"中人"人数为基础，以 2020 年末为评估时间点，根据相应年度的国民生命表计算未来各年"中人"生存人数，根据未来工资增长率和"中人"统筹基金、个人账户养老金替代率假设计算未来各年"中人"人均统筹养老金、个人账户养老金水平，乘以未来各年"中人"人数和视同缴费年限占全部缴费年限比例，计算未来各年"中人"过渡性养老金总额，根据未来各年贴现率假设计算"中人"过渡性养老金精算现值，即为"中人"过渡性养老金隐性债务。

2. "中人"过渡性养老金隐性债务测算的精算假设

死亡率、实际工资增长率、通货膨胀率、贴现率假设与"老人"养老金隐性债务测算的精算假设相同。

（1）2018 年末"中人"分性别、年龄人数假设。2018 年末机关事业单位参保在职职工人数为 3 601.4 万人，全部视为"中人"，根据第六次人口普查结果中男性 16 ~ 59 岁、女性 16 ~ 54 岁各年龄就业人口比例，计算"中人"分性别、年龄人口数。

（2）退休年龄假设。按照郑秉文（2015）提出的延迟退休方案，从 2018 年开始提高退休年龄，在目前男性、女性职工退休年龄的基础上，每 4 年提高 1 岁，到 2037 年男性、女性职工退休年龄分别为 65 岁、60 岁。

（3）统筹养老金替代率假设。2020 年机关事业单位男性、女性统筹养老金替代率根据"老人"替代率水平，分别假设为 0.684 和 0.59。考虑到未来的替代率将会下降，假设 2020 ~ 2030 年、2030 ~ 2040 年统筹养老金替代率变动率分别为 0.998 和 0.995，之后保持不变。

（4）个人账户养老金替代率假设。2020 年男性、女性个人账户养老金替代率分别假设为 0.306 和 0.21，考虑到未来的替代率将会下降，假设 2020 ~ 2030 年、2030 ~ 2040 年统筹养老金替代率变动率分别为 0.998 和 0.995，之后保持不变。

（5）个人账户计发年限假设。与方案二假设基本一致，如下所示。

项目	2020 年	2030 年	2040 年	2050 年	2060 年	2070 年	2080 年
男性	14	15	16	17	18	19	20
女性	19	20	21	22	23	24	25

3. "中人"过渡性养老金隐性债务测算结果

（1）"中人"退休领取人数预测。由表⑦3 可知，2020 年以后，机关事业单位"中人"退休领取人数快速增加，到 2057 年达到峰值 2 102 万人，其中男性、女性"中人"退休领取人数的峰值分别为 955 万人和 1 154 万人，随后逐年减少，到 2095 年基本上全部退出机关事业单位职工养老保险制度。2030 年以后，女性退休领取人数均多于男性。

表⑦3　　　　　　　未来 75 年"中人"退休领取人数预测　　　　　　单位：万人

项目	2020 年	2030 年	2040 年	2050 年	2060 年	2070 年	2080 年	2090 年
总人数	171	910	1 736	1 937	1 939	1 269	549	125
男性	91	438	856	897	869	567	218	39
女性	80	472	880	1 040	1 070	702	331	86

（2）"中人"过渡性养老金隐性债务。机关事业单位"中人"过渡性养老金隐性债务，是"中人"视同缴费所对应的过渡性养老金领取权益，包括统筹基金过渡性养老金和个人账户过渡性养老金支出。由表⑦4 可知，从 2020 年开始，由于退休领取人数的增加和养老金待遇提高，机关事业单位"中人"过渡性养老金支出快速增加，于 2058 年达到峰值 67 431 亿元，男性、女性峰值分别为 33 321 亿元和 34 251 亿元。其中，"中人"统筹基金过渡性养老金支出的峰值为 2059 年的 55 748 亿元，男性、女性支出峰值分别为 26 524 亿元和 29 266 亿元；"中人"个人账户过渡性养老金支出的峰值为 2050 年的 14 214 亿元，男性、女性支出峰值分别为 7 735 亿元和 6 482 亿元。达到峰值后快速减少，至 2095 年只剩下少量支出。"中人"养老金隐性债务在 2020 年的精算现值为 601 464 亿元。

表⑦4　　　　　　　未来 75 年"中人"过渡性养老金支出　　　　　　单位：亿元

项目	2020 年	2030 年	2040 年	2050 年	2060 年	2070 年	2080 年	2090 年	精算现值
总额	1 301	12 748	39 139	58 390	59 410	39 098	13 493	1 826	601 464
男性	750	6 934	21 028	30 015	28 708	16 505	4 702	465	
女性	551	5 814	18 111	28 375	30 702	22 593	8 791	1 361	

续表

项目	2020 年	2030 年	2040 年	2050 年	2060 年	2070 年	2080 年	2090 年	精算现值
统筹基金	925	9 079	28 830	44 176	47 814	34 520	13 372	1 826	
个人账户	376	3 669	10 309	14 214	11 596	4 577	121	0	

（三）机关事业单位职工基本养老保险隐性债务

由表⑦5 可知，根据方案七的基本假设，测算的 2020 年末机关事业单位职工基本养老保险制度转轨的隐性债务为 915 770 亿元，相当于我国当年 GDP 总量 1 015 986 亿元的 90.13%，由此可见，我国机关事业单位职工基本养老保险制度转轨的隐性债务是比较沉重的，这也是过去多年积累的历史包袱。

表⑦5　　　　　未来各年机关事业单位养老金隐性债务余额　　　单位：亿元

项目	2020 年	2030 年	2040 年	2050 年	2060 年	2070 年	2080 年	2090 年
未缴费支出	16 082	33 434	58 379	70 543	61 862	39 098	13 493	1 826
隐性债务余额	915 770	743 916	503 790	279 233	113 562	33 337	5 225	219

第五节　社保双降政策的影响分析

《国务院办公厅关于印发降低社会保险费率综合方案的通知》规定，自 2019 年 5 月 1 日起，降低城镇职工基本养老保险（包括企业和机关事业单位基本养老保险）单位缴费比例。各省（区、市）及新疆建设兵团养老保险单位缴费比例高于 16% 的，可降至 16%。同时调整社保缴费基数政策，调整就业人员平均工资计算口径。各省应以本省城镇非私营单位就业人员平均工资和城镇私营单位就业人员平均工资加权计算的全口径城镇单位就业人员平均工资核定社保个人缴费基数上下限，合理降低部分参保人员和企业的社保缴费基数。该文件可称为社保双降政策，对未来的城职保基金收支将会产生重大影响。

在降低单位缴费比例之前，全国大部分省份城职保单位缴费比例为 20%，全国平均的单位缴费比例略低于 20%。为测算降低单位缴费比例对城职保基金收支的影响，假定降低单位缴费比例前的单位缴费比例为 19.20%，其他精算假设与方案二相同，本情形称为方案八（数据表示为表⑧、图⑧样式），对方案二和方案八的测算结果进行比较，可分析降低单位缴费比例对城职保基金收支的影响情况。

调整社保缴费基数政策，会使社保缴费基数降低15%左右，对统筹基金收支也会产生影响，因为统筹基金收入、支出金额均与社保缴费基数有关，降低社保缴费基数会同时降低统筹基金收入和支出，看起来其影响是中性的，但统筹基金支出具有刚性，降至制度承诺的统筹基金替代率下限时就不能再降，因此，调整社保缴费基数政策对城职保基金收支的精算平衡的影响总体上看是不利的，因为无法定量测算其影响，在此不做具体分析。

方案八与方案二的假设相比，只有统筹基金缴费比例（单位缴费比例）发生了变化，其他假设是相同的，因此，两种方案测算结果只有统筹基金缴费收入、统筹基金总收入会发生变化，相应会引起养老保险基金缴费收入、总收入及统筹基金、养老保险基金收支、结余的变化，因此，以下比较只限于两种方案测算结果不相同的部分。

一、养老保险基金缴费收入变化

由表⑧1和图⑧1、图⑧2可知，由于降低单位缴费比例政策的影响，使未来75年养老保险基金缴费收入的精算现值由9 951 442亿元减少为9 001 278亿元，减少的金额为950 164亿元，减少的相对程度为9.55%，未来各年养老保险基金缴费收入减少的相对程度基本相同。未来75年统筹基金缴费收入的精算现值由6 826 013亿元减少为5 875 849亿元，减少的金额为950 164亿元，减少的相对程度为13.92%，未来各年统筹基金缴费收入减少的相对程度基本相同。由此可见，降低单位缴费比例政策只影响统筹基金缴费收入，而对个人账户缴费收入没有影响。

表⑧1　　　　　　　　降低单位缴费比例对养老保险缴费收入的影响

项目	2019年	2028年	2038年	2048年	2058年	2068年	2078年	2093年	精算现值
总收入②（亿元）	35 049	92 858	222 056	408 806	646 927	1 065 065	1 700 094	3 263 892	9 001 278
总收入⑧（亿元）	38 808	102 786	245 725	451 901	715 101	1 177 394	1 879 039	3 607 870	9 951 442
变动率（%）	-9.68	-9.66	-9.63	-9.54	-9.53	-9.54	-9.52	-9.53	-9.55
统筹基金②（亿元）	22 908	60 679	145 068	266 831	422 243	695 204	1 109 529	2 130 324	5 875 849
统筹基金⑧（亿元）	26 667	70 608	168 738	309 926	490 417	807 531	1 288 473	2 474 302	6 826 013
变动率（%）	-14.09	-14.06	-14.02	-13.90	-13.90	-13.91	-13.89	-13.90	-13.92

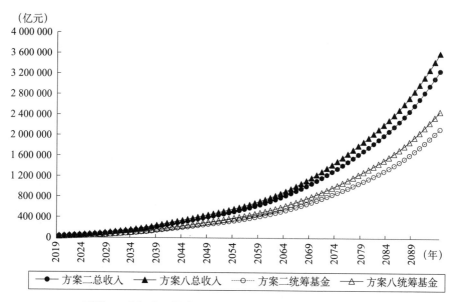

图⑧1　降低单位缴费比例对养老保险缴费收入影响曲线

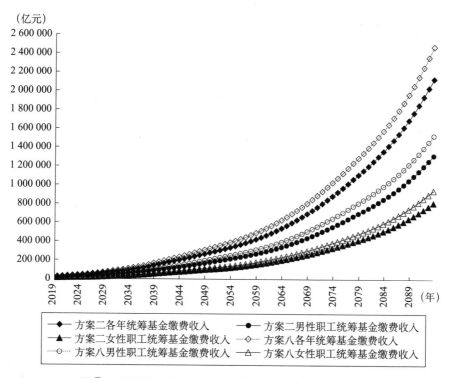

图⑧2　降低单位缴费比例对统筹基金缴费收入影响曲线

分性别来看，男性、女性参保职工统筹基金缴费收入变动的相对程度与统筹基金缴费收入变动的相对程度一致，未来各年男性、女性参保职工统筹基金缴费收入变动的相对程度也基本相同。

二、养老保险基金收支结余变化

（一）统筹基金收入、支出、结余变化

由表⑧2和图⑧3可知，由于降低单位缴费比例政策的影响，使未来75年统筹基金总收入的精算现值由12 503 493亿元减少为9 093 906亿元，减少的金额为3 409 587亿元，减少的相对程度为27.27%，未来各年统筹基金总收入减少的相对程度呈逐年扩大的趋势，由2019年的10.13%持续增加到2093年的42.25%的峰值水平，由此可见，降低单位缴费比例政策对统筹基金总收入的影响程度远大于对统筹基金缴费收入的影响程度，原因在于包括了利息收入的影响；降低单位缴费比例政策对未来75年统筹基金支出的精算现值及各年统筹基金支出均没有影响；由于降低单位缴费比例政策的影响，未来75年统筹基金累计结余的精算现值由1 754 892亿元减少为 - 1 654 694亿元，统筹基金收支相抵由结余率14.03%转变15.39%的赤字率。

表⑧2　　　　　　降低单位缴费比例对统筹基金收入、支出、结余的影响

项目	2019年	2028年	2038年	2048年	2058年	2068年	2078年	2093年	精算现值
总收入②（亿元）	33 318	84 521	211 243	429 217	715 322	1 109 332	1 714 342	3 113 906	9 093 906
总收入⑧（亿元）	37 077	97 817	250 697	524 260	907 916	1 506 896	2 520 614	5 392 508	12 503 493
变动率（%）	- 10.13	- 13.59	- 15.73	- 18.13	- 21.21	- 26.38	- 31.98	- 42.25	- 27.27
总支出②（亿元）	41 302	87 078	192 166	440 506	893 308	1 382 939	2 159 138	3 889 866	10 748 600
总支出⑧（亿元）	41 302	87 078	192 166	440 506	893 308	1 382 939	2 159 138	3 889 866	10 748 600
变动率（%）	0	0	0	0	0	0	0	0	0
累计结余②（亿元）	- 7 983	- 61 693	- 23 768	93 662	- 982 719	- 4 205 892	-10 064 119	- 28 869 992	- 1 654 694
累计结余⑧（亿元）	- 4 224	29 803	426 100	1 539 352	2 889 150	4 626 482	9 293 119	30 618 188	1 754 892

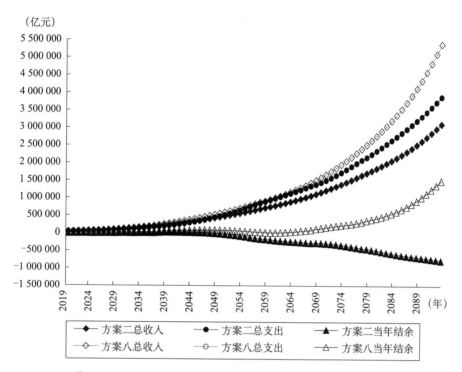

（亿元）

图⑧3　降低单位缴费比例对统筹基金收入、支出、结余影响曲线

（二）养老保险基金总收入、总支出、结余变化

由表⑧3 和图⑧4 可知，由于降低单位缴费比例政策的影响，使未来 75 年养老保险基金总收入的精算现值由 17 545 013 亿元减少为 14 135 425 亿元，减少的金额为 3 409 588 亿元，减少的相对程度为 19.43%，未来各年养老保险基金总收入减少的相对程度呈逐年扩大的趋势，由 2019 年的 7.29% 持续增加到 2093 年的 29.93% 的峰值水平，由此可见，降低单位缴费比例政策对养老保险基金总收入的影响程度远大于对养老保险基金缴费收入的影响程度，原因在于包括了利息收入的影响；降低单位缴费比例政策对未来 75 年养老保险基金支出的精算现值及各年养老保险基金支出均没有影响；由于降低单位缴费比例政策的影响，未来 75 年养老保险基金累计结余的精算现值由 3 600 507 亿元减少为 190 920 亿元，养老保险基金结余率由 20.52% 减少为 1.35%。

表⑧3　　　　　降低单位缴费比例对养老保险基金收入、支出、结余的影响

项目	2019 年	2028 年	2038 年	2048 年	2058 年	2068 年	2078 年	2093 年	精算现值
总收入②（亿元）	47 749	125 828	316 028	640 525	1 064 899	1 701 762	2 724 014	5 332 478	14 135 425
总收入⑧（亿元）	51 508	139 124	355 482	735 567	1 257 493	2 099 326	3 530 286	7 611 080	17 545 013
变动率（%）	-7.29	-9.55	-11.09	-12.92	-15.31	-18.93	-22.83	-29.93	-19.43
总支出②（亿元）	49 146	108 312	251 138	579 448	1 163 343	1 805 421	2 793 432	5 142 695	13 944 505
总支出⑧（亿元）	49 146	108 312	251 138	579 448	1 163 343	1 805 421	2 793 432	5 142 695	13 944 505
变动率（%）	0	0	0	0	0	0	0	0	0
累计结余②（亿元）	49 504	170 369	744 782	1 968 670	2 790 107	2 545 715	2 704 828	4 180 894	190 920
累计结余⑧（亿元）	53 263	261 866	1 194 651	3 414 360	6 661 977	11 378 090	22 062 068	63 669 075	3 600 507
变动率（%）	-7.05	-34.94	-37.65	-42.34	-58.11	-77.62	-87.74	-93.43	-94.69

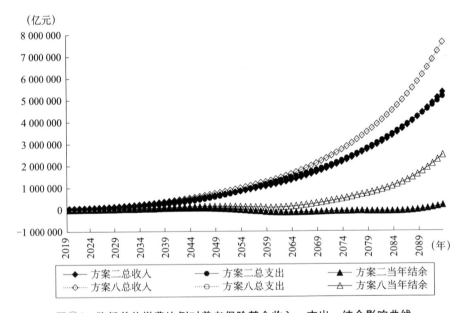

图⑧4　降低单位缴费比例对养老保险基金收入、支出、结余影响曲线

综上所述，降低单位缴费比例政策使未来 75 年统筹基金缴费收入的精算现值减少 950 164 亿元，减少的相对程度为 13.92%；加上利息因素之后，使未来 75 年统筹基金总收入的精算现值减少 3 409 588 亿元，减少的相对程度为 27.27%；统筹基金总收入精算现值减少的金额与统筹基金缴费收入精算现值减少的金额相比，放大了 2.58 倍。因此，降低单位缴费比例政策无论是对统筹基金缴费收入还是对统筹基金总收入的影响都是非常显著的。

第六节　城职保制度的政府财政责任分析

一、城镇职工基本养老保险制度的政府财政责任界定

关于我国城职保制度中的财政责任，本书坚持有限财政责任或财政兜底责任的观点，即财政责任是基于个人责任之上的派生性责任，其作用在于解决个人责任所无力应对的社会性风险，实现个人责任所不能完成的养老功能（刘菲，2012）。我国城职保制度中的财政责任，在《社会保险法》第十三条有明确规定，"国有企业、事业单位职工参加基本养老保险前，视同缴费年限期间应当缴纳的基本养老保险费由政府承担。基本养老保险基金出现支付不足时，政府给予补贴"。因此，政府责任应包括三个方面的内容，一是逐步偿还城职保制度转轨形成的隐性债务，包括因视同缴费支付的"老人"养老金和"中人"过渡性养老金。二是分担由于实行计划生育政策导致的人口年龄结构快速老化所造成的基金支付压力，人口老龄化是社会经济发展的趋势性特征，但我国的人口老龄化有自身的显著特征，就是由于实行计划生育政策导致的快速老龄化和未富先老，使城职保未来的支付压力异常沉重，需要动员全社会的力量应对，政府应分担由于实行计划生育政策而额外增加的城职保基金支出，称为人口老化的财政责任。三是信守制度承诺，保障由参保职工履行缴费义务所获得的领取退休养老金的权益，《社会保险法》第十八条规定，"国家建立基本养老金正常调整机制。根据职工平均工资增长、物价上涨情况，适时提高基本养老保险待遇水平"；《国务院关于完善企业职工基本养老保险制度的决定》第六条规定，"退休时的基础养老金月标准以当地上年度在岗职工月平均工资和本人指数化月平均缴费工资的平均值为基数，缴费每满一年发给1%。"因此，政府应提供兑现上述承诺所必需的财政补贴。其中，前两项责任是确定责任，第三项责任是或有责任，只有在城职保基金无法兑现制度承诺时，才给予财政补贴。

从财政责任计量的角度来看，第一项责任应按封闭系统口径计算，其中，城镇企业职工基本养老保险制度转轨的隐性债务以城职保制度转轨的1997年末为起点，以2000年为评估时间点，"老人"退休前的工作时间为视同缴费

时间，以此获得相应的养老金领取权利，"老人"在未来各年领取的养老金现值为制度转轨的隐性债务，隐性债务显性化的期间为从制度转轨至"老人"全部死亡；"中人"在制度转轨前的工作时间为视同缴费时间，以此获得退休后领取"过渡性养老金"的权利，"中人"在退休后领取"过渡性养老金"，未来各年需支付的"过渡性养老金"现值为制度转轨的隐性债务，隐性债务显性化的期间从制度转轨的第二年开始至"中人"全部死亡。机关事业单位职工基本养老保险制度转轨的隐性债务以2018年为起点，以2020年为评估时间点。第二项责任应按开放系统口径计算，以评估时的参保人口和老龄化程度为基础，考虑未来提高制度覆盖率直至达到目标值的因素，评估期间按照国际惯例并结合人口老龄化变动周期确定为75年，分别测算人口年龄结构固定在评估时间点和人口老龄化实际变化两种情景的未来统筹基金收支结果，将两种结果进行比较，从而测算由于实行计划生育政策而额外增加的城职保基金支出。第三项责任应按开放系统口径计算，以政府履行前两项责任和制度承诺为基础，测算城职保基金未来75年的收支状况，如果存在支付缺口，政府履行财政兜底责任，否则无须履行。

二、城镇职工基本养老保险制度的政府财政责任测算

（一）第一项政府财政责任测算

根据方案六的基本假设，以2000年末为评估时间点，以未来75年为评估期间，测算结果显示，至2018年末，我国城镇企业职工基本养老保险制度转轨的隐性债务余额为273 345亿元，考虑到通货膨胀的影响和2019～2020年政府补贴大致可以相互抵消，因而调整到2020年末的隐性债务余额保持不变。

根据方案七的基本假设，以2020年末为评估时间点，以未来75年为评估期间，测算结果显示，至2020年末，我国机关事业单位职工基本养老保险制度转轨的隐性债务余额为915 770亿元。

综上所述，截至2020年末，我国城职保制度转轨的隐性债务总额为1 189 115亿元。根据《社会保险法》的规定，这部分债务由政府承担。

（二）第二项政府财政责任测算

首先，由于人口年龄结构老化对城职保基金收支造成的不利影响，表现为

统筹基金收入的精算现值减少 7 917 031 万亿元，统筹基金支出的精算现值增加 1 982 446 万亿元，不考虑收入减少的因素，政府应该承担统筹基金额外增加支出的精算现值约为 1 982 446 万亿元。

其次，《国务院办公厅关于印发降低社会保险费率综合方案的通知》实施后，如前所述，仅由于降低单位缴费比例政策的影响，将会使未来 75 年统筹基金缴费收入的精算现值减少 950 164 亿元。

综上所述，由于人口年龄结构老化导致的统筹基金支出的精算现值增加约 198 万亿元，加上社保双降政策导致的统筹基金缴费收入的精算现值减少约 95 万亿元，两项合计，如果全部由政府承担的话，则第二项政府财政责任的金额约为 293 万亿元。

（三）第三项政府财政责任测算

第三项财政责任为或有责任，根据方案二的基本精算假设，预测结果显示，我国城职保在未来 75 年及可以预计的更长时间内，可以保持制度持续稳定运行，不会出现整体性制度运行危机。其中，统筹基金会出现收不抵支的比较严重的"赤字"，但如果将统筹基金与个人账户统一起来考察，个人账户结余完全能够弥补统筹基金的"赤字"，这是我国城职保制度所允许的，也是可以做到的。因此，第三项财政责任不需要履行。

（四）政府财政责任测算

如果政府全部承担第一、第二项责任，以上两项责任相加，政府应承担财政责任的精算现值约为 412 万亿元。在方案二中，未来 75 年政府对城职保财政补贴的精算现值为 428 万亿元，占同期全国 GDP 精算现值预测值的 2.01%，略高于此处测算的政府财政责任的精算现值，说明方案二中对未来政府财政补贴的假设是合理的。根据本书测算结果，未来 75 年政府对城职保制度的财政补贴，大约有一半是用于偿还制度转轨的隐性债务和人口老龄化所增加的养老金额外支出；另一半是用于弥补社保双降政策所造成的统筹基金收入的减少。也就是说，如果不实施社保双降政策，未来 75 年政府对城职保制度的财政补贴占同期全国 GDP 的比例只需达到 1% 即可。

第七节　完全积累制条件下养老金替代率分析

为比较城职保部分积累制与完全积累制条件下，参保职工退休养老金替代率的差异，论证城职保制度的优越性，此处通过实证分析讨论两种制度模式下养老金替代率的测算结果。

一、已退休职工养老金替代率分析

案例一，假定男性职工赵某1980年24岁参加城镇职工基本养老保险，当年人均工资为762元，缴费年限36年，其在职时的工资水平、实际工资增长率与全国职工平均工资及增长率相同，养老保险缴费率为28%，保险基金投资收益率、贴现利率与5年期银行存款利率相同，采用2010年男性国民生命表，其他精算假设如表⑧4所示。赵某于2016年年满60岁退休。在完全积累制条件下，赵某退休时累计缴费折算为1980年的现值是15 140元，退休后未来各年养老金全额领取（即按当年人均工资水平领取养老金）折算为1980年的现值是151 634元，养老金替代率计算结果为9.98%。

案例二，假定女性职工钱某1980年19岁参加城镇职工基本养老保险，当年人均工资为762元，缴费年限35年，其在职时的工资水平、实际工资增长率与全国职工平均工资及增长率相同，养老保险缴费率为28%，保险基金投资收益率、贴现利率与5年期银行存款利率相同，采用2010年女性国民生命表，其他精算假设如表⑧4所示。钱某于2016年年满55岁退休。在完全积累制条件下，钱某退休时累计缴费折算为1980年的现值是14 596元，退休后未来各年养老金全额领取（即按当年人均工资水平领取养老金）折算为1980年的现值是249 923元，养老金替代率计算结果为5.84%。

表⑧4　　　　　　　职工赵某、钱某养老金替代率精算假设

项目	y 年	y+10 年	y+20 年	y+30 年	y+40 年	y+50 年	y+60 年	y+70 年
工资增长率	0.0387	0.0989	0.1233	0.08	0.06	0.05	0.045	0.04
通货膨胀率	0.0674	0.0548	0.02	0.02	0.02	0.02	0.02	0.02
缴费工资率	0.80	0.80	0.80	0.80	0.82	0.85	0.85	0.85
投资收益率	0.10	0.09	0.05	0.045	0.04	0.035	0.035	0.03

二、新参保职工养老金替代率分析

案例三，假定男性职工孙某2020年22岁参加城镇职工基本养老保险，当年全口径城镇单位就业人员平均工资为79 653元，缴费年限40年，其在职时的工资水平、实际工资增长率与全国职工平均工资及增长率相同，养老保险缴费率为24%，保险基金投资收益率与贴现利率相同，采用2010年男性国民生命表，其他精算假设如表⑧5所示。孙某年满65岁退休。在完全积累制条件下，孙某退休时累计缴费折算为2020年的现值是1 191 886元，退休后未来各年养老金全额领取（即按当年人均工资水平领取养老金）折算为2020年的现值是4 387 208元，养老金替代率计算结果为27.16%。

表⑧5　　　　　　　职工孙某、李某养老金替代率精算假设

项目	y 年	y + 10 年	y + 20 年	y + 30 年	y + 40 年	y + 50 年	y + 60 年	y + 70 年
工资增长率	0.055	0.05	0.045	0.04	0.035	0.035	0.03	0.03
通货膨胀率	0.03	0.025	0.02	0.02	0.02	0.02	0.02	0.02
缴费工资率	0.80	0.83	0.85	0.85	0.85	0.85	0.85	0.85
投资收益率	0.045	0.045	0.04	0.04	0.035	0.035	0.03	0.03

案例四，假定女性职工李某2020年22岁参加城镇职工基本养老保险，当年全口径城镇单位就业人员平均工资为79 653元，缴费年限35年，其在职时的工资水平、实际工资增长率与全国职工平均工资及增长率相同，养老保险缴费率为24%，保险基金投资收益率与贴现利率相同，采用2010年女性国民生命表，其他精算假设如表⑧5所示。李某年满60岁退休。在完全积累制条件下，李某退休时累计缴费折算为2020年的现值是1 000 794元，退休后未来各年养老金全额领取（即按当年人均工资水平领取养老金）折算为2020年的现值是6 809 656元，养老金替代率计算结果为14.70%。

在案例一中，作为"社会平均人"的男性职工赵某，在2016年退休后的养老金替代率为9.98%，相当于方案二假设条件下男性参保人员退休养老金替代率71.64%（其中，统筹养老金和个人账户养老金替代率分别为51.45%和20.19%）的13.93%；在案例二中，作为"社会平均人"的女性职工钱某，在2016年退休后的养老金替代率为5.84%，相当于方案二假设条件下女性参保人员退休养老金替代率52%（其中，统筹养老金和个人账户养老金替代率

分别为 38.71% 和 13.29%）的 11.23%。由此可见，对于已退休参保人员来说，参加城职保获得的退休养老金替代率远高于完全积累制的养老金替代率。

在案例三中，作为"社会平均人"的男性职工孙某，在 2063 年退休后的养老金替代率为 27.16%，相当于方案二假设条件下男性参保人员退休养老金替代率目标值 50.64%（其中，统筹养老金和个人账户养老金替代率分别为 38.80% 和 16.84%）的 53.63%；在案例四中，作为"社会平均人"的女性职工李某，在 2058 年退休后的养老金替代率为 14.70%，相当于方案二假设条件下女性参保人员退休养老金替代率 40.28%（其中，统筹养老金和个人账户养老金替代率分别为 29.19% 和 11.09%）的 36.49%。由此可见，对于新参保人员来说，参加城职保获得的退休养老金替代率远高于完全积累制的养老金替代率。

第八节　生育政策调整的影响分析

1949 年底，我国总人口为 5.41 亿人，中华人民共和国成立后，我国总人口快速增长，至 1955 年超过 6 亿人，1964 年超过 7 亿人，1969 年超过 8 亿人，1974 年超过 9 亿人，1981 年超过 10 亿人，1988 年超过 11 亿人，1995 年超过 12 亿人，2005 年超过 13 亿人，2019 年超过 14 亿人。随着总人口快速增长，经济社会发展的资源环境约束越来越紧，我国从 20 世纪 70 年代开始控制人口过快增长，制定了一系列的人口生育政策。1971 年，国务院批转《关于做好计划生育工作的报告》，强调"要有计划生育"。在当年制定"四五"计划中，提出"一个不少，两个正好，三个多了"。1973 年 12 月，第一次全国计划生育汇报会提出"晚、稀、少"的政策，"晚"指男 25 周岁、女 23 周岁以后结婚，女 24 周岁以后生育；"稀"指生育间隔为 3 年以上；"少"指一对夫妇生育不超过两个孩子。1978 年 3 月，第五届全国人民代表大会第一次会议通过的《中华人民共和国宪法》第五十三条规定"国家提倡和推行计划生育"，计划生育第一次以法律形式载入我国宪法。1980 年 9 月 25 日，党中央发表《关于控制我国人口增长问题致全体共产党员、共青团员的公开信》，提倡"一对夫妇只生育一个孩子"。2002 年 9 月施行的《中华人民共和国人口与计划生育法》明确规定，国家稳定现行生育政策，鼓励公民晚婚晚育，提倡一对夫妻生育一个子女；符合法律、法规规定条件的，可以要求安排生育第二个子女。

进入 21 世纪后，我国人口形势发生了重大变化。劳动力持续问题、老龄化问题以及人口结构性问题等开始显现。为此，我国生育政策开始放宽，2013 年 11 月，党的十八届三中全会审议通过《中共中央关于全面深化改革若干重大问题的决定》提出，坚持计划生育的基本国策，启动实施一方是独生子女的夫妇可生育两个孩子的政策，逐步调整完善生育政策，促进人口长期均衡发展。2015 年 10 月 29 日，党的十八届五中全会公报提出，促进人口均衡发展，坚持计划生育的基本国策，完善人口发展战略，全面实施一对夫妇可生育两个孩子政策，积极开展应对人口老龄化行动。2021 年 5 月 31 日，中共中央政治局召开会议，审议《关于优化生育政策促进人口长期均衡发展的决定》，提出进一步优化生育政策，实施一对夫妻可以生育三个子女政策及配套支持措施。

生育政策的调整，必然影响我国未来人口的规模和结构，但生育政策的影响是长期和缓慢的，为测算生育政策对我国未来人口发展的影响，在此按照总和生育率的目标值高低设置五种方案，方案九（数据表示为⑨样式）总和生育率的目标值为 1.65，称为低生育率方案；方案十（数据表示为⑩样式）总和生育率的目标值为 1.75，称为中低生育率方案；方案十一（数据表示为⑪样式）总和生育率的目标值为 1.95，称为中高生育率方案；方案十二（数据表示为⑫样式）总和生育率的目标值为 2.05，称为高生育率方案；前述方案二总和生育率的目标值为 1.85，称为中等生育率方案。五种方案未来各年总和生育率变动率的假设如表⑨1 所示，其他假设与方案二相同。以下分别测算五种方案的预测结果，分析生育政策对城职保基金收支的影响情况。

表⑨1　　　　　　　　未来各年总和生育率变动率

方案	2010 年	2020 年	2030 年	2040 年	2050 年	2060 年	2070 年
②	1.01	1.007	1.005	1.003	1.002	1	1
⑨	1.009	1.005	1.001 3	1	1	1	1
⑩	1.009	1.007	1.004	1.001 2	1	1	1
⑪	1.01	1.008	1.007	1.006	1.0012	1	1
⑫	1.01	1.009	1.008	1.007	1.0032	1	1

一、生育政策调整对未来人口的影响

（一）人口规模变化

根据五种方案的精算假设，预测我国未来 75 年人口规模。预测结果显示，在方案二中，我国未来 75 年年平均总人口为 12.75 亿人，2093 年总人口为 10.15 亿人；在方案九中，我国未来 75 年年平均总人口为 12.38 亿人，2093 年总人口为 9.12 亿人；在方案十中，我国未来 75 年年平均总人口为 12.59 亿人，2093 年总人口为 9.67 亿人；在方案十一中，我国未来 75 年年平均总人口为 12.94 亿人，2093 年总人口为 10.69 亿人；在方案十二中，我国未来 75 年年平均总人口为 13.09 亿人，2093 年总人口为 11.17 亿人。从年平均总人口来看，各方案之间差别不大，高生育率方案和低生育率方案之间相差 0.71 亿人，平均每个方案之间相差不到 0.2 亿人；但评估期末总人口的预测结果相差则较大，高生育率方案和低生育率方案之间相差 2.05 亿人，平均每个方案之间的差别超过 0.5 亿人。由此可见，总和生育率的目标值对未来总人口具有显著影响。由于总和生育率的变化是缓慢的，加之未来总人口变化的趋势是下降的，因而五种方案的总人口峰值水平差别不大，但 14 亿人口规模持续的时间不同，方案九持续至 2038 年，方案十持续至 2043 年，方案二和方案十一持续至 2045 年，方案十二持续至 2047 年。如表⑨2 和图⑨1 所示。

表⑨2　　　　　　　　　五种方案未来 75 年末总人口预测　　　　　　　单位：万人

方案	2018 年	2028 年	2038 年	2048 年	2058 年	2068 年	2078 年	2093 年
②	139 410	141 556	141 067	138 236	130 419	120 698	111 863	101 501
⑨	139 410	141 260	140 220	136 348	127 162	115 740	104 893	91 191
⑩	139 410	141 376	140 717	137 488	129 057	118 546	108 761	96 752
⑪	139 410	141 615	141 361	139 102	132 038	123 171	115 458	106 962
⑫	139 410	141 675	141 601	139 680	133 181	125 119	118 376	111 695

（二）人口结构变化

（1）65 岁及以上老龄化率变化。由表⑨3 和图⑨2 可知，五种方案的预测结果显示，未来 75 年 65 岁及以上老龄化率的平均值差别不大，但在评估期末时的水平差别较为显著。方案二中，未来 75 年 65 岁及以上老龄化率的平均值

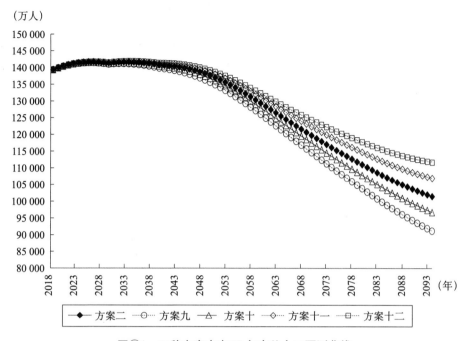

（万人）

图⑨1　五种方案未来 75 年末总人口预测曲线

为 26.33%，峰值为 2059 年的 32.94%，其中，男性、女性峰值分别为 29.06% 和 36.80%，至评估期末为 28.31%，其中，男性、女性分别为 26.20% 和 30.43%。方案九中，未来 75 年 65 岁及以上老龄化率的平均值为 27.11%，峰值为 2060 年的 33.88%，其中，男性、女性峰值分别为 29.93% 和 37.79%，至评估期末为 31.23%，其中，男性、女性分别为 28.99% 和 33.49%。方案十中，未来 75 年 65 岁及以上老龄化率的平均值为 26.66%，峰值为 2060 年的 33.33%，其中，男性、女性峰值分别为 29.42% 和 37.21%，至评估期末为 29.54%，其中，男性、女性分别为 27.38% 和 31.73%。方案十一中，未来 75 年 65 岁及以上老龄化率的平均值为 25.96%，峰值为 2059 年的 32.51%，其中，男性、女性峰值分别为 28.65% 和 36.35%，至评估期末为 26.91%，其中，男性、女性分别为 24.88% 和 28.97%。方案十二中，未来 75 年 65 岁及以上老龄化率的平均值为 25.66%，峰值为 2059 年的 32.21%，其中，男性、女性峰值分别为 28.37% 和 36.03%，至评估期末为 25.82%，其中，男性、女性分别为 23.84% 和 27.82%。

表⑨3　　　　　　　五种方案未来 75 年 65 岁及以上老龄化率

单位：%

方案	2018 年	2028 年	2038 年	2048 年	2058 年	2068 年	2078 年	2093 年
②	12.27	16.89	25.13	28.84	32.88	30.85	29.12	28.31
⑨	12.27	16.93	25.28	29.24	33.71	32.17	31.05	31.23
⑩	12.27	16.92	25.19	29.00	33.22	31.41	29.94	29.54
⑪	12.27	16.89	25.08	28.66	32.47	30.23	28.22	26.91
⑫	12.27	16.88	25.14	28.54	32.19	29.76	27.52	25.82

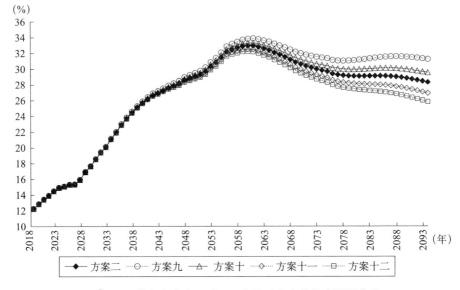

图⑨2　五种方案未来 75 年 65 岁及以上老龄化率预测曲线

（2）65 岁及以上老年抚养比变化。由表⑨4 和图⑨3 可知，五种方案的预测结果显示，未来 75 年 65 岁及以上老年抚养比的平均值差别不大，但在评估期末时的水平差别较为显著。方案二中，未来 75 年 65 岁及以上老年抚养比的平均值为 2.05，最低值为 2059 年的 1.31，至评估期末回升到 1.63。方案九中，未来 75 年 65 岁及以上老年抚养比的平均值为 1.99，最低值为 2059 年的 1.28，至评估期末回升到 1.43。方案十中，未来 75 年 65 岁及以上老年抚养比的平均值为 2.02，最低值为 2058 年的 1.30，至评估期末回升到 1.54。方案十一中，未来 75 年 65 岁及以上老年抚养比的平均值为 2.07，最低值为 2057 年的 1.32，至评估期末回升到 1.74。方案十二中，未来 75 年 65 岁及以上老年抚养比的平均值为 2.09，最低值为 2058 年的 1.33，至评估期末回升到 1.82。

表⑨4　　　　　五种方案未来 75 年 65 岁及以上老年抚养比

方案	2018 年	2028 年	2038 年	2048 年	2058 年	2068 年	2078 年	2093 年
②	4.88	3.13	1.96	1.51	1.31	1.44	1.51	1.63
⑨	4.88	3.13	1.96	1.50	1.28	1.37	1.40	1.43
⑩	4.88	3.13	1.96	1.50	1.30	1.41	1.47	1.54
⑪	4.88	3.13	1.96	1.51	1.32	1.47	1.57	1.74
⑫	4.88	3.13	1.96	1.51	1.33	1.49	1.62	1.82

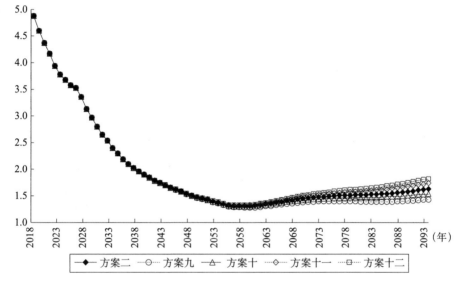

图⑨3　五种方案未来 75 年 65 岁及以上老年抚养比预测曲线

二、生育政策调整对未来参保人数的影响

（一）劳动年龄人数变化

由表⑨5 和图⑨4 可知，五种方案的预测结果显示，未来 75 年劳动年龄人数呈持续下降趋势，年平均值差别不大，但在评估期末时的水平差别较为显著。方案二中，未来 75 年劳动年龄人数的平均值为 6.88 亿人，至评估期末为 5.36 亿人。方案九中，未来 75 年劳动年龄人数的平均值为 6.69 亿人，至评估期末为 4.73 亿人。方案十中，未来 75 年劳动年龄人数的平均值为 6.80 亿人，至评估期末为 5.09 亿人。方案十一中，未来 75 年劳动年龄人数的平均值为 6.97 亿人，至评估期末为 5.70 亿人。方案十二中，未来 75 年劳动年龄人数的

平均值为 7.04 亿人，至评估期末为 5.97 亿人。

表⑨5　　　　　　　　五种方案未来 75 年劳动年龄人数预测　　　　　　单位：万人

方案	2018 年	2028 年	2038 年	2048 年	2058 年	2068 年	2078 年	2093 年
②	85 218	81 620	80 777	72 879	64 574	62 261	58 033	53 688
⑨	85 218	81 615	80 649	72 420	63 367	59 868	54 193	47 372
⑩	85 218	81 615	80 666	72 649	64 100	61 295	56 414	50 913
⑪	85 218	81 620	80 786	73 001	65 045	63 432	59 953	57 039
⑫	85 218	81 620	80 795	73 117	65 399	64 197	61 392	59 738

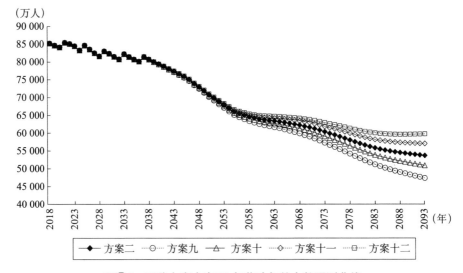

图⑨4　五种方案未来 75 年劳动年龄人数预测曲线

（二）就业人数变化

由表⑨6 和图⑨5 可知，五种方案的预测结果显示，未来 75 年就业人数呈持续下降趋势，年平均值差别不大，但在评估期末时的水平差别较为显著。方案二中，未来 75 年就业人数的平均值为 5.61 亿人，至评估期为 4.35 亿人。方案九中，未来 75 年就业人数的平均值为 5.48 亿人，至评估期末为 3.86 亿人。方案十中，未来 75 年就业人数的平均值为 5.55 亿人，至评估期末为 4.13 亿人。方案十一中，未来 75 年就业人数的平均值为 5.68 亿人，至评估期末为 4.60 亿人。方案十二中，未来 75 年就业人数的平均值为 5.73 亿人，至评估期末为 4.81 亿人。

表⑨6			五种方案未来75年就业人数预测			单位：万人		
方案	2018 年	2028 年	2038 年	2048 年	2058 年	2068 年	2078 年	2093 年
②	69 854	66 704	65 790	59 976	52 595	50 637	47 305	43 503
⑨	69 854	66 703	65 730	59 698	51 815	48 948	44 445	38 637
⑩	69 854	66 703	65 734	59 814	52 273	49 966	46 123	41 388
⑪	69 854	66 704	65 792	60 036	52 873	51 420	48 738	46 065
⑫	69 854	66 704	65 794	60 095	53 095	51 944	49 762	48 109

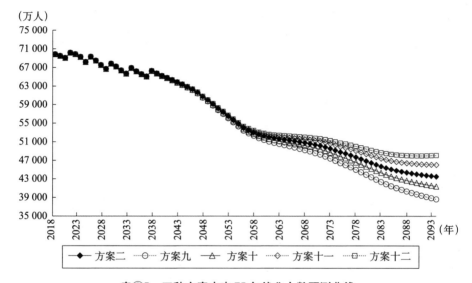

表⑨5　五种方案未来75年就业人数预测曲线

（三）参保职工人数变化

由表⑨7和图⑨6可知，五种方案的预测结果显示，未来75年参保职工人数呈先增后降的变化趋势，年平均值差别不大，但在评估期末时的水平差别较为显著。方案二中，未来75年参保职工人数的平均值为3.37亿人，参保职工人数的峰值为2039年的4.00亿人，至评估期末为2.75亿人。方案九中，未来75年参保职工人数的平均值为3.29亿人，参保职工人数的峰值为2039年的4.00亿人，至评估期末为2.44亿人。方案十中，未来75年参保职工人数的平均值为3.33亿人，参保职工人数的峰值为2039年的4.00亿人，至评估期末为2.61亿人。方案十一中，未来75年参保职工人数的平均值为3.41亿人，参保职工人数的峰值为2039年的4.00亿人，至评估期末为2.91亿人。

方案十二中，未来 75 年参保职工人数的平均值为 3.44 亿人，参保职工人数的峰值为 2039 年的 4.00 亿人，至评估期末为 3.04 亿人。

表⑨7		五种方案未来 75 年参保职工人数预测					单位：万人	
方案	2018 年	2028 年	2038 年	2048 年	2058 年	2068 年	2078 年	2093 年
②	30 177	36 333	39 977	37 814	33 260	32 022	29 914	27 510
⑨	30 177	36 332	39 940	37 639	32 766	30 954	28 106	24 433
⑩	30 177	36 332	39 942	37 712	33 056	31 597	29 167	26 172
⑪	30 177	36 333	39 978	37 851	33 435	32 517	30 821	29 130
⑫	30 177	36 333	39 979	37 889	33 576	32 848	31 468	30 423

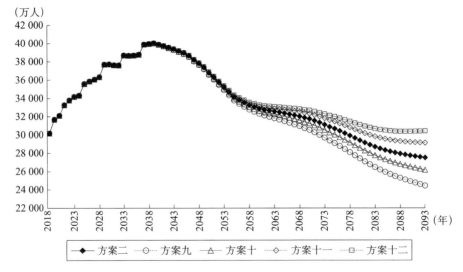

图⑨6 五种方案未来 75 年参保职工人数预测曲线

（四）参保缴费人数变化

由表⑨8 和图⑨7 可知，五种方案的预测结果显示，未来 75 年参保缴费人数呈先增后降的变化趋势，年平均值差别不大，但在评估期末时的水平差别较为显著。方案二中，未来 75 年参保缴费人数的平均值为 3.00 亿人，参保缴费人数的峰值为 2040 年的 3.59 亿人，至评估期末为 2.47 亿人。方案九中，未来 75 年参保缴费人数的平均值为 2.93 亿人，参保缴费人数的峰值为 2040 年的 3.58 亿人，至评估期末为 2.20 亿人。方案十中，未来 75 年参保缴费人数的平均值为 2.97 亿人，参保缴费人数的峰值为 2040 年的 3.58 亿人，至评估期末为 2.35 亿人。方案十一中，未来 75 年参保缴费人数的平均值为 3.04 亿人，参保缴费人数的峰值为 2040 年的 3.59 亿人，至评估期末为 2.62 亿人。方案十二中，未来 75 年参保缴费人数的平均值为 3.07 亿人，参保缴费人数的峰值为 2040 年的 3.59 亿人，至评估期末为 2.73 亿人。

表⑨8　　　　　　　五种方案未来 75 年参保缴费人数预测　　　　　　　单位：万人

方案	2018 年	2028 年	2038 年	2048 年	2058 年	2068 年	2078 年	2093 年
②	25 349	31 246	35 179	34 032	29 934	28 819	26 923	24 759
⑨	25 349	31 246	35 147	33 875	29 490	27 858	25 295	21 990
⑩	25 349	31 246	35 149	33 941	29 750	28 437	26 250	23 555
⑪	25 349	31 246	35 180	34 066	30 092	29 265	27 739	26 217
⑫	25 349	31 246	35 181	34 100	30 218	29 563	28 321	27 381

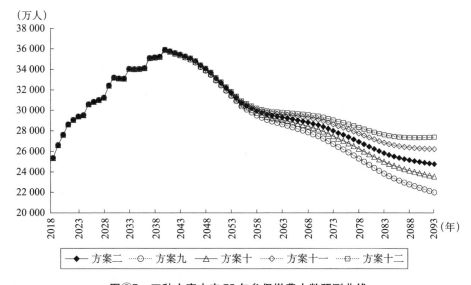

图⑨7　五种方案未来 75 年参保缴费人数预测曲线

（五）退休领取人数及制度抚养比变化

（1）退休领取人数变化。由表⑨9 和图⑨8 可知，五种方案的预测结果显示，未来 75 年退休领取人数呈先增后降的变化趋势，年平均值差别较小，均为 1.93 亿人，峰值水平和达到的时间也比较一致，在评估期末时的水平差别也不显著。说明总和生育率的变化对退休领取人数的影响时滞长达 60 多年。

表⑨9 　　　　　　　　　　五种方案未来75年退休领取人数预测　　　　　　　　　单位：万人

方案	2018 年	2028 年	2038 年	2048 年	2058 年	2068 年	2078 年	2093 年
②	11 797	15 014	17 951	22 090	24 267	21 782	19 662	17 161
⑨	11 797	15 014	17 951	22 090	24 267	21 782	19 646	16 972
⑩	11 797	15 014	17 951	22 090	24 267	21 782	19 646	17 063
⑪	11 797	15 014	17 951	22 090	24 267	21 782	19 662	17 209
⑫	11 797	15 014	17 951	22 090	24 267	21 782	19 662	17 256

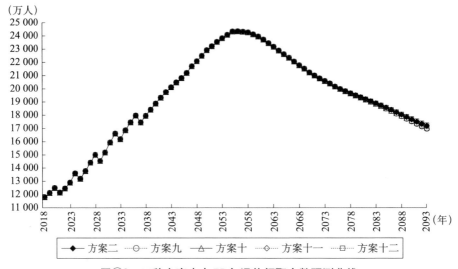

图⑨8　五种方案未来75年退休领取人数预测曲线

（2）制度总人数变化。由表⑨10和图⑨9可知，五种方案的预测结果显示，未来75年城职保制度总人数呈先增后降的变化趋势，年平均值差别不大，但在评估期末时的水平差别较为显著。方案二中，未来75年制度总人数的平均值为5.30亿人，制度总人数的峰值为2048年的5.99亿人，至评估期末为4.46亿人。方案九中，未来75年制度总人数的平均值为5.22亿人，制度总人数的峰值为2047年的5.97亿人，至评估期末为4.14亿人。方案十中，未来75年制度总人数的平均值为5.27亿人，制度总人数的峰值为2048年的5.98亿人，至评估期末为4.32亿人。方案十一中，未来75年制度总人数的平均值为5.35亿人，制度总人数的峰值为2048年的5.99亿人，至评估期末为4.63亿人。方案十二中，未来75年制度总人数的平均值为5.38亿人，制度总人数的峰值为2048年的5.99亿人，至评估期末为4.76亿人。

表⑨10　　　　　　　**五种方案未来75年制度总人数预测**　　　　单位：万人

方案	2018 年	2028 年	2038 年	2048 年	2058 年	2068 年	2078 年	2093 年
②	41 975	51 347	57 928	59 904	57 527	53 804	49 577	44 672
⑨	41 975	51 347	57 891	59 729	57 034	52 736	47 753	41 405
⑩	41 975	51 347	57 893	59 802	57 323	53 379	48 813	43 236
⑪	41 975	51 347	57 929	59 942	57 703	54 299	50 484	46 340
⑫	41 975	51 347	57 930	59 979	57 843	54 630	51 131	47 679

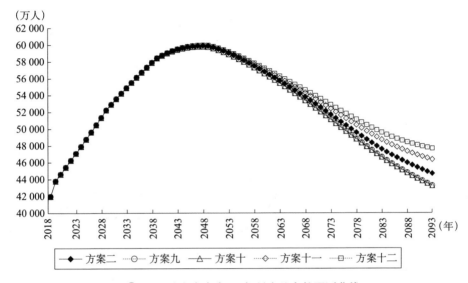

图⑨9　五种方案未来75年制度总人数预测曲线

（3）参保职工制度抚养比变化。由表⑨11和图⑨10可知，五种方案的预测结果显示，未来75年参保职工制度抚养比呈先快速下降后缓慢回升的变化趋势，年平均值差别不大，但在评估期末时的水平差别较为显著。方案二中，未来75年参保职工制度抚养比的平均值为1.746亿人，最低值为2058年的1.370亿人，至评估期末回升至1.603。方案九中，未来75年参保职工制度抚养比的平均值为1.703，最低值为2060年的1.348，至评估期末回升至1.440。方案十中，未来75年参保职工制度抚养比的平均值为1.728，最低值为2059年的1.362，至评估期末回升至1.534。方案十一中，未来75年参保职工制度抚养比的平均值为1.767，最低值为2058年的1.378，至评估期末回升至1.692。方案十二中，未来75年参保职工制度抚养比的平均值为1.783，最低值为2058年的1.383，至评估期末回升至1.763。

表⑨11 五种方案未来75年参保职工制度抚养比预测

方案	2018年	2028年	2038年	2048年	2058年	2068年	2078年	2093年
②	2.55	2.42	2.22	1.71	1.37	1.47	1.52	1.60
⑨	2.55	2.42	2.22	1.70	1.35	1.42	1.43	1.44
⑩	2.55	2.42	2.22	1.70	1.36	1.45	1.48	1.53
⑪	2.55	2.42	2.22	1.71	1.37	1.49	1.56	1.69
⑫	2.55	2.42	2.22	1.71	1.38	1.51	1.60	1.76

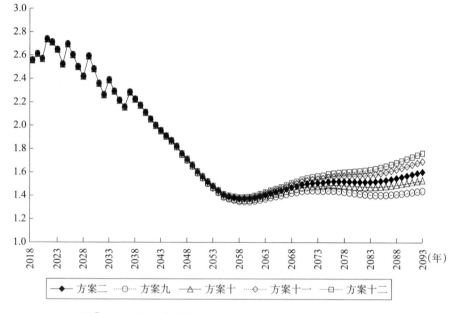

图⑨10 五种方案未来75年参保职工制度抚养比预测曲线

三、生育政策调整对未来养老基金收支的影响

（一）养老保险基金缴费收入变化

由表⑨12和图⑨11可知，五种方案的预测结果显示，未来75年养老保险基金缴费收入的精算现值差别不大，但在评估期末年的缴费收入差别较为显著。方案二中，未来75年养老保险基金缴费收入的精算现值为9 001 278亿元，2093年的缴费收入为3 263 892亿元。方案九中，未来75年养老保险基金

缴费收入的精算现值为 8 699 352 亿元，2093 年的缴费收入为 2 930 067 亿元。
方案十中，未来 75 年养老保险基金缴费收入的精算现值为 8 875 389 亿元，
2093 年的缴费收入为 3 121 761 亿元。方案十一中，未来 75 年养老保险基金缴
费收入的精算现值为 9 147 467 亿元，2093 年的缴费收入为 3 439 271 亿元。
方案十二中，未来 75 年养老保险基金缴费收入的精算现值为 9 255 596 亿元，
2093 年的缴费收入为 3 574 726 亿元。生育率最高的方案十二和生育率最低的
方案九相比，养老保险基金缴费收入的精算现值仅多 6.39%，而 2093 年的缴
费收入则多 22.00%，说明总和生育率变化地对养老保险基金缴费收入的影响
也是滞后的和长期的。

表⑨12　　　　　五种方案未来 75 年养老保险基金缴费收入预测　　　　单位：亿元

方案	2019 年	2028 年	2038 年	2048 年	2058 年	2068 年	2078 年	2093 年	精算现值
②	35 049	92 858	222 056	408 805	646 927	1 065 065	1 700 094	3 263 892	9 001 278
⑨	35 049	92 857	221 945	407 568	640 028	1 037 118	1 612 634	2 930 067	8 699 352
⑩	35 049	92 857	221 949	408 015	643 809	1 053 667	1 664 602	3 121 761	8 875 389
⑪	35 049	92 858	222 058	409 036	649 148	1 077 049	1 742 679	3 439 271	9 147 467
⑫	35 049	92 858	222 060	409 264	650 995	1 085 410	1 772 628	3 574 726	9 255 596

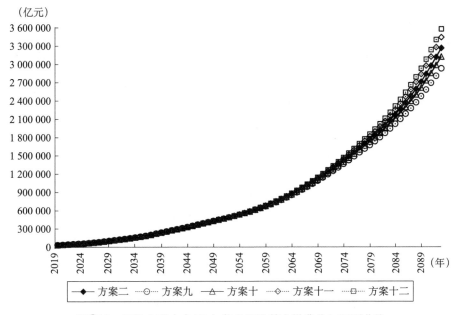

图⑨11　五种方案未来 75 年养老保险基金缴费收入预测曲线

（二）养老保险基金收支变化

1. 统筹基金收支、结余变化

（1）统筹基金总收入变化。由表⑨13 和图⑨12 可知，五种方案的预测结果显示，未来 75 年统筹基金总收入的精算现值差别不大，但在评估期末年的统筹基金总收入差别较为显著。方案二中，未来 75 年统筹基金总收入的精算现值为 9 093 906 亿元，2093 年统筹基金总收入为 3 113 906 亿元。方案九中，未来 75 年统筹基金总收入的精算现值为 8 786 609 亿元，2093 年统筹基金总收入为 2 734 607 亿元。方案十中，未来 75 年统筹基金总收入的精算现值为 8 964 084 亿元，2093 年统筹基金总收入为 2 955 009 亿元。方案十一中，未来 75 年统筹基金总收入的精算现值为 9 236 087 亿元，2093 年统筹基金总收入为 3 304 837 亿元。方案十二中，未来 75 年统筹基金总收入的精算现值为 9 341 074 亿元，2093 年统筹基金总收入为 3 449 331 亿元。生育率最高的方案十二和生育率最低的方案九相比，统筹基金总收入的精算现值仅多 6.31%，而 2093 年的统筹基金总收入则多 26.13%，说明总和生育率的变化对统筹基金总收入的影响也是滞后的和长期的。

表⑨13　　　　　　　五种方案未来 75 年统筹基金总收入预测　　　　单位：亿元

方案	2019 年	2028 年	2038 年	2048 年	2058 年	2068 年	2078 年	2093 年	精算现值
②	33 318	84 520	211 242	429 217	715 322	1 109 332	1 714 342	3 113 906	9 093 906
⑨	33 318	84 520	211 162	428 241	709 572	1 084 429	1 629 320	2 734 607	8 786 609
⑩	33 318	84 520	211 165	428 568	712 550	1 098 665	1 678 854	2 955 009	8 964 084
⑪	33 318	84 520	211 244	429 385	717 050	1 119 297	1 753 249	3 304 837	9 236 087
⑫	33 318	84 520	211 245	429 551	718 510	1 126 453	1 780 893	3 449 331	9 341 074

（2）统筹基金总支出变化。由表⑨14 和图⑨13 可知，五种方案的预测结果显示，未来 75 年统筹基金总支出的精算现值差别不大，且在整个评估期间各年的统筹基金总支出也基本一致。说明总和生育率的变化对统筹基金总支出的影响滞后的时间更长，要到评估周期结束后才会显示出来。

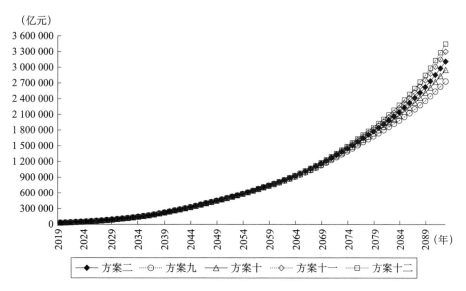

图⑨12 五种方案未来75年统筹基金总收入预测曲线

表⑨14　　　　　　五种方案未来75年统筹基金总支出预测　　　　单位：亿元

方案	2019 年	2028 年	2038 年	2048 年	2058 年	2068 年	2078 年	2093 年	精算现值
②	41 302	87 078	192 166	440 505	893 308	1 382 939	2 159 138	3 889 866	10 748 600
⑨	41 302	87 078	192 166	440 505	893 308	1 382 939	2 157 871	3 852 579	10 734 274
⑩	41 302	87 078	192 166	440 505	893 308	1 382 939	2 157 871	3 869 885	10 738 714
⑪	41 302	87 078	192 166	440 505	893 308	1 382 939	2 159 138	3 898 975	10 750 889
⑫	41 302	87 078	192 166	440 505	893 308	1 382 939	2 159 138	3 907 721	10 753 145

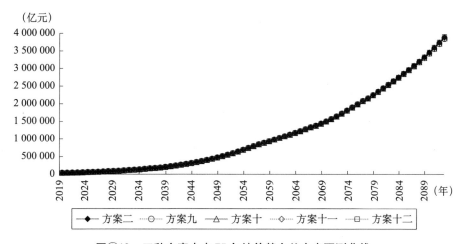

图⑨13 五种方案未来75年统筹基金总支出预测曲线

（3）统筹基金累计结余变化。由表⑨15 和图⑨14 可知，五种方案的预测结果显示，未来 75 年统筹基金结余的精算现值和评估期末年统筹基金累计结余的差别均较为显著。方案二中，未来 75 年统筹基金结余的精算现值为 - 1 654 694 亿元，2093 年统筹基金累计结余为 - 28 869 992 亿元，统筹基金可以正常运行到 2050 年。方案九中，未来 75 年统筹基金结余的精算现值为 - 1 947 664 亿元，2093 年统筹基金累计结余为 - 33 981 534 亿元，统筹基金可以正常运行到 2050 年。方案十中，未来 75 年统筹基金结余的精算现值为 - 1 774 630 亿元，2093 年统筹基金累计结余为 - 30 962 564 亿元，统筹基金可以正常运行到 2050 年。方案十一中，未来 75 年统筹基金结余的精算现值为 - 1 514 801 亿元，2093 年统筹基金累计结余为 - 26 429 242 亿元，统筹基金可以正常运行到 2050 年。方案十二中，未来 75 年统筹基金结余的精算现值为 - 1 412 071 亿元，2093 年统筹基金累计结余为 - 24 636 870 亿元，统筹基金可以正常运行到 2050 年。生育率最高的方案十二和生育率最低的方案九相比，统筹基金结余的精算现值和 2093 年的统筹基金累计赤字均减少 27.50%，说明总和生育率的提高对统筹基金收支平衡具有正面影响，但因为影响滞后，五种方案的统筹基金都只能正常运行到 2050 年。

表⑨15　　　　　　　五种方案未来 75 年统筹基金累计结余预测　　　　　单位：亿元

方案	2019 年	2028 年	2038 年	2048 年	2058 年	2068 年	2078 年	2093 年	精算现值
②	-7 983	-61 693	-23 768	93 662	-982 719	-4 205 892	-1 006 411	-28 869 992	-1 654 694
⑨	-7 983	-61 694	-24 031	88 376	-1 025 087	-4 427 092	-1 097 251	-33 981 534	-1 947 664
⑩	-7 983	-61 694	-24 027	89 588	-1 007 191	-4 311 713	-1 046 215	-30 962 564	-1 774 630
⑪	-7 983	-61 693	-23 766	94 280	-972 854	-4 132 963	-969 746	-26 429 242	-1 514 801
⑫	-7 983	-61 693	-23 764	94 897	-963 948	-4 075 786	-943 106	-24 636 870	-1 412 071

2. 个人账户基金收支、结余变化

（1）个人账户基金总收入变化。由表⑨16 和图⑨15 可知，五种方案的预测结果显示，未来 75 年个人账户基金总收入的精算现值差别不大，但在评估期末年的个人账户基金总收入差别较为显著。方案二中，未来 75 年个人账户基金总收入的精算现值 5 041 519 亿元，2093 年个人账户基金总收入为 2 218 572 亿元。方案九中，未来 75 年个人账户基金总收入的精算现值为

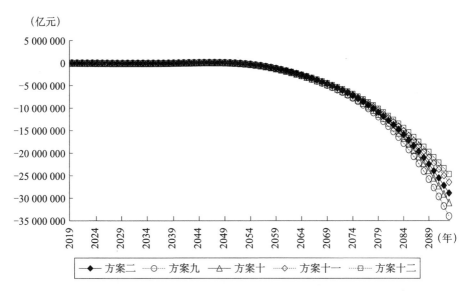

（亿元）

图⑨14　五种方案未来75年统筹基金累计结余预测曲线

4 878 168 亿元，2093 年个人账户基金总收入为 2 016 118 亿元。方案十中，未来 75 年个人账户基金总收入的精算现值为 4 972 384 亿元，2093 年个人账户基金总收入为 2 133 448 亿元。方案十一中，未来 75 年个人账户基金总收入的精算现值为 5 116 960 亿元，2093 年个人账户基金总收入为 2 320 075 亿元。方案十二中，未来 75 年个人账户基金总收入的精算现值为 5 172 668 亿元，2093 年个人账户基金总收入为 2 396 916 亿元。生育率最高的方案十二和生育率最低的方案九相比，个人账户基金总收入的精算现值仅多 6.03%，而 2093 年的个人账户基金总收入则多 18.88%，说明总和生育率的变化对个人账户基金总收入的影响也是滞后的和长期的。

表⑨16　　　　　　　五种方案未来75年个人账户基金总收入预测　　　　　单位：亿元

方案	2019 年	2028 年	2038 年	2048 年	2058 年	2068 年	2078 年	2093 年	精算现值
②	14 430	41 307	104 785	211 307	349 577	592 430	1 009 671	2 218 572	5 041 519
⑨	14 430	41 307	104 744	210 792	346 535	579 234	964 559	2 016 118	4 878 168
⑩	14 430	41 307	104 745	210 964	348 109	586 777	990 833	2 133 448	4 972 384
⑪	14 430	41 307	104 786	211 396	350 490	597 704	1 030 302	2 320 075	5 116 960
⑫	14 430	41 307	104 787	211 483	351 262	601 495	1 044 957	2 396 916	5 172 668

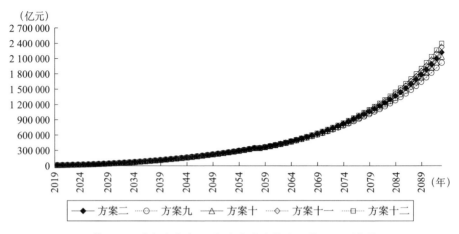

图⑨15　五种方案未来75年个人账户基金总收入预测曲线

（2）个人账户基金总支出变化。由表⑨17和图⑨16可知，五种方案的预测结果显示，未来75年个人账户基金总支出的精算现值差别不大，且在整个评估期间各年的个人账户基金总支出也基本一致。说明总和生育率的变化对个人账户基金总支出的影响滞后的时间更长，要到评估周期结束后才会显示出来。

表⑨17　　　　　　　五种方案未来75年个人账户基金总支出预测　　　　单位：亿元

方案	2019 年	2028 年	2038 年	2048 年	2058 年	2068 年	2078 年	2093 年	精算现值
②	7 843	21 233	58 719	138 943	270 035	422 482	634 293	1 252 828	3 195 905
⑨	7 843	21 233	58 719	138 943	270 035	422 482	633 800	1 237 741	3 190 139
⑩	7 843	21 233	58 719	138 943	270 035	422 482	633 800	1 244 681	3 191 901
⑪	7 843	21 233	58 719	138 943	270 035	422 482	634 293	1 256 474	3 196 812
⑫	7 843	21 233	58 719	138 943	270 035	422 482	634 293	1 259 983	3 197 707

（3）个人账户基金累计结余变化。由表⑨18和图⑨17可知，五种方案的预测结果显示，未来75年个人账户基金结余的精算现值和评估期末年个人账户基金累计结余的差别均较为显著。方案二中，未来75年个人账户基金结余的精算现值为1 845 614亿元，2093年个人账户基金累计结余为33 050 887亿元。方案九中，未来75年个人账户基金结余的精算现值为1 688 029亿元，2093年个人账户基金累计结余为30 301 445亿元。方案十中，未来75年个人账户基金结余的精算现值为1 780 482亿元，2093年个人账户基金累计结余为

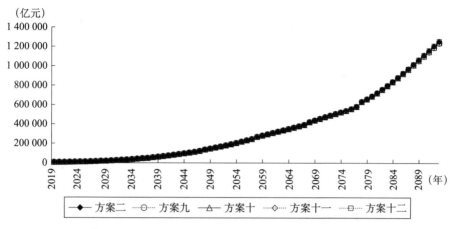

图⑨16　五种方案未来75年个人账户基金总支出预测曲线

31 914 511 亿元。方案十一中，未来 75 年个人账户基金结余的精算现值为
1 920 148 亿元，2093 年个人账户基金累计结余为 34 351 293 亿元。方案十二
中，未来 75 年个人账户基金结余的精算现值为 1 974 960 亿元，2093 年个人账
户基金累计结余为 35 307 622 亿元。生育率最高的方案十二和生育率最低的方
案九相比，未来 75 年个人账户基金结余的精算现值增加 16.99%，2093 年个
人账户基金累计结余增加 16.52%，说明总和生育率的提高对个人账户基金收
支平衡具有积极影响。

表⑨18　　　　　　　　五种方案未来75年个人账户基金累计结余预测　　　　单位：亿元

方案	2019 年	2028 年	2038 年	2048 年	2058 年	2068 年	2078 年	2093 年	精算现值
②	57 488	232 063	768 552	1 875 007	3 772 826	6 751 608	12 768 948	33 050 887	1 845 614
⑨	57 488	232 063	768 414	1 872 220	3 750 431	6 634 514	12 287 028	30 301 445	1 688 029
⑩	57 488	232 063	768 416	1 872 856	3 759 876	6 695 560	12 557 436	31 914 511	1 780 482
⑪	57 488	232 063	768 553	1 875 332	3 778 031	6 790 167	12 963 127	34 351 293	1 920 148
⑫	57 488	232 063	768 554	1 875 656	3 782 732	6 820 416	13 104 222	35 307 622	1 974 960

3. 养老保险基金收支、结余变化

（1）养老保险基金总收入变化。由表⑨19 和图⑨18 可知，五种方案的预
测结果显示，未来 75 年城职保基金总收入的精算现值差别不大，但在评估期
末年的养老保险基金总收入差别较为显著。方案二中，未来 75 年养老保险基
金总收入的精算现值为 14 135 425 亿元，2093 年养老保险基金总收入为

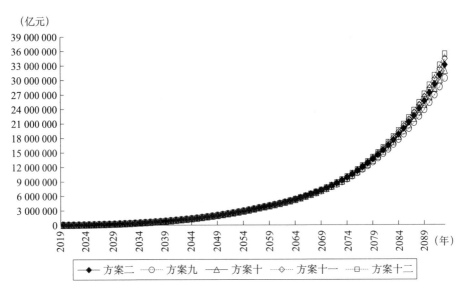

（亿元）

图⑨17　五种方案未来75年个人账户基金累计结余预测曲线

5 332 478 亿元。方案九中，未来 75 年养老保险基金总收入的精算现值为
13 664 778 亿元，2093 年养老保险基金总收入为 4 750 726 亿元。方案十中，
未来 75 年养老保险基金总收入的精算现值为 13 936 468 亿元，2093 年养老保
险基金总收入为 5 088 457 亿元。方案十一中，未来 75 年养老保险基金总收入
的精算现值为 14 353 048 亿元，2093 年养老保险基金总收入为 5 624 912 亿
元。方案十二中，未来 75 年养老保险基金总收入的精算现值为 14 513 742 亿
元，2093 年养老保险基金总收入为 5 846 248 亿元。生育率最高的方案十二和
生育率最低的方案九相比，养老保险基金总收入的精算现值仅多 6.21%，而
2093 年的养老保险基金总收入则多 23.06%，说明总和生育率的变化对养老保
险基金总收入的影响也是滞后的和长期的。

表⑨19　　　　　　　　五种方案未来75年养老保险基金总收入预测　　　　　　单位：亿元

方案	2019 年	2028 年	2038 年	2048 年	2058 年	2068 年	2078 年	2093 年	精算现值
②	47 749	125 828	316 028	640 524	1 064 899	1 701 762	2 724 014	5 332 478	14 135 425
⑨	47 749	125 828	315 906	639 033	1 056 107	1 663 663	2 593 880	4 750 726	13 664 778
⑩	47 749	125 828	315 910	639 532	1 060 659	1 685 442	2 669 687	5 088 457	13 936 468
⑪	47 749	125 828	316 030	640 780	1 067 540	1 717 002	2 783 551	5 624 912	14 353 048
⑫	47 749	125 828	316 032	641 035	1 069 772	1 727 949	2 825 850	5 846 248	14 513 742

（亿元）

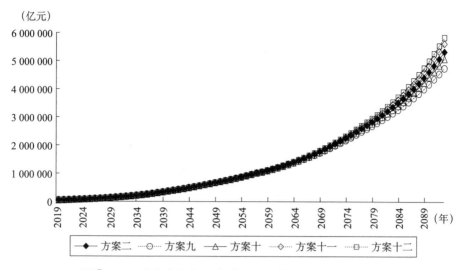

图⑨18　五种方案未来 75 年养老保险基金总收入预测曲线

（2）养老保险基金支出变化。由表⑨20 和图⑨19 可知，五种方案的预测结果显示，未来 75 年养老保险基金总支出的精算现值差别不大，且在整个评估期间各年的养老保险基金总支出也基本一致。说明总和生育率的变化对养老保险基金总支出的影响滞后的时间更长，要到评估周期结束后才会显示出来。

表⑨20　　　　　　　五种方案未来 75 年养老保险基金总支出预测　　　　　　单位：亿元

方案	2019 年	2028 年	2038 年	2048 年	2058 年	2068 年	2078 年	2093 年	精算现值
②	49 146	108 312	251 138	579 448	1 163 343	1 805 421	2 793 432	5 142 695	13 944 505
⑨	49 146	108 312	251 138	579 448	1 163 343	1 805 421	2 791 671	5 090 321	13 924 413
⑩	49 146	108 312	251 138	579 448	1 163 343	1 805 421	2 791 671	5 114 566	13 930 616
⑪	49 146	108 312	251 138	579 448	1 163 343	1 805 421	2 793 432	5 155 449	13 947 702
⑫	49 146	108 312	251 138	579 448	1 163 343	1 805 421	2 793 432	5 167 705	13 950 853

（3）养老保险基金累计结余变化。由表⑨21 和图⑨20 可知，五种方案的预测结果显示，未来 75 年养老保险基金结余的精算现值和评估期末年养老保险基金累计结余的差别均较为显著。方案二中，未来 75 年养老保险基金结余的精算现值为 190 920 亿元，2093 年养老保险基金累计结余为 4 180 894 亿元，基本能够实现养老保险基金收支平衡，城职保制度基本可以持续运行。方案九中，未来 75 年养老保险基金结余的精算现值为 −259 634 亿元，2093 年养老

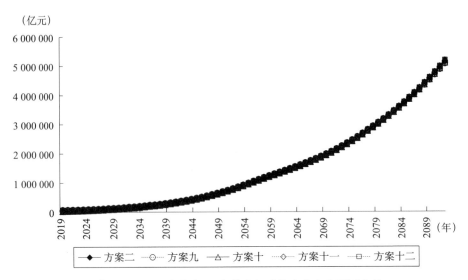

（亿元）

图⑨19　五种方案未来75年养老保险基金总支出预测曲线

保险基金累计结余为 − 3 680 089 亿元，未能实现养老保险基金收支平衡，城职保制度只能正常运行到 2083 年。方案十中，未来 75 年养老保险基金结余的精算现值为 5 852 亿元，2093 年养老保险基金累计结余为 951 946 亿元，勉强实现养老保险基金收支平衡，城职保制度勉强能够持续运行。方案十一中，未来 75 年养老保险基金结余的精算现值为 405 346 亿元，2093 年养老保险基金累计结余为 7 922 050 亿元，养老保险基金收支平衡的基础略好于方案二，城职保制度能够持续运行。方案十二中，未来 75 年养老保险基金结余的精算现值为 562 889 亿元，2093 年养老保险基金累计结余为 10 670 752 亿元，养老保险基金收支平衡的基础更加牢固，城职保制度能够持续运行。

表⑨21　　　　五种方案未来75年养老保险基金累计结余预测　　　　单位：亿元

方案	2019 年	2028 年	2038 年	2048 年	2058 年	2068 年	2078 年	2093 年	精算现值
②	49 504	170 369	744 782	1 968 670	2 790 107	2 545 715	2 704 828	4 180 894	190 920
⑨	49 504	170 369	744 382	1 960 596	2 725 343	2 207 422	1 314 509	− 3 680 089	− 259 634
⑩	49 504	170 369	744 388	1 962 445	2 752 684	2 383 846	2 095 284	951 946	5 852
⑪	49 504	170 369	744 785	1 969 612	2 805 176	2 657 204	3 265 666	7 922 050	405 346
⑫	49 504	170 369	744 789	1 970 553	2 818 784	2 744 629	3 673 154	10 670 752	562 889

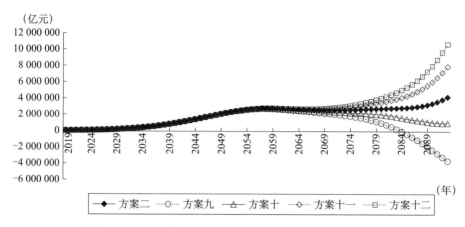

（亿元）

（年）

图⑨20　五种方案未来75年养老保险基金累计结余预测曲线

　　综上所述，不同的总和生育率水平都会对城职保基金收支和精算平衡产生影响，但这种影响是缓慢的、长期的，对基金支出的影响甚至会延迟到评估周期结束之后才会显现。总体而言，提高总和生育率会缓解人口老龄化程度和进程，有利于改善未来的人口年龄结构，有利于实现城职保基金收支平衡。在假设的五种生育率方案中，方案九和方案十可能导致城职保制度不可持续，从保持城职保精算平衡的角度来看，未来的总和生育率应显著高于方案十的假设。

第八章　精算平衡的实现途径

本章在总结前面各章内容的基础上，总结出城职保精算评估的基本结论，并归纳出实现城职保精算平衡的有效途径。

第一节　城镇职工基本养老保险精算评估的基本结论

本书采用的城职保精算评估方法，是根据社会养老保险精算的基本原理，借鉴国际经验，结合我国城职保制度的具体内容，设计城镇职工基本养老保险基金长期收支测算及精算评估模型，并自主开发出城职保精算评估软件，按照符合实际和逻辑一致的标准设置各种精算假设，以 2018 年末为评估时间点，对我国城职保未来 75 年的基金收支情况进行预测，对基金收支平衡状况进行精算评估，得到如下主要结论。

一、保持现状，难于持续

在方案一中，如果保持目前的缴费率水平即统筹基金缴费率为 16%，个人账户缴费率为 8%；养老金发放水平即男性、女性统筹养老金替代率分别从评估年的 54.39%、44.59% 缓慢下降为 2047 年及以后的目标值 35.97% 和 29.49%，个人账户养老金替代率在评估期间分别为 15% 和 10%，男性、女性平均养老金替代率约为 45%；男性、女性职工退休年龄即男性职工 60 岁、女性职工 55 岁，政府在评估期间对城职保的补贴约占同期全国 GDP 的 2.01% 等条件，由于受人口老龄化程度快速加深的影响，我国城职保统筹基金从评估年 2018 年末开始出现当年收不抵支，随后当年赤字逐年增加，于评估周期结束时达到峰值；统筹基金累计结余也在整个评估期间一直为负值，说明统筹基金收支一直无法实现精算平衡。我国城职保总基金从评估年开始就出现当年收不抵支，收支缺口逐年增大，至评估周期结束时达到峰值；城职保总基金累计结余于 2028 年用完，以后累计结余缺口逐年增大，至评估周期结束时达到峰值，如此大的收支缺口，没有任何办法可以弥补。因此，如果保持现状，不采取改革措施，我国城镇职工基本养老保险制度只能正常运行到 2028 年。

二、延迟职工退休年龄，并满足相应精算假设，能够保持精算平衡

根据方案二的精算假设，按照郑秉文教授提出的延迟退休年龄方案，实施延迟退休政策，即从 2018 年开始，男性、女性职工退休年龄每 4 年延长 1 岁，至 2037 年达到男性、女性职工退休年龄分别为 65 岁和 60 岁，之后保持不变。同时，经过努力，满足方案二的精算假设，可以有效抵御人口老龄化快速加深带来的冲击，基本实现城职保基金收支精算平衡。

在方案二条件下，城职保统筹基金当年结余除 2029～2046 年以外均为负值，而且从 2047 年开始统筹基金当年赤字持续增加；统筹基金累计结余在 2019～2039 年期间为负，但 2040～2050 年保持正值，2051 年后一直为负值且持续增加，也就是说，如果没有外部资金支援，统筹基金可以持续正常运行至 2050 年。

在方案二条件下，城职保个人账户当年结余和累计结余均为正值且逐年增长。根据我国城职保制度模式，个人账户是不允许出现"赤字"的，预测结果与制度模式没有矛盾。

在方案二条件下，从城职保总基金当年结余来看，2053～2088 年也就是老龄化最严重的时期为负值，其他年份保持为正值；从城职保总基金累计结余来看，在整个评估期间，一直保持为正值，至评估期结束时，累计结余相当于当年城职保基金总支出的 81%。

基本结论：根据方案二的基本精算假设，预测结果显示，我国城镇职工基本养老保险在未来 75 年及可以预计的更长时间内，如果达到精算假设的各项要求，可以保持制度持续稳定运行，不会出现整体性制度运行危机。其中，统筹基金会出现收不抵支的比较严重的赤字，但如果将统筹基金与个人账户统一起来考察，个人账户结余完全能够弥补统筹基金的赤字，这是我国城职保制度

所允许的，也是可以做到的。

三、人口年龄结构老化的影响分析

在基本精算假设与方案二相同的条件下，为分析人口年龄结构老化对城职保基金收支的影响，假定未来 75 年人口年龄结构保持在 2018 年末的水平不变，称为方案三，将未来 75 年城职保基金收支预测结果与方案二进行比较，可以分析人口年龄结构老化对城职保基金收支的影响情况。

由于人口年龄结构老化的影响，使未来 75 年平均参保人数由 4.20 亿人减少为 3.37 亿人，减少的程度为 19.76%；使未来 75 年平均退休领取人数由 1.58 亿人增加为 1.93 亿人，增加的程度为 22.35%。

由于人口年龄结构老化的影响，使未来 75 年统筹基金总收入的精算现值减少 7 917 031 亿元，减少的程度为 46.54%；总支出的精算现值增加 1 982 446 亿元，增加的相对程度为 22.61%，统筹基金结余率由 48.64% 转为 15.39% 的赤字率。

由于人口年龄结构老化的影响，使未来 75 年个人账户总收入的精算现值减少 3 523 479 亿元，减少的程度为 41.13%；总支出的精算现值增加 589 853 亿元，增加的程度为 22.63%，个人账户结余率由 69.57% 下降为 36.61%。

由于人口年龄结构老化的影响，使未来 75 年养老保险基金总收入的精算现值减少 11 440 511 亿元，减少的程度为 44.73%；总支出的精算现值增加 2 572 299 亿元，增加的程度为 22.62%，养老保险基金结余率由 55.53% 下降为 1.37%。

四、人口期望寿险延长的影响分析

在其他基本精算假设与方案二相同的条件下，为分析人口期望寿命延长对城职保基金收支的影响，假定未来 75 年人口期望寿命保持在 2010 年（第六次人口普查结果）的水平不变，称为方案四，将未来 75 年城职保基金收支预测结果与方案二进行比较，可以分析人口期望寿命延长对城职保基金收支的影响情况。

由于人口期望寿命延长的影响，使未来 75 年平均参保人数略有增加；使未来 75 年平均退休领取人数由 1.67 亿人增加为 1.93 亿人，增加的程度为 15.6%。

由于人口期望寿命延长的影响，使未来 75 年统筹基金总收入的精算现值减少 2 240 632 亿元，减少的程度为 19.77%；统筹基金总支出的精算现值增加 1 845 534 亿元，增加的程度为 20.73%；统筹基金结余率由 21.45% 转变为 15.39% 的赤字率。

由于人口期望寿命延长的影响，使未来 75 年个人账户总收入的精算现值减少 341 258 亿元，减少的程度为 6.34%；个人账户总支出的精算现值增加 349 143 亿元，增加的程度为 12.26%；个人账户结余率由 47.11% 下降为 36.60%。

由于人口期望寿命延长的影响，使未来 75 年养老保险基金总收入的精算现值减少 2 581 891 亿元，减少的程度为 15.44%；总支出的精算现值增加 2 194 677 亿元，增加的程度为 18.68%；养老保险基金结余率由 29.71% 下降为 1.35%。

综上所述，人口期望寿命延长和人口年龄结构老化统称为人口老龄化是城职保基金支付压力日益增大的主要原因。一方面，人口老龄化使城职保基金收入减少，比较而言，人口年龄结构老化对城职保基金收入减少的影响更大；另一方面，人口老龄化使城职保基金支出增加，比较而言，人口期望寿命延长对城职保基金支出增加的影响更大。

五、降低单位缴费比例政策的影响分析

在其他基本精算假设与方案二相同的条件下，为分析降低单位缴费比例政策对城职保基金收支的影响，假定未来 75 年统筹基金（单位）缴费比例为 19.2%，称为方案八，将未来 75 年城职保基金收支预测结果与方案二进行比较，可以分析降低单位缴费比例政策对城职保基金收支的影响情况。

由于降低单位缴费比例政策的影响，使未来 75 年统筹基金缴费收入的精算现值减少 950 164 亿元，减少的程度为 13.92%；统筹基金总收入的精算现值减少 3 409 588 亿元，减少的程度为 27.27%；统筹基金收支相抵由 14.03% 的结余率转变为 15.39% 的赤字率。

由于降低单位缴费比例政策的影响，使未来 75 年养老保险基金总收入的精算现值减少 3 409 588 亿元，减少的程度为 19.43%；养老保险基金结余率由 20.52% 下降为 1.35%。

综上所述，降低城职保单位缴费比例政策对统筹基金缴费收入影响显著，对统筹基金总收入的影响更加显著，为弥补此项政策的不利影响，未来 75 年需增加的政府对城职保的财政补贴占同期全国 GDP 的比例约为 1%。

第二节 城镇职工基本养老保险精算平衡的实现途径

一、坚持我国城职保基本制度，走参数式改革之路

我国城职保实行统筹基金与个人账户相结合的制度模式，综合了完全积累制与现收现付制的优点，具有巨大的制度优越性。统筹基金实行现收现付，使代际转移支付机制发挥作用，政府做出了保障统筹养老金待遇的承诺，有利于抵抗通货膨胀和积累基金投资收益率低于工资增长率对养老金待遇的不利影响，保障参保职工享受合理的养老金待遇；个人账户实行完全积累，体现了多缴多得的激励机制，有利于鼓励参保职工积极缴费，增强制度的生命力。

当然，在目前和今后相当长的时期内，由于我国人口老龄化程度的快速加深，以及城职保制度转轨的隐性债务需要逐步偿还、企业减费降负等因素的影响，我国城职保基金支付压力巨大，实现基金收支精算平衡的难度非常大，只能用改革的办法解决城职保制度运行中遇到的困难和问题，为此需要选准制度改革的模式，加强和完善顶层设计，以保证我国城职保制度持续稳定运行。

在进行我国城职保制度改革时，应充分研究和借鉴国际经验和教训。孔铮（2013）研究指出，自 1994 年世界银行提出养老保险"三支柱"改革模式以来，全球养老模式基本上是遵循着两个方向展开，一是以新兴国家为代表的以养老金私有化为主要特征的结构性改革模式，以拉丁美洲 12 国和中东欧 14 个转轨国家为代表；二是以发达国家为代表的参数式改革模式，是在保留传统的现收现付养老金制度的同时，通过对体制内的参数调整改善公共养老金计划的财务状况，主要代表是法、德、日等发达国家。从改革结果来看，贺瑛、华容晖（2012）研究指出，2008 年以来的金融危机，导致进行了养老金体系私有

化改革的拉美地区成为危机的"重灾区"，各国纷纷出台养老金的保护和调整措施，呈现出明显的"逆私有化"特征。反观参数式改革的发达国家，虽然公共养老金制度也面临人口老龄化的挑战，但制度仍在平稳运行。

我国现有的城职保制度是以中国特色社会主义经济制度为基础，以中国共产党领导的执政为民的政治制度为保障，以公有制为主体、多种所有制经济共同发展的社会主义市场经济为支撑，我国城职保制度改革必须保持上述基本特征。因此，我国城职保制度改革应采用参数式改革模式，防止落入结构式改革模式的陷阱。

我国城职保制度参数式改革模式，是在坚持现有城职保基本制度的基础上，通过科学准确的测算和分析，找出影响未来城职保基金收支的主要参数，设计出有效的激励约束机制，引导和调节主要参数朝着预定的目标变化，改善城职保基金收支的财务平衡状况，以保证城职保制度持续稳定运行。

二、加强制度优越性宣传，提高职工参保积极性

通过第七章第七节的实证分析，可以证明我国城职保制度具有显著的优越性，应通过广泛宣传，让人民群众充分认识和理解这一点。

在案例一中，作为已退休"社会平均人"的男性职工赵某，在完全积累制的条件下，2016 年退休后的养老金替代率为 9.98%，根据第三章测算的 2016 年城职保养老金替代率 53.37%，相当于完全积累制条件下养老金替代率的 5.34 倍。2015 年我国城镇非私营单位就业人员平均工资为 62 029 元，2016 年我国城职保退休职工平均每人每月实际养老金为 2 759 元，而在完全积累制的条件下，赵某 2016 年能够领取的月均养老金为 516 元，城职保月均养老金相当于完全积累制月均养老金的 5 倍多。或者说，相对于赵某个人缴费积累金额而言，赵某每月领取的养老金中有 80% 来源于其他在职职工缴费和政府补贴。在案例二中，作为已退休"社会平均人"的女性职工钱某，在完全积累制条件下，在 2016 年退休后的养老金替代率为 5.84%，根据第三章测算的 2016 年城职保养老金替代率 53.37%，相当于完全积累制条件下养老金替代率的 9.13 倍。2015 年我国城镇非私营单位就业人员平均工资为 62 029 元，2016 年我国城职保退休职工平均每人每月实际养老金为 2 759 元，而在完全积累制

的条件下，赵某 2016 年能够领取的月均养老金为 302 元，城职保月均养老金相当于完全积累制月均养老金的 9 倍，或者说，相对于钱某个人缴费积累金额而言，钱某每月领取的养老金中有 90% 来源于其他在职职工缴费和政府补贴。由此可见，对于已退休参保人员来说，参加城职保获得的退休养老金替代率远高于完全积累制的养老金替代率，分性别来看，女性参保人员退休养老金替代率溢价高于男性。

在案例三中，作为新参保的"社会平均人"的男性职工孙某，在完全积累制条件下，在 2063 年退休后的养老金替代率为 27.16%，而方案二假设条件下男性参保人员退休养老金替代率同期目标值为 50.64%，后者相当于前者的 1.86 倍；在案例四中，作为新参保的"社会平均人"的女性职工李某，在完全积累制条件下，在 2058 年退休后的养老金替代率为 14.70%，而方案二假设条件下女性参保人员退休养老金替代率同期目标值为 40.28%，后者相当于前者的 2.74 倍。由此可见，对于新参保人员来说，参加城职保获得的退休养老金替代率远高于完全积累制的养老金替代率，分性别来看，女性参保人员退休养老金替代率溢价高于男性。

在现实生活中，由于某些媒体片面报道，过度渲染城职保制度存在的困难和问题，而对城职保制度的巨大优越性宣传不足，使一些不明真相的职工产生了参加城职保缺乏保障、自己缴的钱都养活了退休职工、觉得划不来的思想认识，甚至有些人宣扬参加城职保不如个人存钱养老的错误言论，影响了职工参保和缴费的积极性，很多职工主动放弃了《社会保险法》第四条赋予职工"有权监督本单位为其缴费情况"的权利，致使城职保制度覆盖率、遵缴率、缴费工资率等影响基金收支的关键指标长期低位运行，制约了城职保制度保障功能的全面发挥。加强城职保制度优越性宣传，有利于提高职工参保缴费积极性，有利于城职保制度持续稳定运行，最终有利于保证参保职工获得良好的养老保障。

三、坚持制度承诺不动摇，坚定参保职工信心

我国城职保制度承诺，最重要的是政府主办并保证城职保制度持续稳定运行和参保职工履行缴费义务后获得相应的享受养老金待遇的权利。前者在

《社会保险法》第二条规定，"国家建立基本养老保险等社会保险制度，保障公民在年老等情况下依法从国家和社会获得物质帮助的权利"；第三条规定，"社会保险坚持广覆盖、保基本、多层次、可持续的方针"；第十三条规定，"国有企业、事业单位职工参加基本养老保险前，视同缴费年限期间应当缴纳的基本养老保险费由政府承担。基本养老保险基金出现支付不足时，政府给予补贴"。已经明确承诺政府主办并保证城职保制度持续稳定运行。

关于参保职工享受退休养老金的权利，《社会保险法》第十六条规定，"参加基本养老保险的个人，达到法定退休年龄时累计缴费满十五年的，按月领取基本养老金"；第十八条规定，"国家建立基本养老金正常调整机制。根据职工平均工资增长、物价上涨情况，适时提高基本养老保险待遇水平"；《国务院关于完善企业职工基本养老保险制度的决定》第六条规定，"改革基本养老金计发办法。基本养老金由基础养老金和个人账户养老金组成。退休时的基础养老金月标准以当地上年度在岗职工月平均工资和本人指数化月平均缴费工资的平均值为基数，缴费每满一年发给1%"。以上法规明确规定了参保职工享受退休养老金的权利。

我国城职保在实际运行中也遵循了上述法规规定，各级政府对城职保补贴逐年增加，增加的幅度超过 GDP 增长速度；实现了退休职工基本养老金水平17 连增，保持了退休职工养老金与在岗职工平均工资相随增长。

由于"基础养老金缴费每满一年发给1%"是一项技术指标，又没有经过长期精算评估论证，不知道是否能够长期坚持，因而没有纳入《社会保险法》，许多人的疑虑正是由此而生。由于城职保从参保缴费到退休领取，中间相隔几十年的时间，职工参保后对未来退休待遇如果不能获得明确的预期，也就不可能把城职保当成自己的事情，积极认真地参与其中。如果能够满足前述方案二的精算假设，根据方案二测算结果，"基础养老金缴费每满一年发给1%"是完全可以保证的，政府可以做出长期承诺，以消除各种疑虑，稳定参保职工对城职保的制度预期，坚定对城职保制度的信心。

2019 年 4 月颁布的《国务院办公厅关于印发降低社会保险费率综合方案的通知》规定，调整社保缴费基数政策，调整就业人员平均工资计算口径，各省应以本省城镇非私营单位就业人员平均工资和城镇私营单位就业人员平均工资加权计算的全口径城镇单位就业人员平均工资，核定社保个人缴费基数上下限，合理降低部分参保人员和企业的社保缴费基数。此次调整城职保缴费基数，是对城职保参保职工缴费负担的重大调整，也会对退休人员养老金水平产生重大影响，因为城职保缴费和统筹养老金、个人账户养老金替代率的计算均是以缴费工资基数为基础。根据表①17 测算结果，2010～2018 年的全口径城镇就业人员平均工资比城镇非私营单位就业人员平均工资低约15%，意味着在养老金替代率相同的情况下，养老金待遇水平会下降15%左右。如果今后再有类似的政策出台，参保人员的养老金待遇又会受到损害，长此以往，也会影响和动摇参保人员和社会公众对城职保制度的信心，为此需要明确保证养老金平均待遇的底线，给参保人员吃下"定心丸"。

本书第一章第四节第三个标准即待遇交费合理标准中，从城职保基本功能的角度论证了城职保养老金平均待遇水平的底线应为城镇居民人均可支配收入的众数。由表①28 和由表①29 测算结果可得出，2018 年与城镇居民人均可支配收入的众数对应的养老金替代率为49.5%，而在第五章第四节方案二的假设中，未来男性统筹养老金替代率和个人账户养老金替代率的目标值分别为38%和17%，即男性养老金替代率的目标值为55%；未来女性统筹养老金替代率和个人账户养老金替代率的目标值分别为29%和11%，即女性养老金替代率的目标值为40%；男性女性平均养老金替代率的目标值约为47.5%，与城镇居民人均可支配收入的众数对应的养老金替代率为49.5%比较接近。因此，我国城职保制度可以明确承诺，可以保证在未来各年城职保养老金平均待遇水平不低于上年度城镇居民人均可支配收入的众数，以坚定参保人员和社会公众对城职保制度的信心。

四、实行延迟退休年龄政策，支撑制度持续稳定运行

随着我国人口老龄化程度的快速加深，人口期望寿命延长，老年人口数量不断增加，劳动年龄人数已经开始减少，老年抚养比不断下降，人口红利趋于消失，对整个经济发展的不利影响日益显现。为改变这种不利局面，我国于2015 年调整了人口政策，实行普遍二孩的生育政策。由于政策效果不够显著，2021 年 5 月 31 日，中共中央政治局召开会议，审议《关于优化生育政策促进

人口长期均衡发展的决定》，提出进一步优化生育政策，实施一对夫妻可以生育三个子女政策及配套支持措施，以进一步提升生育率水平。但人口年龄结构的改变，需要几代人的时间。为缓解逐渐到来的劳动力供应紧张和养老压力，还需要尽快实施延迟退休年龄政策。

（一）延迟退休年龄的必要性

根据方案二的基本假设，由表 8-1 可知，未来 75 年人口预测结果显示，我国人口总数今后仍会缓慢增长，于 2026 年达到峰值 14.17 亿人，随后逐年缓慢下降，2044 年降至 14 亿人，2045 年以后迅速下降，基本上每 10 年减少 1 亿人，于 2059 年下降到 13 亿人，2069 年降至 12 亿人，2080 年降至 11 亿人，2093 年降至 10.15 亿人，总人口快速下降导致劳动年龄人口也快速下降。

表 8-1　　　　　　　　　　未来 75 年人口预测

项目	2018 年	2028 年	2038 年	2048 年	2058 年	2068 年	2078 年	2093 年
总人口（万人）	139 410	141 556	141 067	138 236	130 419	120 698	111 863	101 501
65 岁以上人口（万人）	17 100	23 920	35 452	39 868	42 874	37 236	32 578	28 735
65 岁及以上人口占比（%）	12.26	16.89	25.13	28.84	32.87	30.85	29.12	28.31
不延退劳动年龄人口（万人）	85 218	77 083	71 351	62 257	57 489	55 113	50 689	47 932
延退劳动年龄人口（万人）	85 218	81 620	80 777	72 879	64 574	62 261	58 033	53 688

65 岁及以上老年人口在未来 40 年都处于上升阶段，人数由 2018 年末的 1.71 亿人增加到 2057 年末的 4.29 亿人，平均每年增加 661 万人，其中 2018～2028 年平均每年增加 682 万人，2028～2038 年平均每年增加 115 万人，2038～2048 年平均每年增加 441 万人，2048～2057 年平均每年增加 338 万人，于 2057 年达到峰值 4.29 亿人，随后缓慢下降，至 2093 年末为 2.87 亿人。65 岁及以上老龄化率从 2018 年的 12.26% 持续上升到 2059 年的 32.94%，到 2072 年降至 30% 以下，到 2093 年仍保持在 28.31% 的较高水平。

在不延迟退休年龄（男性职工 60 岁、女性职工 55 岁）的情况下，劳动年龄人口在未来 75 年持续快速下降，其中，2018～2028 年平均每年减少 813 万人，2028～2038 年平均每年减少 573 万人，2038～2048 年平均每年减少 909

万人，2048～2058 年平均每年减少 476 万人，2058～2068 年平均每年减少 237 万人，下降幅度明显减小，2068～2078 年平均每年减少 442 万人，2078～2093 年平均每年减少 183 万人。2018～2058 年是劳动年龄人口下降较快的时期。随着劳动年龄人口的减少和 65 岁及以上老年人口的增加，劳动年龄人口的 65 岁及以上老年扶养比迅速下降，由 2018 年的 4.88 下降到 2028 年的 3.13，再下降到 2038 年的 1.96 和 2048 年的 1.51，最低值为 2058 年的 1.31，随后缓慢回升至 2068 年的 1.44 和 2078 年的 1.51，至 2093 年为 1.63。养老压力增加最快的时期是 2018～2048 年，而养老压力最大的时期是 2052～2072 年。

（二）延迟退休年龄的可能性

改革开放以来，随着经济发展和人民生活水平不断提高，我国人口的平均预期寿命也不断延长，根据人口普查数据，1990～2015 年，我国人口平均预期寿命延长 7.79 岁，其中，男性人口平均预期寿命延长 6.8 岁，女性人口平均预期寿命延长 8.96 岁（见表 8－2）。根据《2019 年卫生健康事业发展统计公报》数据，2019 年我国居民人均预期寿命为 77.3 岁，接近高收入国家和地区 79.8 岁的人口平均预期寿命。根据我国人口平均预期寿命发展的趋势，方案二假设，我国人口平均预期寿命 2020 年为 78 岁，2030 年为 81.5 岁，2040 年以后为 83 岁，预计 2035 年前后达到高收入国家人口平均预期寿命。

表 8－2　　　　　　　　　我国人口平均预期寿命变化　　　　　　　　单位：岁

年份	合计	男性	女性	男性、女性相差
1981	67.77	66.28	69.27	－2.99
1990	68.55	66.84	70.47	－3.63
2000	71.40	69.63	73.33	－3.70
2010	74.83	72.38	77.37	－4.99
2015	76.34	73.64	79.43	－5.79

随着人口平均预期寿命的提高，世界各国普遍提高了职工退休年龄，目前发达国家职工退休年龄均在 65 岁以上，人口平均预期寿命的延长，为我国延迟退休年龄提供了可能。《中共中央关于制定国民经济和社会发展第十四个五年规划和二〇三五年远景目标的建议》提出，实施渐进式延迟法定退休年龄。因为人们需要一个认识和接受的过程，我国延迟退休年龄宜采取分步实施的策略，郑秉文教授提出的延迟退休年龄方案是适当的。目前人们对延迟退休年龄

政策的疑虑主要在于，年龄大了体力下降，企业不愿意留用，新的工作又不容易找到，这些问题在某些特定的行业或某些群体确实会存在。但随着劳动年龄人口数量的减少，劳动力供给会趋于紧张，对高龄职工的需求会有所增加，特别是随着老年人口数量的快速增加，老龄产业会提供大量的就业机会，而老龄产业的许多工作岗位适合由高龄职工承担；对于一部分因为年龄和健康原因无法延迟退休年龄的人，还可以制定弹性退休的配套政策。因此，延迟退休年龄政策的实施，不存在无法克服的障碍。

（三）延迟退休年龄的效果分析

延迟退休年龄（方案二假设）与不延迟退休年龄（方案五）相比，未来75年劳动年龄人口的平均值由6.17万人增加到6.88万人，平均每年增加劳动年龄人口0.71亿人，增加的相对程度为11.45%。未来75年65岁及以上老年抚养比的平均值由1.84上升到2.05，上升的相对程度为11.45%，老年抚养比的最低值由1.34上升为1.50。由此可见，延迟退休年龄可以明显推迟养老压力快速增加的时间，也可以明显减轻养老压力最大时的养老压力。

通过对延迟退休年龄（方案二）与不延迟退休年龄（方案五）条件下的城职保基金收支预测结果的对比分析，可以看出延迟退休年龄对改善城职保基金收支平衡状况具有非常显著的效果。以统筹基金为例，在其他条件相同的情况下，延迟退休年龄后，统筹基金缴费收入的精算现值增加724 832亿元，增加的相对程度为14.07%；统筹基金支出的精算现值减少2 367 440亿元，减少的相对程度为15.50%；统筹基金增收节支总效果的精算现值为3 092 272亿元，相当于政府补贴的精算现值4 276 030亿元的72.31%，这意味着如果不延迟退休年龄，政府对城职保制度的补贴需要在目前假设的水平上增加72.31%。延迟退休年龄带来的统筹基金增收节支金额可以弥补由于人口期望寿命延长而增加的统筹基金支出的精算现值1 845 534亿元以及人口年龄结构老化而增加的统筹基金支出的精算现值1 982 446亿元共3 827 980亿元支出的80.78%，从而使城职保制度有可能持续稳定运行。因此，是否实施延迟退休年龄政策，是城职保制度生死存亡的决定性因素。

五、改革基础养老金计发办法，更好地兼顾激励与公平原则

《国务院关于完善企业职工基本养老保险制度的决定》和《国务院关于机

关事业单位工作人员养老保险制度改革的决定》规定，"本决定实施后参加工作、个人缴费年限累计满 15 年的人员，退休后按月发给基本养老金。基本养老金由基础养老金和个人账户养老金组成。退休时的基础养老金月标准以当地上年度在岗职工月平均工资和本人指数化月平均缴费工资的平均值为基数，缴费每满 1 年发给 1%"。"中人"在发给基础养老金和个人账户养老金的基础上，再发给过渡性养老金。

目前的统筹（基础）养老金计发办法虽然体现了多缴多得的激励机制，但激励力度不够大。现行的计发办法中，统筹养老金的计发基数是将当地上年度在岗职工月平均工资和本人指数化月平均缴费工资进行简单算术平均。按照目前规定，参保职工实际缴费工资在核定的缴费工资基数的 60% ~ 300%，缴费工资最高与最低之间相差 5 倍，而按现行的计发办法计算的统筹养老金计发基数最低值为 80%，最高值为 200%，两者差距缩小到 2.5 倍。虽然有利于缩小统筹养老金待遇差距，但削弱了激励力度，也破坏了保险的对价原则，影响了参保职工多缴费的积极性。城职保的互助共济、普遍受惠功能应体现在对不同寿命的人一视同仁和补贴程度一致上，而不是为了缩小待遇差距而人为地对个人受益权进行调剂。

根据不同缴费水平的参保人在领取统筹养老金时享受政府补贴程度一致的标准来判断，现行的统筹养老金计发办法存在某些不公平的问题。根据方案二的预测结果，未来 75 年政府对城职保补贴的精算现值为 4 276 030 亿元，在第七章第四节测算的城镇企业职工和机关事业单位职工基本养老保险制度转轨的隐性债务的精算现值分别为 273 345 亿元和 915 770 亿元，共计 1 189 115 亿元，隐性债务扣除后，政府对城职保的实际补贴为 3 086 915 亿元，这部分政府补贴最终作为统筹养老金和个人账户计发年限截止后的个人账户养老金发放给参保的退休人员，虽然后者不是直接对统筹养老金的补贴，但享受的对象、程度均与统筹养老金相关并一致，因而可以全部计为对统筹养老金的补贴。根据方案二的预测结果，未来 75 年统筹基金缴费收入的精算现值为 5 875 849 亿元，加上政府对统筹养老金补贴的精算现值即为可用于统筹基金支出的收入 8 962 764 亿元，则统筹养老金政府补贴比例为 34.44%，可近似看作 1/3。

根据表②5 测算结果，当统筹养老金平均值为 3 万元，政府补贴比例为

30%时，人均享受的政府补贴为0.9万元，若按现行计发办法计算，缴费工资指数为60%的参保职工退休时领取的统筹养老金中享受的政府补贴是最多的，为1.14万元，而缴费工资指数为300%的参保职工退休时领取的统筹养老金中享受的政府补贴是最少的，为－0.3万元，缴费水平与享受的政府补贴是反向变化的关系，显然不符合享受政府补贴均等的公平原则，会导致参保职工不愿意多缴费。

因此，应将现行的统筹养老金计发办法按照增大本人指数化月平均缴费工资权重的思路进行改革，例如，将本人指数化月平均缴费工资和当地上年度在岗职工月平均工资按2∶1的权重加权平均计算统筹养老金计发基数（如式5-4），缴费每满1年发给1%。按照这样的统筹养老金计发办法，统筹养老金计发基数的最高值为233%、最低值为70%，两者差距为3.33倍。根据表②6的测算结果，当统筹养老金平均值为3万元，政府补贴比例为30%时，人均享受的政府补贴为0.9万元，若按式（5-4）计算，缴费工资指数为60%的参保职工退休时领取的统筹养老金中享受的政府补贴是最多的，为0.94万元，而缴费工资指数为300%的参保职工退休时领取的统筹养老金中享受的政府补贴是最少的，为0.7万元，按照式（5-4）计算的各种缴费指数的参保人退休领取统筹养老金时实际享受的政府补贴金额之间的差距明显缩小，当政府补贴比例等于1/3时，各种缴费指数的参保人实际享受的政府补贴金额相等。由此可见，式（5-4）比现行的基础养老金计发办法更加公平。因此，与现行计发办法相比较，改革后的计发办法更能体现"多缴多得、长缴多得"的激励机制，更加公平合理，更有利于调动职工参保缴费积极性。

六、延长个人账户养老金计发年限，减少对个人账户的政府补贴

《国务院关于完善企业职工基本养老保险制度的决定》中规定，个人账户养老金月标准为个人账户储存额除以计发月数，计发月数根据职工退休时城镇人口平均预期寿命、本人退休年龄、利息等因素确定，并公布了个人账户养老金计发月数表。

我国城职保制度已经明确规定，个人账户缴费积累与退休养老金待遇发放是对等关系，一般情况下不予政府补贴，但因为现行养老金待遇调整方法未遵

守这一规定，在养老金待遇调整时将统筹养老金和个人账户养老金一并进行调整，实际上是对个人账户养老金进行了补贴，在目前城职保统筹基金支付压力日益增大的情况下，应取消对个人账户养老金的补贴。同时，还有一个必须重视的问题，就是个人账户养老金计发年限截止后，个人账户积累的养老金已经发放完毕，此后如果参保人仍然生存，只能领取统筹养老金，但为了保障参保退休人员生活水平不下降，在实际工作中仍然发放全额养老金。这样，个人账户计发年限截止后的个人账户养老金只能从统筹基金中支付，一般认为这笔支出不大，但其实不然。在保持目前规定的男性（60岁退休）、女性（55岁退休）退休人员个人账户养老金计发年限分别为12年和14年的情况下，根据方案二测算结果，未来75年"中人"和"新人"个人账户养老金计发年限截止后养老金支出的精算现值高达1 716 020亿元，相当于全部政府补贴的精算现值4 276 030亿元的40.13%，也就是说，政府补贴中有40%用在了对个人账户的补贴上了，这显然是不合理的。要减少对这部分个人账户的补贴，可行的办法是延长个人账户养老金计发年限，使其与退休时的期望寿命相一致。在方案一中，考虑到退休人员的期望寿命要高于总人口的期望寿命，假设未来退休人员的期望寿命目标值为85岁，男性、女性退休人员的个人账户养老金计发年限分别为20年和25年，对未来各年个人账户养老金计发年限假设如表②9所示，测算结果显示，未来75年"中人"和"新人"个人账户养老金计发年限截止后养老金支出的精算现值为765 022亿元，与目前的个人账户养老金计发年限相比较，减少了950 998亿元，减少幅度为55.41%，效果显著，但政府对个人账户的补贴仍占全部政府补贴的17.89%，还有下调的空间。

在表②9中，假设男性、女性参保人员的预期寿命是相同的，而实际上女性预期寿命是显著高于男性的，根据表8－2的数据，2010年、2015年我国男、女性预期寿命相差5岁左右。这里作男性、女性预期寿命相同的假设，意味着女性参保人领取的个人账户养老金可以得到更多的政府补贴。在方案二中，未来75年个人账户基金总支出的精算现值为3 195 905亿元，政府对个人账户补贴的精算现值为765 022亿元，个人账户补贴比例为23.93%；其中，男性个人账户基金支出的精算现值为1 758 652亿元，男性个人账户政府补贴为379 969亿元，男性个人账户政府补贴比例为21.60%；女性个人账户基金支出的精算现值为 1 437 252 亿元，女性个人账户政府补贴为 385 052 亿元，女性个人账户政府补贴比例为 26.79%。这样假设是为了避免男性、女性个人账户养老金替代率差距过大，体现城职保制度的公益性，提高女性职工参保积极性。

延长个人账户养老金计发年限，会降低个人账户养老金替代率，但不存在损害退休人员养老金权益的问题，即使有一部分退休人员会在个人账户养老金计发年限截止前死亡，但按规定，此时个人账户积累基金会一次性发放给其家属。

七、改革个人账户养老金计发办法，保持与统筹养老金同步增长

《国务院关于完善企业职工基本养老保险制度的决定》中规定，个人账户养老金月标准为个人账户储存额除以计发月数。就是说，现行的个人账户养老金计发办法是在参保人员退休时，将个人账户储存额除以计发月数，得到未来各月个人账户养老金计发金额，实际上是一种等额年金的支付形式。现行个人账户养老金计发办法的优点是计算简单，易于理解和操作，但存在两个明显的问题。

首先，个人账户养老金采用等额年金的支付形式，会因为通货膨胀和工资增长导致个人账户养老金替代率持续下降，个人账户养老金在全部养老金中所占比例相应持续下降，最终使个人账户养老金变得无足轻重，丧失个人账户养老金的功能。例如，某女性参保退休人员刘女士，退休时个人账户储存额为55万元，个人账户养老金计发时间为25年，则刘女士个人账户养老金为每年2.2万元；刘女士退休当年统筹养老金为每年4万元，如果按每年4%的速度上调，则刘女士在第25年领取的统筹养老金为每年10.25万元。那么刘女士第一年领取的养老金中，个人账户养老金占35.48%，而第25年领取的养老金中，个人账户养老金只占17.67%，个人账户养老金占比由第一年的1/3减少到第25年的1/6，个人账户替代率下降1/2，按照女性个人账户养老金替代率的目标值11%计算，会使整体养老金替代率水平下降5.5个百分点；同理，男性参保退休人员个人账户养老金替代率下降的百分点会更多。此外，统筹养老金上调幅度越大，个人账户养老金替代率下降幅度也越大，可能导致参保退

休人员陷入老年贫困。

其次，根据现行个人账户养老金计发办法，参保职工退休后的个人账户养老金按照退休时个人账户储存额除以个人账户养老金计发月数计算，按月发放，个人账户储存余额不再计算利息，根据资金时间价值理论，参保退休人员损失了个人账户储存余额的利息收入，而这部分利息收入并不是可以忽略不计的。以男性参保退休人员张先生为例，假如张先生65岁退休，个人账户养老金计发年限为20年，个人账户记账利率为3.5%，则在按月领取的情况下，采用中国人寿保险业经验生命表养老类业务表男性表（2010～2013年），在20年的领取期限内，个人账户储存余额的利息收入相当于个人账户养老金领取金额的57.74%。以女性参保退休人员马女士为例，假如马女士60岁退休，个人账户养老金计发年限为25年，个人账户记账利率为3.5%，则在按月领取的情况下，采用中国人寿保险业经验生命表养老类业务表女性表（2010～2013年），在25年的领取期限内，个人账户储存余额的利息收入相当于个人账户养老金领取金额的59.99%。

要解决现行个人账户养老金计发办法存在的上述两个问题，个人账户养老金应采用变额生存年金的形式计发，以参保人员退休时的个人账户储存额作为趸缴净保费，以个人账户养老金计发年限作为保险期限，以个人账户记账利率作为预定利率，以男女国民生命表或中国人寿保险业经验生命表计量生存概率，设计即期定期变额保证年金，按照年金支付额发放个人账户养老金，当参保退休人员在计发年限之内死亡的，一次性将年金余额发放给其家属。这样既能解决定额年金发放形式带来的个人账户养老金替代率持续下降的问题，也能解决退休人员个人账户储存额无法计息的问题，同时还能使个人账户养老金水平调整变得简单便利。

八、合理确定个人账户记账利率，减轻政府补贴负担

《国务院关于建立统一的企业职工基本养老保险制度的决定》第四条规定，个人账户储存额，每年参考银行同期存款利率计算利息。《社会保险法》第十四条规定，个人账户不得提前支取，记账利率不得低于银行定期存款利率，免征利息税。《人力资源社会保障部 财政部关于印发统一和规范职工养老

保险个人账户记账利率办法的通知》以下简称《通知》第二条规定，统一职工基本养老保险个人账户记账利率。统一机关事业单位和企业职工基本养老保险个人账户记账利率，每年由国家统一公布。记账利率应主要考虑职工工资增长和基金平衡状况等因素研究确定，并通过合理的系数进行调整。记账利率不得低于银行定期存款利率。第四条规定，规范职工个人账户记账利率公布时间。职工基本养老保险个人账户记账利率每年 6 月由人力资源和社会保障部和财政部公布。

由以上法规可知，城职保个人账户记账利率主要经历了两个阶段。第一阶段，在 2016 年以前由各省份参照银行存款利率等因素自行规定，记账利率水平各不相同，如表①32 所示，2000～2015 年，上海市、四川省、辽宁省三个省份每年个人账户记账利率基本是参照本年或上年一年期存款基准利率水平确定，三个省份 2000～2015 年个人账户记账利率的简单算术平均值分别为 2.76%、2.57% 和 2.76%，与 2000～2015 年一年期银行存款基准利率的简单算术平均值 2.60% 基本一致，低于同一时期三年期和五年期银行存款基准利率的平均值 3.64% 和 3.97%。从个人账户基金的属性来看，其权益属于参保职工个人所有，如果只按照一年期银行存款基准利率确定记账利率，存在因记账利率偏低而导致的参保职工权益未能得到完全保障的问题，而且由各省份自行确定个人账户记账利率也存在因记账利率不同而带来的不公平的问题。第二阶段，2017 年《通知》发布之后，有效解决了以前存在的记账利率不统一的问题，也有效解决了个人账户记账利率偏低的问题。自 2017 年 6 月起，人力资源社会保障部和财政部相继公布了 2016 年、2017 年、2018 年、2019 年个人账户记账利率分别为 8.31%、7.12%、8.29% 和 7.61%，而 2015～2019 年各年城镇单位就业人员平均实际工资增长率分别为 8.5%、6.7%、8.2%、8.6% 和 6.8%，由此可见，两部门公布的各年个人账户记账利率接近于上年城镇单位就业人员平均实际工资增长率水平，基本实现了个人账户基金与职工工资同步增长，充分体现了政策规定的"记账利率应主要考虑职工工资增长和基金平衡状况等因素确定"的原则，充分保障了参保职工获得较高的个人账户养老金替代率水平，显著增强了制度的激励作用。

现在的问题是，如此高的个人账户记账利率是否可持续。一般情况下，如果个人账户基金实行市场化运营，个人账户利率由其投资收益率决定。而我国目前的城职保个人账户是空账运行，个人账户中的资金要用于发放参保退休人员的养老金，无法进行投资获利，也无法得到真实的投资收益率，只能由政府部门确定记账利率。因为没有真实的投资收益，个人账户的记账利息最终是要用统筹基金收入或财政补贴来兑现，如果记账利率偏低，会损害参保职工的权益，不利于调动职工参保积极性，2016 年之前各省确定的个人账户记账利率就属于这种情况；如果记账利率过高，又会加重政府补贴的负担，影响制度的可持续发展。方案二测算结果显示，根据表①33 的个人账户记账利率假设，未来 75 年个人账户基金总收入的精算现值为 5 041 519 亿元，其中，个人账户缴费收入的精算现值为 3 125 429 亿元，个人账户利息收入的精算现值为 1 916 090 亿元，相当于同期政府补贴精算现值 4 276 030 亿元的 44.81%，由于这部分利息收入是记账利息收入而不是实际的投资收益，最终要用统筹基金收入或政府补贴来兑现。从方案二预测结果来看，统筹基金自 2047 年以后一直处于当年收不抵支的状态，于 2084 年达到当年赤字率的峰值 21.90%，至 2093 年当年赤字率还保持在 20% 的较高水平上，因而在评估周期内统筹基金无力支付个人账户利息收入，如果要在本评估周期内兑现个人账户利息收入，只能由政府补贴来支付。2016 年以来，人社部和财政部公布的个人账户记账利率远高于方案二中表①33 的假设，如果长期按照如此高的记账利率计算，未来 75 年个人账户利息收入将会成倍增加，政府根本无力承担。

如上所述，个人账户记账利率既不能过低也不能过高，应当确定在适度的水平上，关键是要选好确定记账利率的参照物，记账利率属于投资或资金时间价值的范畴，同时利率是与风险相关的概念，养老保险基金投资的首要原则是安全性原则，追求的是低风险的收益率，根据个人账户基金可以进行长期投资的特点，应该选择长期国债或长期银行存款利率作为参照物，而不是选择职工工资增长率作为参照物。2019 年发行的三年期和五年期国债利率分别为 4% 和4.27%，没有发行更长期限的国债，2019 年三年期银行存款基准利率为2.75%，未发布更长期限的银行存款基准利率，一般来说，期限越长利率越高，就个人账户基金而言，目前领取养老金的条件是参保人缴费满 15 年，也就是说个人账户基金储蓄时间均在 15 年以上，相应的记账利率可高于五年期国债利率，取 4.5% 左右是比较合适的，其上限不宜超过目前的 5 年及以上银行贷款基准利率 4.9%。

九、改革养老金调待办法，锚定养老金替代率

由于我国城职保参保人员种类众多，情况复杂，现行的养老金待遇调整办法五花八门，每年一定，既烦琐，又缺乏统一性和稳定性，老百姓看不懂，不能形成明确的预期。应改为以统筹养老金替代率和个人账户养老金替代率为基本依据调整养老金待遇水平，因为统筹和个人账户养老金替代率的计算已经综合考虑了养老金缴费和待遇领取的各种因素，在退休当年确定好退休人员的统筹和个人账户养老金替代率，以后各年直接按照主管部门确定的养老金待遇调整幅度进行调整即可，这样既简便又稳定，退休人员可以形成合理的预期，可以避免养老金待遇调整中的许多矛盾。特殊情况可附加补充办法，不再以基本养老金总量作为调整待遇的基本参照，减少或消除主观因素的影响。

十、加强城职保监管与服务，提高制度覆盖率、遵缴率和缴费工资率

我国城职保制度建立以来，经过参保职工和监管部门的共同努力，确保了参保职工退休养老金的及时足额发放，并不断提高养老金待遇水平，取得了举世瞩目的成绩。但我国城职保制度面临人口老龄化快速加深的冲击，养老金支付压力巨大也是不争的事实。解决问题的办法无非是开源与节流。由于养老金待遇支付具有刚性，节流的空间有限；只能在增加收入上下功夫。

城职保基金收入主要来源于参保职工缴费收入、政府补贴和累计结余基金投资的利息收入，利息收入是一种派生收入，取决于基金累计结余和投资效益，基金管理机构应该通过提高投资效益增加利息收入。城职保基金最主要的收入来源是参保职工缴费收入，而参保职工缴费又来源于工资收入，所以提高工资收入是增加缴费收入的初始源泉，但提高工资收入是城职保制度无法左右的。在城职保制度框架内，要增加参保职工缴费收入，有效的手段是想办法提高制度覆盖率、遵缴率和缴费工资率。

城职保制度建立以来，我国城职保制度覆盖面不断扩大，覆盖率逐年提高。在案例二中，2010 年按第六次人口普查得到的全社会就业人数和参保职

工人数计算的制度覆盖率为28.15%，2019年已经达到45%，2010～2020年平均每年提高5.5%左右，这些年扩大城职保覆盖面的工作卓有成效，未来仍有扩面空间。假设2020～2030年平均每年提高2%，2030～2040年平均每年提高1%，2040～2050年平均每年提高0.3%，即2050年城职保制度覆盖率目标值为63.23%，之后保持不变，与我国70%的城镇化率和90%的参保率相对应。这一假设经过努力是可以实现的。

参保职工遵缴率与覆盖率相反，出现了连续多年下降的现象，遵缴率由2009年87.7%下降到2015年的80.3%，需要引起重视，针对《中国社会保险发展年度报告》（2014）分析的原因，采取有效措施逐步提高遵缴率。对于困难群体中断缴费比较多的问题，应通过宣传城职保政策，坚定其对城职保制度的信心，待其经济状况好转时继续缴费，以达到养老金领取条件，在退休时可以享受养老金待遇。在这个问题上，我们不赞成《中国养老金发展报告》（2015）所说的遵缴率过低，意味着"扩面过度，把一些不该加入城镇职工基本养老保险的人员也勉强纳入该制度"的说法，应该保证每个人享有平等的参与城职保制度的权利，并且鼓励每个人参与其中，多一个人参与，就多一个人获得养老保障，未来社会就减少一个人的养老负担。对于部分人员因对养老金计发"多缴多得、长缴多得"等政策不够了解，缴费年限累计满15年就不愿意再继续缴费的，更需要做好宣传解释工作，动员和说服他们继续缴费。对于一些因在多地就业过程中未能及时接续养老保险关系的，应完善转移接续政策，在城职保关系转移时，除了个人账户积累额要转移外，统筹基金缴费也要得到相应的保障，妥善解决转移接续中存在的各种问题。遵缴率下降的问题已经引起监管部门的重视，并正在采取措施，应切实做到《中国社会保险发展年度报告》（2014）中所说的，"今后，随着政策制度的统一规范、信息系统的完善、管理水平的提高以及参保人员社会保险意识的增强，中断缴费现象可望逐步减少"。实际上，目前已有新疆等6个省份遵缴率保持在90%以上，2019年出台的《降低社会保险费率综合方案》中规定的调整社保缴费基数，可以使城职保缴费基数降低15%左右，也有利于提高遵缴率，因此，经过努力，将全国遵缴率提高到90%以上是可以做到的。

缴费工资率与遵缴率一样，表现出下降趋势，缴费工资率由2009年的

69.22%下降到2015年的64.66%。缴费工资率下降的原因主要在于企业为减轻缴费负担，未按照制度要求为职工足额缴费，而参保职工因为没有真正理解缴费工资率对其退休养老金产生的影响，而放弃了对自身权益的主张，一些地方政府为了本地经济发展，对这种侵犯参保职工权益的行为没有严格监管。针对这个问题，要从增强参保职工权益意识和职能部门加强监管两个方面采取措施，养老保险费由税务部门征收的改革有望解决这个难题。同时，2019年颁布的《国务院办公厅关于印发降低社会保险费率综合方案的通知》第三条"调整社保缴费基数政策"规定，"调整就业人员平均工资计算口径。各省应以本省城镇非私营单位就业人员平均工资和城镇私营单位就业人员平均工资加权计算的全口径城镇单位就业人员平均工资，核定社保个人缴费基数上下限，合理降低部分参保人员和企业的社保缴费基数"。之前的社保缴费工资基数由城镇非私营单位就业人员平均工资，调整为全口径城镇单位就业人员平均工资后，缴费工资基数明显下降，以广东省为例，2018年城镇非私营单位就业人员平均工资为89 826元，全口径城镇单位就业人员平均工资为76 056元，后者比前者低15%，降低城职保缴费工资基数有利于提高缴费工资率，因此，经过努力，可以逐步将缴费工资率提高到85%左右的合理水平。

十一、政府履行对城职保的应有责任，保障城职保制度持续稳定运行

城职保制度的建立是社会经济发展到一定程度的产物，城职保制度的持续稳定运行同样是以社会经济发展为基础和前提，因此，社会经济发展状况对城职保制度的存续具有决定性影响。例如，劳动年龄的个人参加城职保的前提条件是已经就业并具备缴纳养老保险费的能力，就业状况会影响城职保参保率；城职保缴费水平与退休养老金水平取决于工资水平和工资增长速度；城职保基金收支平衡又会受到人口老龄化程度的影响等。因此，政府对城职保制度的根本责任是建立和维护良好的社会经济发展环境。

《社会保险法》第二条规定，国家建立基本养老保险、基本医疗保险、工伤保险、失业保险、生育保险等社会保险制度，保障公民在年老、疾病、工伤、失业、生育等情况下依法从国家和社会获得物质帮助的权利。说明我国城职保制度是国家建立和主办的。第十三条规定，基本养老保险基金出现支付不

足时，政府给予补贴。明确了政府应对城职保制度承担财政补贴责任。另外，从前面各章预测分析结果来看，未来我国城职保基金支付压力主要来源于人口老龄化程度的快速加深，人口政策关系到社会经济发展的各个方面，也与城职保制度运行直接相关，因此，可以从城职保制度运行的角度提出人口政策建议。概而言之，政府对城职保制度应承担两个方面的直接责任：一是人力支持；二是财力支持。

首先，政府应对城职保制度持续稳定运行提供人力支持。生育政策对未来人口规模和结构具有长期影响，少子化、长寿化是人口老龄化的两大主因，我国的人口老龄化因为长期实行计划生育政策而具有速度快和程度深的特点，人口老龄化是未来城职保基金支付面临的最大压力。方案二测算结果显示，由于人口年龄结构老化的影响，使未来 75 年统筹基金支出的精算现值增加 1 982 446 亿元，增加的相对程度为 22.61%；由于人口期望寿命延长的影响，使未来 75 年统筹基金支出的精算现值增加 1 845 534 亿元，增加的相对程度为 20.73%，两项合计，人口老龄化将使未来 75 年统筹基金支出的精算现值增加 3 827 980 亿元，相当于政府补贴精算现值 4 276 030 亿元的 89.52%。从第七章第八节分析结果来看，未来总和生育率的目标值如果低于 1.80，城职保制度在评估期间内将难于持续稳定运行。单从未来 75 年统筹基金精算现值收支的赤字率来看，最低和最高生育率方案分别为 18.14% 和 13.13%，差别不是很显著。但从当年赤字率来看，差别比较明显，低生育率方案（总和生育率目标值 1.65）在 2093 年统筹基金当年赤字率为评估期内最高值 29.01%，意味着在评估周期以后还会继续提高，风险很大；中低生育率方案（总和生育率目标值 1.75）在 2093 年统筹基金当年赤字率为 23.61%，评估期内最高值为 2086 年的 24.26%，虽然过了拐点但下降缓慢，未来风险较大；中等生育率方案二（总和生育率目标值 1.85）在 2093 年统筹基金当年赤字率为 19.94%，评估期内最高值为 2084 年的 21.90%，过了拐点且下降速度逐渐加快，未来仍有一定风险；中高生育率方案（总和生育率目标值 1.95）在 2093 年统筹基金当年赤字率为 15.23%，评估期内最高值为 2061 年的 21.15%，早已过了拐点且下降速度逐渐加快，未来风险较小；高生育率方案（总和生育率目标值 2.05）在 2093 年统筹基金当年赤字率为 11.73%，评估期内最高值为 2061 年的 20.92%，早已过了拐点且进入快速下降阶段，未来没有风险。因此，从实现城职保精算平衡的角度来看，未来总和生育率的目标值应达到 1.85 以上，总和生育率越高越有利。

其次，政府应对城职保制度持续稳定运行提供财力支持。根据方案二的测算结果以及第七章第六节的分析，未来 75 年有以下因素影响统筹基金支出增加和收入减少：一是需要偿还的制度转轨的隐性债务的精算现值为 1 189 115 亿元；二是降低单位缴费比例政策会使统筹基金缴费收入的精算现值减少 950 164 亿元；三是人口年龄结构老化会使统筹基金支出的精算现值增加 1 982 446 亿元；四是人口期望寿命延长会使统筹基金支出的精算现值增加 1 845 534 亿元，以上四项合计的增支减收金额为 5 967 259 亿元。能够用来弥补以上支出的资金来源有两项：一是根据方案二的假设，未来 75 年政府补贴的精算现值为 4 276 030 亿元；二是个人账户结余的精算现值为 1 845 614 亿元。两项合计为 6 121 644 亿元。收支相抵结余为 154 385 亿元，与方案二养老保险基金结余的精算现值 190 920 亿元相当。因此，方案二假设的未来 75 年政府补贴的精算现值 4 276 030 亿元，约占同期全国 GDP 的 2.01%，是合理和必要的。根据方案二的测算结果，在未来 75 年的评估周期内，我国城职保制度总人数的年平均值为 53 071 万人，占同期总人口年平均值 127 359 万人的 41.61%，也就是说有 41.61% 的人口获得了城职保制度保障；未来 75 年年平均退休领取人数为 19 325 万人，占同期 60 岁及以上和 65 岁及以上人数年平均值 41 983 万人和 33 589 万人的比例分别为 46.03% 和 57.53%，也就是说，平均有 1/2 以上的老年人可以领取城职保退休养老金。我国城职保制度是世界上规模最大的公共养老保险制度，维持城职保制度持续稳定运行是最重要的民生项目之一，也是社会稳定的重要基础，因此，未来 75 年平均每年拿出 2% 的 GDP 补贴城职保制度，以保障城职保制度持续稳定运行，是完全有必要并且是可以做到的。

参考文献

［1］江正发. 城镇职工基本养老保险制度中财政责任的定量研究——基于制度承诺和精算平衡的视角［J］. 广东社会科学，2019（2）.

［2］江正发，冯晨阳，岑敏华. 中国城镇职工基本养老保险精算平衡的条件研究［J］. 金融经济学研究，2017（3）.

［3］王晓军. 社会保险精算管理——理论、模型与应用［M］. 北京：科学出版社，2011.

［4］孟昭喜. 养老保险精算理论与实务［M］. 北京：中国劳动社会保障出版社，2008.

［5］何平，汪泽英，李红岚，谭中和. 中国社会保险模型集［M］. 北京：中国劳动社会保障出版社，2013.

［6］柏满迎，雷黎. 中国养老保险隐性债务未来规模的预测［J］. 数理统计与管理，2008（3）.

［7］彭浩然，申曙光，宋世斌. 中国养老保险隐性债务问题研究［J］. 统计研究，2009（3）.

［8］梁君林，蔡慧，宋言奇. 中国养老保险隐性债务显性化研究［J］. 中国人口科学，2010（5）.

［9］王晓军，米海杰. 养老金支付缺口：口径、方法与测算分析［J］. 数量经济技术经济研究，2013（10）.

［10］刘学良. 中国养老保险的收支缺口和可持续性研究［J］. 中国工业经济，2014（9）.

［11］杨再贵，石晨曦. 中国城镇企业职工统筹账户养老金的财政负担［J］. 经济科学，2016（2）.

［12］杨再贵，石晨曦．企业职工个人账户养老金的财政负担与替代率
［J］．财政研究，2016（7）．

［13］曾益，刘倩，虞斌．中国机关事业单位养老保险制度财务可持续性
研究［J］．经济管理，2015（10）．

［14］郑秉文．从做实账户到名义账户——可持续性与激励性［J］．开发
研究，2015（3）．

［15］王晓军，米海杰．澄清对养老金替代率的误解［J］．统计研究，
2013（11）．

［16］张士斌，杨黎源，张天龙．养老金替代率的国际比较与中国改革路
径［J］．浙江学刊，2012（4）．

［17］［美］罗伯特·霍尔茨曼，理查德·欣茨．21世纪的老年收入保障：
养老金制度改革国际比较［M］．郑秉文等译．北京：中国劳动社会保障出版
社，2006．

［18］郑秉文，孙永勇．对中国城镇职工基本养老保险现状的反思［J］．
上海大学学报（社会科学版），2012（3）．

［19］林毓铭．体制改革：从养老保险省级统筹到基础养老金全国统筹
［J］．经济学家，2013（6）．

［20］褚福灵．关于基本养老保险全国统筹的思考［J］．中国社会保障，
2013（6）．

［21］赵应文．城镇职工基本养老保险基金"收不抵支"原因分析与对策
选择［J］．北京社会科学，2013（3）．

［22］路锦非．合理降低我国城镇职工基本养老保险缴费率的研究［J］．
公共管理学报，2016（1）．

［23］景鹏，胡秋明．生育政策调整、退休年龄延迟与城镇职工基本养老
保险最优缴费率［J］．财经研究，2016（4）．

［24］孔铮．养老金参数式改革刍议［J］．现代经济探讨，2013（9）．

［25］贺瑛，华容晖．对拉美各国"三支柱"养老金体系的反思［J］．中
国社会保障，2012（6）．

［26］楼继伟．不能把缺口完全留给公共财政，社会保险要坚持精算平衡

[N]．人民日报，2015 – 03 – 23.

[27] 秦森．关于计发月数的研究 [J]．中国社会保障，2015（2）.

[28] 薛惠元，岳晓，何艳婷．关于调整城镇职工基本养老保险个人账户计发月数的思考 [J]．决策与信息，2019（10）.

[29] 王桂胜．社会保险精算 [M]．北京：中国劳动社会保障出版社，2008.

[30] World Bank，Averting the Old Age Crisis：Policies to Protect the Old and Promote Growth [M]．New York：Oxford University Press，1994，38 – 164.

[31] Holzmann Robert and Richard Hinz，Old-Age Income Support in the 21st Century：An International Perspective on Pension Systems and Reform [M]．Washington，D. C：World Bank，2005，55 – 58.

[32] European Commission，Objectives and Working Methods in the Area of Pensions：Applying the Open Method of Coordination，Joint Report of the Social Protection Committee and the Economic Policy Committee [M]．Luxembourg：Official Publications of the European Communities，2001.

[33] European Commission，Green Paper，Towards Adequate，Sustainable and Safe European Pension Systems，Brussels [M]．Luxembourg：Publications Office of the European Union，2010.

[34] Holzmann，R.，Palmer，E.．Robalino，D. Nonfinacial Defined Contribution Pension Schemes in a Changing Pension World [M]．The World Bank，2012.

[35] OECD. Pensions at a Glance 2011：Retirement-income Systems in OECD and G20 countries [R]．OECD Publishing，2011.

[36] World Bank. Development Research Center of the State Council，the People's Republic of China，China 2030：Building a Modern，Harmonious，and Creative High-income Society [R]．The World Bank，2012.